要快樂，你永遠有這個選擇。

卡敏・穆罕默迪 Kamin Mohammadi——著
康學慧——譯

獻給老羅伯特，我扁柏下的陸龜，
他一定很想看到自己的故事被寫在書裡。

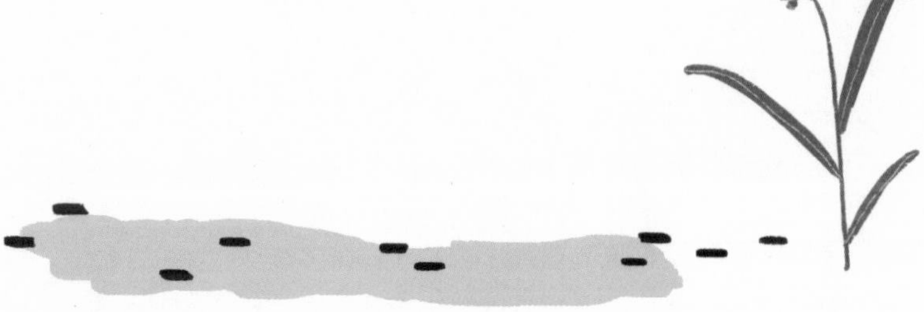

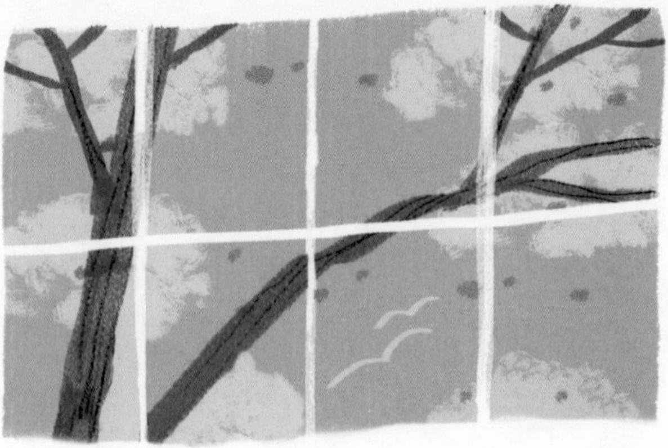

你所看到的一切都要歸功於義大利麵。

——蘇菲亞．羅蘭

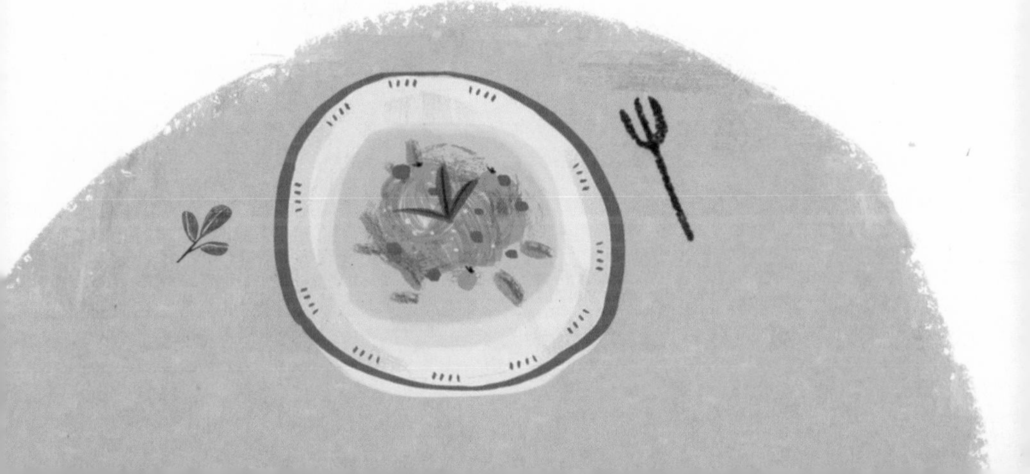

CONTENTS

「美好形象」的概念，
在於讓生活的各個層面盡可能美好。
這個觀念既浪漫又務實，
涵蓋我們所做的每件事，
從吃的東西，
到一早去上班的方式。

妳這麼美，應該待在漂亮的地方。
留下來妳就會知道，美好會讓妳好起來！

用心打點、言詞優美、讓自己覺得美，
就算一個人獨處時也一樣。

我啜飲卡布其諾，
細細品嚐咖啡苦味與綿密濃郁的奶泡。

食物是藝術，
值得敬重，
就像妳的身體和妳放進身體的東西。

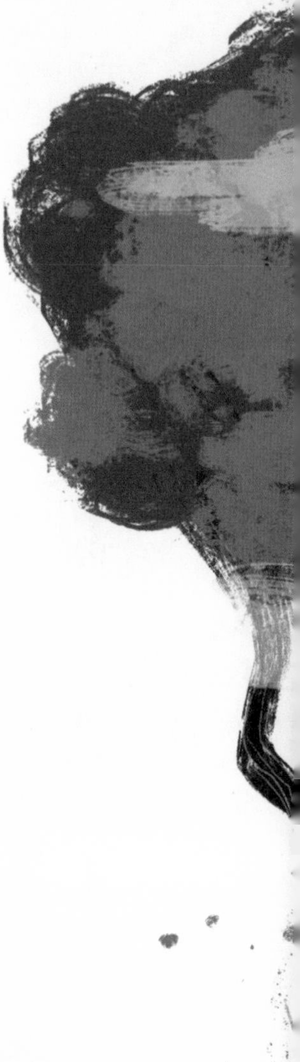

她走在街上，婀娜多姿，抬頭挺胸。
她光彩四射，彷彿有專屬的聚光燈。

美好形象是慷慨豐盛的，
絕非慳吝剝奪。

十年前，我出乎意料地搬去佛羅倫斯，
在那裡度過的第一年改變了我的人生、我的身體、以及心靈的樣貌。
而我相信，我學到的事物也有助於改變你們的生活。

LOVE&PEACE

前言

她走在街上，婀娜多姿，抬頭挺胸。她光彩四射，彷彿有專屬的聚光燈。她或高或矮，苗條纖細或曲線豐滿，打扮保守或大膽——但這些都不是重點。她的步履、姿態，甚至昂首的角度，有如一首讚頌高雅自持的詩篇，無論她的身材樣貌如何。她是蘇菲亞・羅蘭、珍娜・露露布莉姬妲、克勞蒂亞・卡蒂納，或莫妮卡・貝魯奇。她是在賽璐珞影片上風華絕代的明星，也是你去義大利度假時看到晚上出來散步的美女——但她絕不是廣告公司幻想出來的人物，她真實存在，此刻正行走於義大利大小城鎮的街頭。她是義大利人生活方式「美好形象」（Bella Figura）的體現，有如優美的閃電，劃過枯燥的現代世界。

剛來佛羅倫斯的時候，我和這樣的理想天差地遠。長年坐在電腦前工作，讓我的肩膀失去線條，一直低頭看筆電、手機，讓我下顎鬆弛、脖子變短。忙碌工作與城市生活的壓力讓我五官生硬。匆忙地奔走，我的眼睛總是看著地上，沒有時間對任何人微笑、說好話。單身太多年，我的寂寞都鈣化了。走在路上時，我總是畏畏縮縮的，沒有抬頭挺胸的自信。

在佛羅倫斯生活一年後，發現美好形象的意義，改變了我的人生。

「美好形象」的概念，在於讓生活的各個層面盡可能美好，無論是在羅馬、倫敦、紐約，在溫哥華。這個觀念既浪漫又務實，涵蓋我們所做的每件事，從吃的東西，到一早去上班的方式。也包含感官享受與性愛。要得到美好就必須去除壓力，否則無論多努力要減少碳水化合物的攝取量、拚命做運動，我們的身體依然無法正常運作，以致於總是顯得空洞乾枯。美好形象是慷慨豐盛的，絕非慳吝剝奪。奉行美好形象觀念生活的義大利女性，深知優美儀態與高雅舉止的重要，並非是為了緬懷逝去的年代，而是作為一種「維持體面」的方式，直到現實情況趕上——科學證實，只要經常真心微笑，身體就會釋放出讓人快樂的荷爾蒙血清素。這一切不只能改善我們的生活品質，也能延年益壽。

這本書，或許有一部分觸及已廣為人知的地中海飲食效益，不過，主要的內容比較接近一趟旅程的故事。十年前，我出乎意料地搬去佛羅倫斯，在那裡度過的第一年改變了我的人生、我的身體、以及心靈的樣貌。而我相信，我學到的事物也有助於改變你們的生活。

1月

Festxina lente
放慢腳步

當月農作物：血橙
城市的氣息：煙燻木頭的氣味
義大利時刻：住在文藝復興時期建築裡！
當月關鍵字：salve［幸會］

一切的起點伴隨著雨水。大雨如簾幕落下，在佛羅倫斯新聖瑪麗亞車站外的計程車招呼站，我等著車。排隊的地方沒有遮棚，我也沒帶傘。等我上車的時候，全身已經濕透了。

這座城市沒有我認識的人，我揮別了工作、朋友、家人，我有如在海上漂流的廢棄物，沖上文藝復興時期的溝渠。我只有一張寫著地址的字條，捏在濕答答的手中，那是我在這裡的住處。我走到隊伍最前面，將揉成一團的紙條攤開給司機看，然後上車。他嗯了一聲，車子開出去。想到我身上滴下的水會在駕駛座後方形成小水窪，他皺起眉頭。

車子順暢地駛過一條條石板路。暖氣很強，我濕透的大衣讓車子裡面起了霧。我從蒸汽氤氳的車窗往外望，道路兩旁都是古老建築的石牆，雨水從很深的屋簷滴落。路上沒有半個人——今天是一月二日，整座城市依然宿醉未醒。跨年夜時，我忙著將一堆箱子塞進爸媽家的角落，我媽在一邊目光炯炯地看著，她雖然沒有開口，但她的每個呼吸都像是在問我「到底在搞什麼鬼啊」，竟然放棄好好的公寓，放棄連名片上都會燙金的光鮮亮麗工作，把東西搬進本來就很擠的父母家，準備出發搬去佛羅倫斯，根本是扮家家酒，還不如乾脆說我要去義大利開妓院算了。

計程車放慢速度，司機比了比左邊，嗯了一聲。我轉頭看到一座堂皇的柱廊式廣場，盡頭矗立著大教堂，雪白立面倒映於地面的積水上，我目瞪口呆。

不只因為廣場的美麗，也是因為那樣的戲劇效果，我的視線被帶往教堂立面。他用義大利文說：「這裡是聖十字廣場。」然後他指著一個蹙眉男子的雕像說：「他是但丁。」但丁像我的計程車司機一樣，臉很臭、看起來心情很差，不過我感到十分振奮。但丁的《神曲》被奉為現代義大利語的起源，這麼偉大的作家拿著一本書站在那裡，如蜥蜴般的眼睛盯著我看，這絕對是好兆頭。

但丁雕像身後昂然聳立著一座大教堂，整個廣場的設計就是要讓微不足道的人類在接近時感到震撼崇敬，為眼前的美景歡喜讚嘆。這是我初次淺嚐義大利風格的完美呈現，形體和諧的重要性，讓人一見難忘的神來之筆，他們賦予「美」的崇高地位。這座教堂等於以石材與大理石具體表達「美好形象」的概念。

車子越過一座毫無特色的橋，這次司機指著右邊，著名的「老橋」（Ponte Vecchio）

雄踞於河面上，圓拱低矮。在黑夜中，老橋燈火通明，火柴盒般的小店鋪懸在河上，倒映微光的水面有如夢境，我驚奇地盡收眼底。同時車子繼續前進，開上奧爾塔諾區（the Oltrarno），這裡是阿諾河（the River Arno）對岸，離開歷史中心區，開過一條條蜿蜒的石板街道，停在我的新家大門口。

「到了。」司機在座位上轉身。我付了車資，一下車就踩進水窪裡。我快步走進大廳，看著彷彿巨大洞穴的空間，身上的雨水滴在石板上。一道寬敞的石造樓梯向右側蜿蜒而上，我拖著行李上去，中途停下來休息，坐在一張狹窄的長凳上，氣喘吁吁，感覺像爬了一百零八層樓，但距離頂樓還遠得很。幾世紀的踩踏，讓階梯的中央都已凹陷，這棟建築興建於十七世紀，感覺寂靜中鬼影幢幢。我繼續往上爬，終於來到一扇蒂芬妮藍的門前，油漆已斑駁剝落。鎖頭有如一個巨大的鐵盒，鎖孔非常大——堅固而古老。我拿出一把模樣同樣古舊的鑰匙開門。

眼前出現一條粗石地面的長長走道。氣溫很低，我呼出的氣息凝成白霧。走到一半，我發現一間黑暗的臥房，裡面有兩張單人床和一個大型木製五斗櫃，我放下行李，出去找暖氣開關，打開之後，我脫下濕透的大衣，隨手抓起一條毯子就緊緊裹在身上。

這間公寓是我未來的新家，我不知道要住多久，裡面很悶而且很冷。走廊通往一串互通的房間，也就是裝潢雜誌稱為「獵槍式公寓」的格局：起居室有著大型百葉推窗，一張沙發床、一張搖搖晃晃的茶几，上頭因為堆滿書籍而感覺隨時有倒塌的危險。起居室通往寬敞的長型廚房，洗碗槽、櫥櫃與烤箱全部放在左邊，右邊同樣有著一道雙扇推窗，靠窗放著一張餐桌。廚房盡頭通往另一間起居室，和廚房成直角，裡面有一張長沙發，後面的櫃子堆滿書籍，似乎很不穩。盡頭則是整間公寓除了大門之外僅有的一扇門，裡面是間小浴室。

我看看洗手臺上方的鏡子：因為旅途奔波，我的頭髮散亂毛躁，黑眼圈很嚴重，我看到一塊顯眼的紅，新冒出的痘痘正準備占領我的下巴，該說是「雙下巴」才對。那一份「了不起的工作」，讓我討厭自己在鏡中的倒影。那些年，我莫名其妙發胖，令我非常沮喪，一圈圈肥肉不只出現在我的腰圍，就連後背、下顎都有，手臂也掛著兩團的掰掰肉。各種健康飲食法我都試過了，我遠離所有被列入壞飲食行列的食物，但依然瘦不下來。青春期的時候，我完全沒有痘痘困擾，現在卻瘋狂肆虐，我的皮膚爆出無數痘痘。我盡可能不放在心上，然而我工作的行業讓我很難不在意——那是一家時尚雜誌公司，每天就連搭個電梯都需要鋼鐵般的神經、設計師名牌的季前新款服飾、像名模凱特・摩斯一樣孤冷的姿態，我只能穿上沒有線條的黑色衣物，盡量不搭電梯。

我嘆息轉身，回到廚房窗前。儘管寒冷又下雨，我還是打開窗戶探出上半身，望著一片黑暗。

外面有個黑暗寂靜的中庭，周圍環繞著窗戶、陽臺與紅瓦屋頂。最遠端則矗立著社區的教堂塔樓，十七世紀建造的細長石材建築。小圓拱下掛了四個綠色的鐘，頂端的紅磚拼花是唯一的裝飾。中庭四周的其他窗戶全都一片漆黑，雨水默默落下。

在克莉斯多貝的塔樓，我回想起當初是如何第一次聽到這個地方。

我臨時受邀前往法國，去朋友家度假，在那裡認識了同時受邀的客人克莉斯多貝。克莉斯多貝有著一頭白髮，中間夾雜一抹黑，鼻翼掛著耀眼的鑽石鼻環，外型雖不太適合神仙教母，但迪士尼本人就算做夢，也想不出比克莉斯多貝更時髦、更聰明的神仙教母了。

我得知她是小說家，丈夫是劍橋學者，育有五名子女。她告訴我，她如何愛上義大利，她曾經去佛羅倫斯教書，在那裡住了一年。她經常回去，自然而然地買了一間公寓，她描述中庭和教堂塔樓，述說時的神情很夢幻。她盡可能每個月都去一趟——獨處兩天，沒有拉扯她裙子的小孩，在街頭漫步，造訪她念念不忘的咖啡店，喝她最喜歡的卡布其諾，尋找時尚洋裝及手工鞋。她將所有的城市風光寫進一系列以佛羅倫斯為背景的驚悚小說，書裡的角色走在她造訪的每個角落，情節中想像著這座城市的黑暗犯罪世界。她愛這裡的美麗，但更受其神祕氣氛吸引。她已經出版了三本小說，正在寫第四本。我無法想像，她怎麼有辦法搞定這一切。「我只有一份全職工作和一隻貓，就已經很難找到時間在週間洗頭了。」我笑著說，我們從此變成好友。

一個炎熱的日子，我們躺在橄欖樹下時，克莉斯多貝提議，我可以去她在佛羅倫斯的公寓住一段時間，實踐我的寫作夢想。當時我嗤之以鼻——雖然這個夢想很美好，但離我的現實人生太遙遠。畢竟，「了不起的工作」讓我難以離開倫敦，我很忙，不可能說走就走。

幾個月後，我失去了那份「了不起的工作」，也被房東趕出公寓。就連貓也捨棄了我，有一天牠跳出窗外，就再也沒有回來了。克莉斯多貝彷彿嗅出我的絕望，在一個冬季的夜裡，她打電話給我，當時我坐在一堆紙箱間。聽到我失業的消息，克莉斯多貝開心拍手。「現在沒有任何事物能絆住妳了，妳一月就能出發去佛羅倫斯寫作。」我還沒答應，她便已經開始安排。於是，我接受生命給予的明顯暗示，做個深呼吸，將寫作計畫放進行李，從懸崖邊縱身一跳。雖然這道懸崖有著文藝復興的外表，卻依然是懸崖。

沒想到，認識她才短短幾個月後，我買了一張單程機票來到這裡，坐在她的塔樓旁，眺望她的中庭。一波波恐慌在我心中蕩漾：成年以來，這是我第一次沒有工作、沒有收入，還沒有自己的住處。我望著對面的塔樓——那不僅僅是一座古老的教堂塔樓，而是米開朗基羅曾經躲避敵人的地方。我走向臥房去睡覺。

第二天一大早，我被教堂鐘聲吵醒。生氣勃勃的鐘聲每隔十五分鐘就會響起，害我不得不打消翻個身繼續睡的念頭。白牆與粗重木梁交錯的天花板反射日光，刺得我眼睛很痛。地板上覆蓋著大片陶磚，顏色像潺濕的細沙，踩在腳下的觸感粗糙。暖氣開了一整夜，現在才終於稍有暖意。

儘管瀝水板上放著被拆解的摩卡壺，但我還是叛逆地將水壺放在爐子上燒，準備泡茶。廚房窗外的天空從淺藍變成金色再變成蔚藍，陽光悄悄爬下塔樓，點燃頂端的十字架，然後照耀一排又一排餅乾色調的磚塊，讓表面的溝紋一覽無遺。

左邊近處有一扇窗戶，和我家的窗戶成直角。距離非常近，我只要探出身就可以鑽進去。那一定是鄰居喬塞培家的窗戶，他是個藝術家，克莉斯多貝提起他時語氣充滿感情。我隱約可以看到他在陰暗的屋內走動，穿著橘色搖粒絨上衣與深橘色鋪棉背心。加上紅眼鏡與黃褐色頭髮，他宛如在幽暗中的夕陽。

我刻意背對他的窗戶，為雙方保留一點隱私——現在我沒心情交朋友。

我坐下，讓眼前的景色浸透雙眼，天空太過晴朗、色彩太過鮮豔，我終於再也坐不住了。我穿上手邊所有衣物，將筆記本放進包包，跑下樓梯，打開沉重的木門，踏進聖尼可羅街（Via di San Niccolò）。

街道狹窄，兩旁矗立著高聳的建築，有卡其色、米色、芥末黃，及薑黃色，一整排歪歪扭扭的屋頂，有如慢吞吞路過的無牙老人所露出的笑容。這裡的建築像我住的那棟一樣，都建造於文藝復興時期。屋簷延伸到人行道上，如酒瓶的翠綠色百葉窗打開迎向豔陽天，窗戶間拉起曬衣繩。對面有間麵包店，因為櫥窗上露水凝結而看不清裡面。一位穿著圍裙的矮胖婦人跪在門前用寬板刷清潔門階，她的黑髮整齊收在白色扁帽下。兩位老太太挽著手經過。一位將金髮打理得有如蓬鬆蛋白霜，比較矮的那位則頂著一頭豐盈紅棕鬈髮。兩位老太太加起來很可能超過一百五十歲，不過她們精心梳妝打扮，低跟鞋踩在石板路上發出喀喀聲響。她們拉著菜籃車，輪子在身後彈跳發出噪音。她們稍停一下，向刷臺階的婦人打招呼，婦人奮力站起和她們聊天，打開門讓她們進入蒸氣氤氳的麵包店，有角踏板的輕型機車呼嘯而過，前往街角咖啡館的人們互相高聲寒暄。我跟著他們走。

瑞弗洛咖啡館的收音機播放喧鬧義大利流行歌曲，牆上的電視則播放著流行音樂影片。撲面而來的噪音與人類的體溫讓我感覺像撞上一面牆。顧客大聲點餐，裝在小杯子裡的黑咖啡送上吧檯，一排人上前。他們加糖，攪個兩圈，迅速一口喝乾，然後讓位給後面等待的人，重複同樣的步驟。吧檯裡有三位動作俐落的咖啡師，一個黑髮黑唇髭的大塊頭男子統御全場，他以權威的架勢君臨吧檯，彷彿主宰史卡拉歌劇院的帕華洛帝，他一邊準備咖啡，一邊高唱歌劇詠歎調片段。我好不容易擠到前面時，帕華洛帝剛好來到我面前。他注視我的眼睛，唱起《善變的女人》[1]。我羞怯地點了一杯卡布其諾，滿懷希望地指著一個可頌麵包。帕華洛帝哈哈大笑，我覺得自己像傻瓜。

在店內所有人的注目下，我端著早餐出去。他們的眼光令我畏縮，但英國人只要有機會一定要曬太陽的習性，迫使我走出店外，在寒冷的一月清晨，我坐在長凳上，稍微有點發抖，抬起臉曬太陽。瑞弗洛的側門對面有一家披薩店、一家小葡萄酒吧，及一家相當時髦的熟食店。店鋪樓上都是香料色調的公寓，兩層樓的窗戶全部敞開百葉窗。這條短短的街道通往左邊的一個小廣場，車輛亂七八糟停放，輕型機車在車輛間鑽來鑽去，環繞的圍牆有雉堞，老舊磚塊間冒出雜草，這是中世紀城牆的一部分，保留至今，切割出聖米尼亞托的開放式大型拱門。城牆的顏色和我的塔樓一樣，斑駁的表面保護這座城市幾個世紀。

我啜飲卡布其諾，細細品嚐咖啡苦味與綿密濃郁的奶泡。小時候，我最喜歡的阿姨有時會去學校接我，帶我去德黑蘭一家高雅的咖啡館，裡頭有吞雲吐霧的知識分子，我每次都喝漂浮咖啡（長長的杯子裡裝著咖啡、牛奶和香草冰淇淋），那時候業界的行銷人員還沒想出星冰樂這種玩意。從那時開始，我就迷上咖啡，現在的我微笑想著，在這裡絕對不會再喝到難喝的咖啡。

喝完咖啡之後，我沿著聖尼可羅街走，繞過一個轉角就發現教堂樸素的立面，而塔樓（屬於我廚房窗外景色的主角）在後方某處，在我站立處則看不見。我用雙手掌心按住門把，幾百年來無數雙手留下過痕跡，我推開沉重的木門，當年米開朗基羅來此地尋求庇護時，一定也這麼做過。我也在逃亡，有如將所有家當挑上扁擔來到這裡。

1　La Donna é mobile，歌劇詠歎調，出自威爾第歌劇《弄臣》。

教堂裡很清涼，但太過樸素到令人失望，連一幅濕壁畫也沒有。我坐在一張長椅上，鬱悶地想著徹底失敗的事業。我也允許自己回想起那個男人，在短暫的時光裡，他的愛燒去那莫名空虛人生中的寂寞黑暗角落。回憶如潮水湧來，我企圖推開；都已經過了一年半，但納德爾分手的方式依然令我難以釋懷：他透過Skype告訴我他配不上我，他太愛我而不得不分手。可想而知，這個藉口我完全無法理解。幾個星期後，來了一封電子郵件，信裡的內容烙印在我心中——他想親口告訴我，他準備要和前女友結婚了，我的臉頰再次因為憤怒與自憐而發燙。他太愛我，所以必須娶別的女人……如果不是這麼悲慘，我一定會覺得很好笑。如果不是發生在我身上……

一個老人突然擠進我旁邊的位子，身上飄出菸味與陳年的尿臭。我抹去臉上的淚水，起身離開。

短短五年前，我還身在世界顛峰。三十二歲的我，獲得夢想中的工作，成為時尚雜誌的編輯。上司賦予我重責大任，帶領新團隊、贏得新業績，短短一年，我負責的雜誌從一本變成三本。

然而，我最初的夢想是寫作。二十幾歲的那些年，我在一家旅遊書出版社工作，結合寫作與旅行。我在世界各地開心玩樂，父母想將我推向安穩的道路，但我堅持頑抗——沒有丈夫、沒有房貸，也不要有名片。而我有的，是一堆不適合的男朋友，及護照上滿滿的海關章。新的千禧年來到，我進入三十歲，現實人生來討債了。在一次特別慘烈的分手之後，我落得無依無靠、無家可歸，我需要穩定的規律來度過情傷，重建人生。雜誌工作的安穩特質顯得魅力十足，於是我得到了那份「了不起的工作」。我父母毫不掩飾如釋重負的心情。我知道他們的想法，我終於長大了，準備要定下來了。過不了多久，我就會買房扛房貸、找個男人結婚。

剛進入這個圈子的前面兩年，我忙碌又混亂，工作充滿挑戰卻令人亢奮。我不介意長時間工作、早餐會議、加班至深夜。後來有一天，在做出許多為難的人事決定後，晚上在餐廳裡，服務生問我要氣泡水還是普通水，我的頭腦一片空白。我呆望著他，大哭了起來，同桌友人被我嚇壞了。

壓力或許是現代人的天譴，但當時的我並不瞭解長期處在壓力環境造成的影響，頂多只是在辦公大樓每個角落都聽得到有人以誇耀的語氣嚷嚷著：「噢，我壓力好大。」畢竟壓力是不可或缺的燃料，讓我能趕上截稿期限，完成緊迫的雜誌出版工作。我們從事艱辛的創作事業，壓力不過是職場最基本的副產品。

一旦壓力開始，就會全面箝制一切。人生有如一場風暴，我只是每天硬著頭皮撐過去。但我越來越難忽視不斷增加的體重，以及臉上爆出的痘痘。就職兩年之後，換了新上司來管理我的部門，短短幾個月，我臉上長滿暗瘡。我每天都得要和過緊的衣物搏鬥，現在又搞得滿臉痘花，我幾乎無法面對每一天。我整個人被一種茫然的感覺籠罩，而且越來越嚴重，當我不必應付緊急狀況時，頭腦總是陷入迷霧。

我以為我只是太累，但一次去馬爾地夫的度假村旅行（這份工作的好處之一）時，我竟然無法下床，一醒來就毫無理由地哭泣，心中如此空虛，即使外面有陽光與大海，我卻完全無法想像要如何度過這一天——更別說未來無止盡的人生了。

油盡燈枯。床很大，我躺在高紗織數的埃及棉寢具上，想著這句成語多麼適合描述現在的我。我確實感到油盡燈枯：心中毫無喜悅，精疲力竭，再也沒有餘力感到好奇，無論是對自己、世界還是其他人。

更糟糕的是，我單身，而且身材也不符合時尚雜誌大肆推崇的極瘦比例——我自己一手打造時尚雜誌，卻淪為受害者。毫無良心的雜誌，促使人們對真實的身體深感不滿，照片裡全都是瘦到不可思議的年輕模特兒，她們本來就擁有青春期的體型與年輕肌膚，經過後製後成為難以企及的完美標準，令所有女性苛求自我。當然，我明白這件事有多諷刺。

最奇怪的是，我並沒有大吃大喝。我沒有在每場發表會和時尚派對上狂灌香檳，也沒有晚上窩在沙發上猛吃巧克力。營養師和專家的叮嚀我都謹記在心，我選擇流汗量最大的那種瑜珈。我找到一位治療師，根據她的診斷調整飲食，避免會造成過敏與不耐受的食物。我戒菸、戒酒，戒吃肉。我隨身攜帶各種保健品，小藥盒裝滿各式各樣的維他命、礦物質，小小瓶的巴哈花精[2]，及順勢療法的藥丸。我把辦公室的冰箱塞滿了羊乳優格，這通常是我坐在辦公桌前吃的早餐。我完全遵照專家的囑咐，擁抱所有健康飲食的潮流。

儘管如此，我的體重依然直線上升。

在狀況最嚴重的時候，有一天，一位男性友人直言不諱地告訴我，我必須降低挑選男人

2 艾德華・巴哈醫生（Dr.Edward Bach, 1886-1936）運用天然植物能量與自我覺察心理情緒的方式，幫助人們處理心理與壓力困擾。

的標準，以符合我自己的「魅力等級」，他毫不留情地看著我肚子上的游泳圈，讓我明白自己墮落到何等地步。那天晚上，我在床上大哭，流下憤怒的熱淚，我恨自己，竟然這麼在乎他講的話。

在公司裡，壓力只是與日俱增。我的部門第二年度便獲益亮眼，引起管理高層的注意。我被叫去七樓——主管樓層。總經理告訴我，我們需要能吸引讀者注意的新主管，為公司賺更多錢，我非常期待。新指派的上司是我一直以來仰慕的對象，人脈廣闊的她總踩著細跟高跟鞋，我很希望能向她學習。只可惜，這樣的心情很快就破滅了，她以高竿的手法埋下衝突不合的種子，我過了許久才看破她的手腳。分化之後，再各個擊破（這是公司內其他幾位編輯早警告我的事），她的陰招前科累累。事實證明，我太天真了，玩不起這種遊戲。於是接下來幾年，我任由自己被慢慢架空，最後只剩下頭銜，不得不接受她提出的離職補償方案。

我清楚記得離開公司的那一天。最後那一刻，當我最後一次走出公司大門（從十九歲開始，我便無數次進出這棟大樓，是我人生中最長的一段關係）我忽然想到，他們竟要給我錢，就為了叫我不要去上班，真是荒謬透頂。這段人生、這份工作，曾經如此重要，簡直是我存在的價值，現在卻變得毫無意義。走到這步我才明白，人生原來這麼輕易就能放棄。

我不知道離職補償金能讓我生活多久。我沒有存款，只有一堆等著付清的卡債，我不但沒有用那筆錢清償債務、找新工作重新出發，反而決定跑來佛羅倫斯（根據我媽的說法，這種行為非常沒有責任感）。我計算過，只要小心控制花費，我可以靠這筆錢活幾個月，如果極為節省的話，甚至可以撐到一年。這是一大挑戰——通常還不到月底我的薪水就花光了，一開始是因應職場需求拿去買名牌服飾，後來全都用來支付昂貴的減肥計畫、私人健身教練、養生大師的課程。來佛羅倫斯要做什麼，其實我沒有確切的計畫；我和克莉斯多貝只是說好要來住一個冬季，之後看狀況再決定。我帶了一本小帳簿，辛勤記下花費的每一分錢，決定要趁在這裡生活的期間掌握節約的藝術。然而，我腦中的憤怒與苦澀喧囂不已，挫折與自憐也來搗亂，我腦中的聲音不斷告訴我，我一事無成，寫作也注定會以失敗收場。

恩寵橋（Ponte alle Grazie）的義大利文也有「優美」的意思，但實際上毫無優美之處，那個名字彷彿是種嘲諷。這座造型儉樸的橋沒有裝飾，只有下方的五個水泥圓拱，與上游不遠處精美奪目的老橋形成強烈對比。老橋中央敞開的拱門可以看到走動的觀光客，上方的瓦薩利走廊，一排小窗戶反射陽光，彷彿在眨眼睛。第二次世界大戰期間，希特勒本人親自下令禁止損壞「那座舊橋」。

我沿著昨晚計程車的路線反過來走，想要搞清楚附近的環境。過了橋的馬路人行道非常窄，每次公車高速經過，我都得用力吸氣，以免被撞到肋骨。兩旁的建築都以巨大的灰色石塊建造，有些地方原本有石膏裝飾，剝落之後露出石牆。高聳的拱門通往店鋪，每一家都有白色木地板、閃亮展示櫃，衣物陳列的方式很有藝術風格，大型櫥窗的外緣是粗糙的灰色石材，有幾間店甚至裝著感覺很古老的鐵柵欄。

我走到聖十字廣場，白天這裡一樣堂皇。我站在廣場中央，沐浴在陽光下，天空彷彿為提也波洛[3]的畫作，昨晚雨後留下的水窪倒映白雲，手風琴演奏的音樂飄入我耳中。一種全新的感受強勢推開我的抑鬱，想跳舞的慾望，幾乎難以克制。我想在寬闊的廣場上舞動旋轉，像老牌歌舞演員金．凱利（Gene Kelly）那樣踮起腳尖轉圈，一路舞到遠端的但丁面前，捏捏的他鼻子，對著他嚴肅的臉大笑。

幾年前，一位前男友帶我去威尼斯共度浪漫週末，那裡的美景讓我感動到哭了出來。他想像的浪漫週末或許不該是這樣，但那座美麗絕倫的城市令我太過激動，每發現一個新的美好之處，我真的都會忍不住啜泣：藝術、建築、大運河中的貢多拉船夫，一望無際的廣場與隱密運河道上的寧靜小橋形成強烈對比。克莉斯多貝警告過我，一些造訪佛羅倫斯的遊客會患上「斯湯達爾症候群」[4]，因為無法承受太大量的美，因而身體不適，於是打包行李的時候，我塞了許多面紙進去。

然而，儘管聖十字廣場如此美輪美奐，老橋如此細膩精緻，陽光映在建築上，儘管我的內心重傷、靈魂沮喪，我卻沒有想哭的感覺。甚至當我誤打誤撞走到主座教堂廣場（Piazza Del Duomo），眼前聖母百花大教堂壯觀華麗的白色建築再次令我目瞪口呆，我也沒哭。立面後方矗立著巨型紅磚穹頂——布魯內萊斯基[5]的曠世鉅作，教堂建築如此巨大，使得廣場相形見絀。大教堂似乎受盛名所累，周邊效應導致人群壅塞：畫家在屋簷下幫遊客畫漫畫肖像，觀光馬車等候顧客，馬兒用前蹄挖地面，旅行團跟隨著高舉旗子的導遊。整座大教堂被觀光客包圍，有如在小人國中被綑綁在地的格利佛，但大教堂是如此華麗奔放、瘋狂巨大，頑抗到底絕不示弱。

3 提也波洛（Giovanni Battista Tiepolo, 1696-1770），義大利壁畫家，繼承巴洛克藝術傳統，開創天頂畫的開闊視野。

4 斯湯達爾症候群（Stendhal syndrome），在藝術品密集處被美感過度刺激所引發的罕見病症，會心跳加速、暈眩、昏厥，甚至產生幻覺。

5 布魯內萊斯基（Filippo Brunelleschi, 1377-1446），文藝復興早期知名建築師與工程師，作品大多位於佛羅倫斯。

從廣場往前走，熱鬧的聲音吸引我走向聖安布羅奇奧（Sant'Ambrogio）的露天市場。我從人車稀少的後巷鑽過去，慢吞吞繞過一個街角，眼前的景色變得活力四射。市場周邊停滿廂型車與小綿羊機車，行人穿梭其間，一些走進市場、一些走出來，拎著大包小包的鮮花蔬果，綠葉冒出袋子外。中央的攤位擺放著色彩繽紛的農產品，圍繞著市場建築——透過敞開的大門，我看到裡面販售起士、香腸、火腿、麵包、乾貨。室外的鐵架屋頂蓋著波浪板，新鮮蔬果陳列在下方；室內堆著一包包乾豆類與鷹嘴豆，牆上掛著一束束牛至、一袋袋乾辣椒與香草，貨價上展示著一排排的義大利麵條。

我彷彿意外踏進鮮豔多彩的炫麗電影場景。

我在露天市場隨意亂逛，不時撞到小狗及家庭主婦的菜籃車。我旁觀婦女與攤商展開漫長攻防戰。一個蔬果攤前掛著一串串辣椒，有如珠簾，我停下腳步，發現後面掛著一個招牌，上面用義大利文寫著：「辣椒——天然威而鋼！」我露出笑容，一個樣貌親切的男子走來，他一頭濃密灰髮，圓臉紅潤。頭戴一頂有著大毛球的黑帽子，拉低遮住耳朵，他戴著手套的雙手一拍，皺皺的眼睛打量著我。我看到一顆飽滿的紅番茄，凹陷線條非常明顯，彷彿用刀刻出來的，我伸手想摸，他大聲發出「噢噢噢」的聲音，音量足以傳遍高山。我彷彿被刺了一下，急忙收回手。他用飛快的義大利文對我說話，表示不可以摸蔬果。他拿起一個棕色紙袋，裝進幾顆線條分明的大番茄、一把葉片捲捲的生菜、一條深綠節瓜、一小把綠葉茂盛的胡蘿蔔、一顆非常潔白的圓圓洋蔥、一球大蒜，最後還隨手抓了一把寬葉羅勒塞進去作為點綴。我們比手畫腳溝通，我付錢的時候，他笑嘻嘻拍著胸口用義大利文說：「我叫安東尼奧！」他伸出裹著黑手套的手。我握了握，自我介紹，沒想到他的手套竟然是喀什米爾羊毛質料，令我十分驚訝。

「幸會，卡敏。」他似乎覺得很有意思。「明天見！」

在街角，我看到一家咖啡館，戶外放了幾張小桌子，上面擺著黃菊花。一名中年男子像哨兵一樣站著，儘管他身穿帥氣的藍襯衫、腰間繫著海軍籃圍裙，但感覺很像花園裡的侏儒地精裝飾。他用英文向我打招呼，打開木門邀請我進去。店裡的風格相當迷人，牆上鑲嵌木飾板，鮮黃的牆壁顏色有如毛茛花，裝飾著裱框的一九三〇年代廣告海報。椅子是蓬鬆的大紅色劇院座椅，咖啡館面對街道的那一邊沒有窗戶，反而做了玻璃門，老舊的木門框搭配鍍金鉸鏈與門把。天花板是雕花木格網，每個凹下去的地方都漆上金色、藍色，及紅色。這位友善的侏儒地精解釋說：「這是，怎麼說呢，羅馬式風格，十三世紀的東西！所有窗戶都是從托斯卡尼近郊的古老莊園搬來的。」

侏儒地精牽起我的手，深深一鞠躬。「我的名字叫伊希多羅。」他做了個華麗的手勢，「這家店是其布列歐咖啡館，佛羅倫斯最美的咖啡館。那裡——」他指著位在馬路對面街角的餐廳。「是其布列歐，很有名的餐廳。還有那裡——」他又指著窗外另一條馬路對面的一道大門。「是薩雷劇院，會員制俱樂部兼劇院。我們全都是一家人！」

他的熱忱很有感染力。換我自我介紹，然後我又點了一杯卡布其諾外帶，他一臉困惑地看著我。

「呃——」我挖出包包裡的詞彙書。「per portare via?」（外帶？）

他走到小小的弧形吧檯後面，那兒最醒目的東西是巨大的佳吉亞咖啡機，另一頭放著一個玻璃櫃，展示著小圓麵包、一口披薩、糖霜可頌以及各種蛋糕。伊希多羅身後的木架上擺滿一瓶瓶烈酒與一整排銀色調酒器，他無法理解。「為什麼？妳家沒有摩卡壺嗎？」

我對伊希多羅解釋，我想一邊喝咖啡，一邊走回聖尼可羅。

他呆望我整整一分鐘，然後大笑起來。「不會吧！」他誇張地說，抹去笑出來的眼淚。「為什麼這麼匆忙？」我聳肩了。他接著說：「這樣有什麼樂趣？妳怎麼品嚐卡布其諾的滋味？那裡——」他指著前方窗邊的桌子，「——去那裡坐下，我端給妳。這樣，妳才能夠好好享受。」

我照做，醒來的佳吉亞咖啡機發出咕嚕聲響。關於樂趣——我成年之後一直在喝咖啡，卻從來沒有思考過樂趣這件事。我回想，當我在倫敦時，無論去到哪裡，我總是拿著一個大紙杯，裡面裝著難喝的咖啡。今天早上，我卻沒有遇到半個拿外帶紙杯的人。在這個咖啡的國度，怎麼會發生這種事？話說回來，我也沒看到任何一家連鎖的咖啡店。不知為何，佛羅倫斯似乎得天獨厚，與現代化的都會背道而馳，完全沒有全球連鎖品牌——至少我目前造訪之處都沒看到。

伊希多羅端著奶泡綿密的咖啡過來，自豪地宣稱：「我做的卡布其諾是全佛羅倫斯最好喝的！試試就知道。」

他說得沒錯。這杯卡布其諾不太燙，但也不太溫，醇厚香濃。「我們用托斯卡尼最好的牛奶。很棒的牛！」他站著不走，問我從哪裡來，我告訴他之後，他興奮地雙手一拍。「啊！倫敦，真美！我去過一次，很漂亮！」然後，他又換上憐憫的表情。「可是那裡的蔬菜——沒有味道！」他垂下頭，深感同情。看到我袋子裡的蔬果，他振奮了起來。「不過，現在妳可以嘗到蔬菜真正的滋味了！」蔬菜值得這麼大驚小怪嗎？我想，番茄也只不過是番茄吧？

因為他繼續問下去，於是我告訴他我計畫寫一本書，他低聲吹了一下口哨。「真厲害！」他雙手一拍。「不只美麗，還很聰明！」他嚷嚷。「妳一定要留下來成為佛羅倫斯人！成為我們這個大家庭的成員！」

我望著窗外，街角擠滿喧鬧的人群與輕型機車。混亂中有一位小姐，長得很像年輕的珍娜・露露布莉姬妲，她經過一輛輕型機車時彎下腰，用後照鏡檢查口紅，伸出一隻手指摸摸眉毛。她抬起頭，發現我在看她，對我拋個媚眼，婀娜多姿地繼續往前走，我對她微笑。或許我確實該留下來，加入這個奇妙的大家庭，融入這群不知羞恥為何物的高雅佛羅倫斯人。

因為安東尼奧比手畫腳的演出，加上伊希多羅對義大利蔬果的熱情，我加快腳步回家，等不及想嚐嚐，完全將早晨的抑鬱拋在腦後。我等不及想動手準備午餐，回家前的最後一站是對面的麵包店「烤爐」，克莉斯多貝曾向我提過，那家店是家族事業，橫跨幾個世代。一個開朗的年輕小姐站在櫃檯後面，白色扁帽壓不住蓬鬆的金色鬈髮。她身後的貨架擺滿剛出爐的麵包——橢圓形小麵包、圓形大麵包、長麵包、點綴種子的脆皮黑麵包、圓形小餐包，及灑著麵粉的四方形小麵包。展示櫃放著切好的四方形大披薩，大片扁麵包上抹著亮亮的橄欖油再灑上鹽——這種麵包叫做「schiacciata」，是托斯卡尼特有的佛卡夏麵包，我試吃了一小塊，非常美味，酥脆又有嚼勁，油和鹽的比例恰到好處。我費盡力氣才點到想要的那種麵包，但那位小姐成功探聽出我的名字、來自何方，我則是弄懂了她是店主最小的女兒，名叫莫妮卡。我們完全不懂對方的語言卻聊了這麼多。我從未有過這種經驗，在一天之內對這麼多人介紹自己，而且沒用上任何一個完整句子。莫妮卡給我一條小的麵包，我拿著紙袋上樓，途中得停下來喘氣好幾次。

我已經不記得，上次吃到超市外所買的食材是什麼時候了，我的蔬菜和麵包總是裝在保麗龍盒與塑膠袋裡。我取出蔬果放進水槽徹底清洗，我的廚藝向來不甚高明，其實根本毫無廚藝可言，所以我只會做簡單的開放式三明治，安東尼奧以趣味的默劇建議我做這道叫「普切塔」（Bruscheta）的料理。番茄的香味令我迷醉，我迅速切成圓片，放在麵包片上，淋上一些橄欖油，撕幾片羅勒，最後磨一些海鹽灑在上面。

第一口咬下，陽光在我口中爆炸，在鹽味的襯托下，甜美的番茄丁簡直是天堂美味。橄欖油略帶辛辣，羅勒香氣撲鼻。每一口的滋味都如此豐富，我不由得讚嘆。並且大聲地吃完四片麵包，橄欖油滴落下巴。

我想起小時候在伊朗，大人會在我們放學後給我們番茄當點心，我們一手拿著番茄、一手拿著鹽罐，大口咬下，品嚐甜美的滋味。這些義大利番茄帶我回到三十年前，讓我心情愉快。我想，看來番茄並不只是番茄。

幾天過去。我回到廚房餐桌前，這張桌子也身兼我的辦公桌。我打開筆電的文件檔，空白畫面嘲弄我。我在座位上靜不下心，不停剝指甲、咬死皮。公寓沒有網路，有如一記當頭棒喝，無法上網的震撼可比一場大地震。我無法檢查郵件、上臉書，沒有老同學的寶寶照片可看，也沒有政治議題可評論。

我被迫面對說了很多年卻一直沒動筆的書。這不是一般的書，而是我祖國的故事，敘述我的童年、我的伊朗，在革命最激烈的那段時間，父母帶著年紀尚幼的我逃離。過了將近二十年，二十多歲的我重回伊朗旅遊，我告訴朋友一大堆故事，關於我的眾多親戚、祖國的歷史，他們拜託我寫下來，因為我成千上萬的親戚弄得他們頭都昏了。

然而，過了那麼多年忙碌到無法思考的生活，除了寫作沒有其他事可做的衝擊太過強烈。我望著窗外，但沒有東西可看，對面的窗戶有位老太太在看電視，中庭很安靜，只有柴火的煙味飄過整座城市，找到了我。我心中感覺到熟悉的拉扯，以前的床伴又回來了，是疲憊、抑鬱。它們如此努力拚命，我想盡辦法也甩不開，就算晚上睡再久也沒用，我的睡眠時間之長，讓我覺得自己有如睡美人那會夢遊的姐姐。我來這裡究竟要做什麼？在這個陌生的國家，不會說當地語言，也沒有人愛。我想，這又是一次錯誤的選擇，淚水湧上眼眶，我媽說得沒錯，我確實太沒有責任感了。

我強迫自己站起來，離開空白文件檔，走出戶外，走上佛羅倫斯的街道，感受可以觸摸的真實。我出門從不帶地圖，我比較喜歡隨意漫步，之後再研究去了什麼地方。我留心觀察四周，而不是整天看著螢幕。我的手機無法連上佛羅倫斯的網路，因此，我無法以數位方式記錄行蹤。很快地，我就有種解放的感覺。舊宮（Palazzo Vecchio）的塔樓隨處可見，成為我的指標。無論身在市區任何地方，我知道我家和河流就在那座塔的後面，奧特拉諾區上方的梯型山丘是我家的背景。只要走到市區一個固定的點，我的塔樓就會出現在眼前，有這些能讓我找到家的地標，便能安心恣意漫遊。

身為英國人，我的性格含蓄而克制，而在倫敦更是習慣不與人四目交接，因此我非常驚訝地發現，在聖尼可羅不可能當隱形人。我搬來才短短幾天，在街上遇到的人就已經會和我打招呼、說「Ciao」，對我開朗揮手。我不得不回應——雖然在街上和人聊天很可怕，但被當成無禮的人更可怕——不久之後，我就知道聖尼可羅街上所有鄰居的名字。例如紅髮的克莉絲蒂，她在街上開了一家小電器行，這位中年女士通常被各式各樣大小燈泡與細小保險絲包圍。每次我經過她的店，她總是以不太順的英語讚美我一番。「美人！」她會這麼大喊，雙手在我面前揮舞。「妳的笑容真漂亮、真和善！噢，沒錯，太棒了！」然後她會開心地上下跳，只差沒有因為我的存在而跪謝老天。

克莉絲蒂的電器行對面是一間小珠寶店，老闆是另一位喬塞培，這位和我的鄰居是兩個極端，他是一位彎腰駝背的嬉皮，看不出到底幾歲，一頭蓬亂白色長髮，鬆鬆地綁成馬尾。體型非常矮、非常圓，他總是一身黑衣，抽手捲香菸，每次我經過，趴在他腳下的混種狗就會汪汪叫。他介紹伴侶給我認識，她身材嬌小，髮色金中帶棕，我感覺很像英國演員蒂妲・史雲頓的蒼老版，差別在於她比史雲頓矮個一英尺，連續三十年每天抽一包菸，完全無心要照料牙齒。

還有，我第一天看到的那兩位活力老太太。她們挽著手在街上巡邏，走遍整條聖尼可羅街，先去「烤爐」，接著去蔬果店、肉店，最後會在瑞弗洛咖啡館喝卡布其諾。她們每天都像皇室出巡，對我頷首致意，總是精心整理髮型，臉上永遠撲了粉，也從不忘記擦上口紅。

第一天在教堂坐在我旁邊的那個老人，我終究無法逃過。我經常在街上遇到他，他每次都滿懷希望對我微笑，有一天我終於停下腳步，讓他和我聊天。他喘著氣，以英文和我交談，沒想到他說得很不錯，我不禁同情他。他的名字叫羅伯特，批評過欠缺風味的英國蔬果後，他一手按住我的手臂，專注觀察我。「是誰害妳這麼傷心的？」他問，令我大為吃驚。我本能地想以英式傲慢應對，我成年之後一直以這種態度做為防護罩，但我低頭看到他抓住我衣袖的老邁手指，我的心瞬間軟化、淚水盈眶，我所有的防備全部瓦解。

我辛勤奮鬥了這麼久——截稿期限、巨大壓力、事業崩毀，最後還得努力留住納德爾的愛——我累壞了。我認輸了，允許這位老羅伯特捏捏我的手臂，允許他以有點詭異的方式安慰我。他輕聲說：「啊，算了，沒關係的，忘記他吧，現在妳在佛羅倫斯！」他對我和善微笑，露出一口黃牙。我含淚還給他一個笑容。「妳這麼美，應該待在漂亮的地方。留下來妳就會知道，美好會讓妳好起來！」

這次的交談，我覺得莫名感人。

一天傍晚，我出門去找有網路的咖啡店——儘管有一天免費無線網路神奇地出現，但每到傍晚六點左右就會突然關閉。我先去瑞弗洛，但這家熱鬧的社區咖啡館，會在天黑後搖身一變成為佛羅倫斯最潮的酒吧。這時，帕華洛帝下班了，換上以髮膠將頭髮抓成魚鰭狀的年輕人，燈光昏暗，舞曲喧鬧。大批年輕的帥哥美女擠得水泄不通，店裡店外都是人，儘管天氣酷寒——似乎所有義大利人都會抽菸——年輕女性瀑布般的長髮垂落背脊，青春肉體塞進緊身牛仔褲，而年輕男孩頂著龐克頭與濃眉，穿著皮夾克與窄管牛仔褲。他們貌美、性感，健談，介於文青與導演費里尼的電影角色之間。這裡並不適合我和我的筆電。

我走到河對岸的德米多夫廣場，那是個四四方方的大廣場，中央有個花園，衣著光鮮的當地人都去那裡遛狗。我看到廣場另一頭有間小酒吧，大大的招牌寫著「免費網路」，而店名叫做「嗨吧」（High Bar），店面雖小卻很溫馨，後方有木造卡座。我走進去，發現此處沒有喧鬧的舞曲，只有我熟悉的老歌，我立刻開始低聲跟著唱。酒保是個瘦小的男人，有深金色頭髮、綠眼睛，圍裙緊緊繫於瘦削的髖部上，他微笑著。

他說：「幸會（Salve）。」我也對他說同樣的話，這是自古以來對陌生人打招呼的正式用語。我是漫畫《高盧英雄傳》[6]的老粉絲，差點舉手行個羅馬軍禮，幸好我及時清醒過來。「嗨吧」的牆上掛滿老式酒吧標語、發黑的古董鏡子，店裡沒有其他客人。外面在下雨，我擠進一個卡座，點了一杯礦泉水慢慢喝，和朋友用Skype通話，聽著一九八〇年代的電影原聲帶。

我幾乎每天傍晚都去。有一天，我和酒保發現彼此都在大聲高唱著《去年的聖誕節》（*Last Christamas*）。

唱完之後，我鼓起勇氣向他搭話。「我們應該年紀差不多吧，你放的歌都是我從小聽到大的那些。」

「沒錯，美人。」酒保說。「確實差不多，妳的生日是九月十八日，比我晚兩個星期……」

---

6 Asterix Le Gaulois，法國知名漫畫。公元前五十年，高盧地區被羅馬占領，只剩一個有神奇大力藥水的村莊頑強抵抗。

我緊張地看著他。「你怎麼知道？」

「因為呢，卡敏．穆罕默迪，出生於伊朗的英國公民，每次妳來店裡上網，我就得填寫資料。」他拿出一本A４大小的筆記本，上面紀錄著日期與時間。「這是反恐法的規定，妳第一次來的時候我就和妳要過護照，後來妳每次來我就會再抄一遍資料，還要記錄妳進來的時間、上網的時間。」

「老天爺，你真慘啊！」我大聲說。「真的很抱歉，這一定很無聊吧？」

「唉，至少有事可做。」他無奈地說，比了比空蕩蕩的酒吧。

「這麼說來，我們是雙胞胎吧？」我微笑，和他越來越親近。

「美人，顯然我比妳年輕太多了！」他得意地反駁。

「年輕多少？」我質問。

「整整一年呢，親愛的，妳應該很清楚，到了我們這種年紀，每一天都得斤斤計較，甚至是每一秒！」

我確定我喜歡上這個朋友了。

他是路易哥。他說他的名字其實是「路易吉」，但他在倫敦住過幾年，那時得到「路易哥」這個小名，從此就改不掉了。他滔滔不絕地告訴我他在倫敦的冒險故事、寄宿的二流旅館、去玩樂的同志夜店，及他打工的餐廳，而他始終無法適應難吃的英國食物。他媽媽去探望他，她不會說英文，迷路的時候，她就會找間義大利餐廳，拿出事先寫好他家地址的紙條，用義大利文對服務生說：「我兒子是你們的同行，我要去這裡。」每次那些義大利男孩都會給她熱情的擁抱，並送她坐計程車回家。

「她認為倫敦是全世界最友善的地方！」路易哥揚起一條眉毛，我們一起狂笑。

我每天都很期待晚上去「嗨吧」，原因很多，但主要是因為路易哥介紹我認識「下酒菜」（Aperitivo）這個概念。他每次都塞給我很多他自製的小盤餐點，只要造訪他的酒吧，我就不必吃晚餐。

對我而言，這個義大利傳統很新奇。路易哥解釋道，酒吧會準備好下酒菜，免費送給客人搭配酒飲。「我們義大利人不會只是喝酒、不吃東西。」路易哥瀟灑地說。對他們而言，喝酒本身並非休閒活動——「不像你們英國人，美人！」他做一個苦臉。「你們喝那麼多啤酒，到底都存去哪裡了？就連午餐時間也喝！難怪你們那些中年男子那麼胖，在佛羅倫斯妳見過有啤酒肚的男人嗎？」我得承認，還真沒看過。

路易哥自豪地說：「對我們而言，喝酒一定要吃東西。妳知道的，我們認為葡萄酒不是酒。對我們托斯卡尼人而言，葡萄酒是食物！」

下酒菜是傳統的傍晚小點心，下班後、晚餐前來杯雞尾酒，搭配許多零食以免喝醉。不過，所謂的零食並非受潮的花生米，通常會有擺滿托盤的各式菜色，一般是冷義大利麵，而路易哥的店裡則是提供切成小塊的義式三明治，餡料種類繁多：馬芝拉起士、番茄配羅勒、生火腿配芝麻葉、厚片義式肉腸、鮪魚、小黃瓜。有一道菜是切塊蔬菜搭配小碗醬料，因為實在太好吃，我問他放了哪些材料，他得意地說：「是油醋醬，簡單到不行。首先是橄欖油——當然要用最好的，加上巴薩米克醋（Balsamic vinegar）和鹽，不然也可以像我今天的做法，加入很多檸檬汁、切很碎的大蒜末，及海鹽。很好吃吧？配這個醬就能每天吃西洋芹啦——妳知道嗎？芹菜是天神的食物。」我向來不太喜歡西洋芹，但在沾上大量的油醋醬後，我似乎能夠忍受每天吃。

每天晚上，我都看著他進行同樣的儀式：辛勤地將裝滿小盤下酒菜的托盤一一放上櫃檯，仔細清潔、擦亮吧檯後方，在店裡飄然走來走去，點亮每張桌上的蠟燭。有一天晚上，我忍不住問他，既然客人這麼少，何苦費事要精心準備？他大聲抗議。

「美人，我做這些是為了我自己！」他假嗔。「要知道，在義大利無論做什麼，都要隨時保持『美好形象。』」

「美好形象？」我重複。「指漂亮的外型嗎？什麼意思？要保持身材嗎？」

「唉，不是啦。」他暫停一下，整理身後架子上的酒瓶，按照標籤排好。「那是一種生活原則，要讓一切事物盡可能看起來美好。」

「什麼？維持表面功夫嗎？像英國人那樣？」

他幫自己斟上一小杯啤酒，走到吧檯外面，帶我走向一張桌子，我們兩個一起坐下。

「或許有一點。」他一本正經地說。「不過，其實『美好形象』主要是為了彰顯美麗事物。妳應該注意到了，這裡有許多美麗的地方吧？」他伸出一隻手對著門外揮舞，門外的佛羅倫斯點亮最燦爛的輝煌，而我點頭。「我們義大利人很重視美感的，我們享受美麗。也就是說，美好形象就是要隨時以各種方式呈現出最美的樣子。」

「哎呀，感覺很累人。」我說。

「是啦，不習慣的人可能會覺得累。不過，妳要知道，重點不在於穿什麼衣服、怎麼打扮，或保持身材纖瘦。」路易哥喝了一口啤酒。「雖然這也是其中一部分，但真正的重點在於用心打點、言詞優美、讓自己覺得美，就算一個人獨處時也一樣。」

我肯定一臉迷惑，因為他急忙接著說下去。

「舉個例子，我來上班之前會先在家裡吃飯。我會好好布置餐桌、放上餐巾，有時也放上鮮花，準備一杯葡萄酒。我會認真烹調，就算只是簡單的義大利麵、沙拉、小菜，這並非是在意別人的眼光而做做樣子，而是為了自己。我為了自己保持『美好形象』，因為這樣讓我心裡很快樂，也讓我自己變美。」他用雙手捧著臉。「這是一種自我尊重。」

我突然想起家中窗戶上的污垢，出太陽時總是讓我看得很不舒服。我也想到，克莉斯多貝塞了一疊疊的書籍在沙發後面的角落，我很努力視而不見。我也想到洗碗槽兩側堆積的那些皂垢。我回憶起我在倫敦的時候，總是坐在電腦前食不知味地啃三明治，有時根本沒照鏡子就出門了，當然更不可能梳頭或擦上口紅。路易哥彷彿聽到我的想法，上下打量我。

「妳呀，美人，唉，要知道，我很愛妳……」他欲言又止地說。

「嗯哼，但是呢……？」我搶先說。

「嗯……難道妳沒有耳環嗎？也沒有唇蜜嗎？」

「呃，有，可是……」

「沒有可是，美人。」他嚴厲地說。「等到有男人或有派對時才要好好打扮，這種想法全是狗屁。要保持『美好形象』，並且要為了自己這麼做，這其實不難的。妳那麼聰明，留心地觀察，妳很快就會想通了。」

說完之後，他吻一下我的臉頰，回到吧檯後擦杯子，我則偷溜回家動工打掃。

公寓終於變得一塵不染，不再有亂堆在角落的書本，如今整齊地排列在乾淨的書架上。廚房的流理檯檯面閃閃發亮，而窗戶有陽光反射。上次與路易哥對談後，我花了好幾天的功夫打掃，刷洗、擦拭、打蠟、吸塵、整理，疊收物件。這個公寓感覺比先前寬敞、和諧，碗盤杯子都放回各自歸屬的地方。打掃的過程中，我找到一些很漂亮的白色手工瓷器、一套白色繡花餐巾，另外還有草編餐墊、矢車菊色調的藍色亞麻桌巾，就拿出來鋪在餐桌上。

我發現一個很好看的鉤織桌墊，被揉成一團塞在櫥櫃裡，我將它燙平後放在餐桌上，桌面在藍色桌巾的襯托下顯得特別漂亮。我把廚房的棉布蕾絲窗簾拆下來清洗，洗淨之後煥然一新，我終於能夠欣賞上面的傳統雕孔繡。當我再次掛上時，對面的老太太站在窗前，對我微笑表示讚許。我回她一個笑容——我們兩位以家為榮的女人彼此欣賞——看看過去幾天辛勤的成果，心中感到非常滿足。要不是我住在頂樓，一定會拎著水桶衝出去刷洗臺階。

接下來，我拿出有所有耳環，陳列在臥房五斗櫃上，我有很多耳環。不停發胖的那些年，買衣服對我而言太殘忍，於是我將精力全用在買飾品，以及不實穿的漂亮鞋子。

現在，藉著過往生活的紀念品，我來為儉樸的衣物加分。在後起居室的牆上，我找到一個掛勾，我掛上一雙漂亮的繫帶高跟涼鞋，銀色與金屬光澤的青藍交織，我有很多這樣的鞋子，但只帶來這一雙。陽光照在鞋子上，倒映出的點點光芒灑落整個起居室。我挖出最心愛的唇蜜──透明帶金粉的──放在浴室鏡子旁邊，準備每天早上出門都擦上。我想到那兩個每天妝容整齊上街散步的老太太，我也要以同樣的精神迎接每一天，但頭髮或許就別噴那麼多髮膠了。

一個晴朗的早晨，正當我準備出門散步時，鄰居喬塞培出現在我身邊，我很意外。儘管兩家距離很近，我們從不曾正式認識。他自我介紹後，發現我們倆都要前往老橋的方向，喬塞培建議一起走。

我們走在與河流平行的倫加諾路上。我走路很快，倫敦人的堅毅步伐，不容許任何東西阻擋我前往辦公桌的道路。然而，喬塞培的步伐很慢，經常走走停停的，沉浸於思考中。結果從聖尼可羅街走到老橋，就足足花了我們二十分鐘，但我平時的速度只要十分鐘。每走幾步，喬塞培就會停下來，揮舞手臂思索，搔搔下巴反芻思緒。我快步跟在他旁邊，身高只有他一半的我，會因為他突然改變步伐而嚇一跳，才不會撞上他或被石頭絆倒。

我們就如此彆扭地在倫加諾路上前進，路上我們經過好幾個臉蛋脹紅的慢跑女孩，手臂上綁著iPod，戴著耳機，大汗淋漓。每看到一個慢跑的人，喬塞培就會再次駐足，端詳著她們嘆息。終於，最後一位穿著萊卡緊身慢跑裝的金髮女孩喘氣經過後，他說：「啊，那些美國學生——她們總是在慢跑，究竟想逃離什麼？」

這時，他完全停下了腳步，我不知所措地站在他身邊等候。「Festina lente。」他說。我茫然抬頭看他。他解釋：「這是拉丁文，最近我經常在思考這句話。意思大致是指『急中有慢』，妳也該想想這句話。」

我們走到他想去的河岸，在那裡道別，我反覆咀嚼這句話。「急中有慢。」這句話像是禪宗術語。我發現，這裡的人不會像我一樣匆匆忙忙的，我刻意放慢腳步，學著走路時抬頭看四周。

有一天，我發現自己站在一束淡淡的冬陽下，望著雕刻在一扇門上的聖母，她的神情靜謐，耐性十足的雙眼注視著空中飛舞的塵埃粒子。我觀察著陽光以銳角斜斜灑在高聳建築上，照亮半條街，我站在那兒，什麼都不做，只是靜靜欣賞。我的心跳放慢，心情平靜，確實沒必要匆忙的。

Bruschetta con pomodori

番茄普切塔

一人份

很簡單就能變成兩人、三人、四人份，可與朋友、情人共享或當派對小點

一片以傳統方式製成的新鮮酸種麵包
番茄一顆
優質的特級初榨橄欖油（淋在表面）
粗海鹽
撕碎的羅勒葉（裝飾用）

烤一下酸種麵包。將番茄切成厚片後放在麵包上，滴上橄欖油，再磨一些粗海鹽灑在上面，以羅勒裝飾後即可上桌。

生菜沙拉佐油醋醬

Pinzimonio

優質的特級初榨橄欖油
優質的巴薩米克醋
海鹽與胡椒（依口味調整）
各式生鮮蔬菜，如甜椒、胡蘿蔔、西洋芹等，全切成長條

將橄欖油倒進小碗，加入巴薩米克醋（比例約是四至五湯匙的油，對上一湯匙的醋）。灑上海鹽、磨一些黑胡椒，用叉子快速攪拌後，再與生鮮蔬菜一同上桌。

如果沒有巴薩米克醋，可以用紅酒醋取代，或擠上很多很多的檸檬汁。

2月

La dolce vita
品嚐生命中的甜美

當月農作物：結頭茴香
城市的氣息：潮濕的霉味
義大利時刻：逛市場
當月關鍵字：nostrale［在地的］

一間舉世聞名的美術館，距離我家只有十五分鐘的路程。烏菲茲美術館位在阿諾河對岸，在我的橋與老橋之間。老橋的盡頭有一道長涼廊，沿著河流建造一排開放式圓拱，石造柱子倒映在水中。圓拱上方有一層樓，開著許多小窗，直接從烏菲茲美術館延伸過河，進入奧特拉諾區，連接規模宏大的彼提宮。瓦薩利走廊建造的目的，是為了讓麥地奇[7]家族成員從宮殿直接走到河對岸。喬塞培告訴我，老橋上原本有許多肉鋪，麥地奇家族的人經過瓦薩利走廊時嫌肉的氣味難聞，於是勒令老橋上只准開設珠寶店，而至今依然如此。

烏菲茲宮與四周的建築不同，往河流突出，展現出三座堂皇的拱門，有鑲嵌的雕像，以經典的多立克式[8]柱子來支撐，這是建築師瓦薩里[9]對「伊特魯里亞」[10]經典風格的讚頌。我看到人群穿過涼廊傾洩而出，彷彿螞蟻軍團。

我越來越相信，佛羅倫斯其實不是一個城市，而是一座村莊。人口不到五十萬，雖然現在觀光客不少，但我知道真正大批的觀光客會在溫暖的月分出現，到時外國觀光客的人數將比本地人多七倍。

佛羅倫斯或許是一個村莊，卻是輝煌的文藝復興聚落，剛好製造出世上最偉大的藝術與建築，發明了銀行體系，以及歐洲最早的硬幣「佛羅林金幣」（Florin）。佛羅倫斯也發明了時尚——當地人熱愛藝術與商業，這是可想而知的結果。在阿諾河的軟水中，托斯卡尼羊毛經過精心漂洗、染色，文藝復興時期的佛羅倫斯成為義大利最大的布料生產中心。風格與時尚依然在佛羅倫斯人的血管中流竄：時尚週於一九五〇年代發祥於此，直到一九七〇年代才被米蘭搶走時尚之都的地位。雖然只是個村莊，但教堂裡埋葬著許多赫赫有名的大人物：米開朗基羅、伽利略、羅倫佐．迪．麥地奇[11]、馬基維利，甚至包括莉莎．格拉迪尼——也就

---

7 Medici，十五至十八世紀的佛羅倫斯望族，對藝術及建築贊助不遺餘力，此家族被後世譽為「文藝復興教父」。
8 Doric，古典建築三種柱式中出現最早的一種，特色是較為粗大雄壯、沒有柱礎，柱身有二十條凹槽，柱頭沒有裝飾。
9 Giorgio Vasari（1511-1574），文藝復興時期畫家、建築師，代表作為佛羅倫斯市政廳內壁畫、烏菲茲宮。
10 Etruria，公元前十二世紀至前一世紀發展的古代城邦，位置為現今的義大利半島區域。
11 麥地奇家族成員，佛羅倫斯人民稱他為「偉大的羅倫佐」。

是「蒙娜麗莎」本尊。

來到這裡之後，我很快就申請了「烏菲茲之友」卡，只要繳交年費，就可以不限次數地進出各個偉大的博物館，不必事先預約，也不必排隊。我花了幾天的時間尋找，走遍烏菲茲擠滿遊客的大中庭與高柱羅列的外廳，終於找到了申請辦公室。承辦的小姐給了我一個遠在三週後的日期，我問為她為何不能當場申請，她看我的眼神，彷彿我要求她想辦法讓米開朗基羅復活似的。

「不行，現在沒辦法。」她說，彷彿理由很明顯。「妳必須在三月一日再回來辦理。博物館開放時間是上午十點到下午五點，但辦公室從十二點到四點午休……」

指定的日子到了，承辦小姐萬分不甘願地拿出印著我名字的卡片。烏菲茲似乎極力避免讓人輕易進入，其實這也難怪，由於觀光客人數比當地人多了太多，或許這只是佛羅倫斯人對抗遊客大舉入侵的方法。

這次的勝利令我興高采烈，我立刻前往大藝廊，歡天喜地、蹦蹦跳跳地經過大排長龍的隊伍，以華麗的動作拿出我的卡片，進入令人肅然起敬的大廳，心中的興奮多過於十七歲那年說謊混進倫敦夜店。我漫步在知名的走廊上，隨意走進展覽室，最後我在波提切利的《維納斯的誕生》前停下腳步，牆上掛著巨大的畫作，投射金黃光輝。我沉沉地坐在前面的椅子上，哪裡都不想去，只想仔細欣賞每個細節，其中的繽紛色彩、女神的表情、畫作透出的微光，我想讓這一切滲透我的每一吋皮膚。這即是美的療癒力，老羅伯特所說的，不就是這樣嗎？——留下來，讓美好治療妳。

二月夾帶酷寒而來。二月初時有一天，我冷得發抖，這才發現暖氣停擺了。那天早上，我在「烤爐」麵包店前遇見喬塞培，他答應會幫我叫奎多去修理，這位老水電工的店就在街上（聖尼可羅街上有許多工匠的小舖及藝術工作室），即使以佛羅倫斯的標準而言，這也相當老派。我曾見過奎多，我每天早上都在瑞弗洛咖啡館看到他，他總是以最大的音量和帕華洛帝說話，偶爾也會見到他在街上對年輕助理大聲地下指令，伴隨著大量手勢。一頭白髮的奎多又高又胖、滿臉皺紋，是聖尼可羅街上日常不可或缺的一員。此刻，傍晚七點，他氣喘吁吁爬上我家的樓梯，英俊的助手則緊跟在後。

他們按門鈴的時候，我正在用Skype和住倫敦的好友琪佳聊天。今天很特別，免費無線網路沒有像以往會在六點斷線。琪佳是我最要好的姐妹淘，我們在倫敦認識，至今已認識超過十五年。過去二十年，我人生的所有回憶全都有她，不論是派對、男友、歡笑、淚水，或時尚危機，她陪我度過這一切。

美麗動人的琪佳來自羅馬，她有黑髮、黑眸，及窈窕的身材，體態有如運動員，不用練就有六塊腹肌，總讓我羨慕不已。她在各方面的品味都無與倫比：衣著風格很藝術，繽紛又優雅，而烹飪手藝更是出眾。無論住在哪個城市，她的家總是完美地融合各種風格，展示她旅行的紀念品。在我所認識的人之中，琪佳是「美好形象」的最佳範例。早在我接觸這種概念之前，她已完美體現。

她最近找到了新的熱愛：探戈。儘管她年近四十，從不曾接受舞蹈訓練，但琪佳不愧是琪佳，學什麼都非常快，開始上課之後短短幾個月，她就以專業舞者的姿態登上倫敦舞臺。沒過多久，因為太愛探戈，還去了阿根廷，回國之後，她告訴我打算搬去布宜諾斯艾利斯，等倫敦的公寓一脫手就出發。當她宣布決定要離開時，我哭了整整一個月，我無法想像沒有她的人生。

沒想到，後來我也突然移居了，不是去別的地方，而是琪佳的祖國。或許我這麼倉促決定來佛羅倫斯，部分原因是不想面對琪佳即將離開的事實。結果，我比她更早離開倫敦——

當我抵達佛羅倫斯的時候，琪佳還忙著準備搬遷事宜。

奎多來敲門，我沒有關閉和琪佳的影像通話，她可以幫我溝通。我請他進來，帶他去廚房，指著我的筆電給他看，琪佳的臉占滿了整個螢幕。她開始用義大利文和他對話，他高高揚起眉毛，笑了一聲。他嚷嚷：「真神奇！加百列，快來看——」他呼喚他的跟班。「快來看這個……」

加百列的黑鬈髮有點長，左耳戴著耳環，層層冬裝下有鼓動的肌肉。他也一起看著琪佳，他們三個以義大利人獨特的方式同時開始說話。終於，奎多舉起一隻手，強勢地主持秩序，加百列安靜下來，琪佳解釋狀況。他們去浴室檢查鍋爐，幾分鐘之後奎多又出現了，拿著扳手，看著我，對琪佳解釋了一番，加百列穿過廚房、走出公寓。琪佳為我翻譯：加百列奉命要回店裡拿零件，換好之後就能用了。等候的期間，奎多很想聊天，我問他要不要坐下喝杯咖啡，他婉拒咖啡，但他興沖沖地坐在電腦螢幕前坐下，往前傾身看螢幕裡的琪佳。

琪佳的舞伴在她後面的廚房忙著準備晚餐，奎多指著男人，問是不是她丈夫、他又在做什麼。琪佳大笑，對奎多說那不是她丈夫，但他不肯罷休。

「不然，是男朋友？」這句我聽懂了，但她正要解釋又被他打斷，問他在煮什麼，接下來幾分鐘他們大聊食物，奎多非常同情琪佳，她竟被困在「蔬果沒有滋味的國家」。一陣子之後，她告訴我他終於對她的晚餐感到滿意，現在想知道我晚餐要吃什麼。

「親愛的，他說他很擔心妳都沒有好好吃飯。」她說，依然笑個不停，他坐在位子上，誇張地比著手勢搶著說話。「他說妳中午只吃了一片披薩——他和麵包店的皮爾古迪討論過……」聽到我連聲抗議，奎多用義大利文直接對我說話。「他想知道妳晚餐要煮什麼。」琪佳翻譯。

「妳告訴他，我不會煮飯。我可能會去路易哥的店裡吃點小東西，不然就是開一個鮪魚罐頭……」

聽到這句話，奎多慌張了，他走向我的冰箱，打開冰箱門，拿出所有沙拉生菜。他在洗碗槽裡裝滿水，將一把不同種類的菜葉扔進去浸泡，然後問我有沒有義大利麵和番茄罐頭。

我指指櫥櫃給他看，同時問了琪佳：「他在做什麼？」

「嗯，看來他要煮飯給妳吃……」

「真的假的？」

奎多轉向我們，透過琪佳跟我說：「我要教妳煮最簡單、最好吃的義大利麵。像妳這樣的美人，只吃鮪魚罐頭會餓死的！我的媽呀，多可惜！」

我很想說的是，我絕對沒有餓死的危險，但我只是默默看他忙碌。他大手握拳敲扁幾瓣大蒜，叫我打開番茄罐頭，他一邊說，琪佳一邊拚命翻譯。我在廚房抽屜後面找到壓蒜器，我問他為什麼不用——看他驚恐的反應，這不需要翻譯。加百列回來了，蕃茄醬汁慢火滾著，他們一起品嚐、調味，討論需不需要多加一點鹽或黑胡椒。整間公寓充滿談話聲與歡笑聲，微滾的醬汁飄出香味，氣氛變得很義大利。奎多叫我拿幾片麵包去烤，烤好拿出來之後，他將一瓣大蒜切成兩半，用切面抹抹麵包，塗上一層香香的蒜汁。接著，他切開番茄壓在麵包上留下果泥，然後淋上一點油、灑上一點鹽。

「吃吧。」他單膝跪在地上，一手以華麗的動作將盤子送到我面前，另一手握著心口。我們全都笑翻了，在奎多的不斷堅持之下，我終於伸手拿起一片麵包。「好好吃喔。」琪佳透過網路說，因為太靠近鏡頭，臉都變形了。「是一口三明治[12]！托斯卡尼的經典菜色，親愛

12 Crostini，在烤脆的切片麵包上放上抹醬、起司或肉類等，為義大利常見的開胃菜。

的，老天，真希望妳能分我一個。」

我一咬下去，立刻明白琪佳為什麼那麼羨慕。我從沒嘗過這樣的烤麵包，如此美好、香甜，蒜香濃郁，太好吃了。我轉頭對奎多露出大大的笑容，將盤子端給他，他粗大的手帶著細膩的動作，拿起一片麵包。加百列也拿了一片，自從他們進門之後，這是第一次沒有人說話，我們默默咬著香脆的麵包，邊吃邊發出「啊——」的聲音表示讚嘆。

吃完之後，加百列去浴室修鍋爐，奎多堅持要我拿個大鍋裝水，雖然我覺得完全沒必要用這麼多水。

「義大利麵呢，」奎多靠過來一邊解釋，「需要很多水、還有許多翻滾的空間，就算只煮一人份，這個鍋也不嫌大。」

看到我拿起油想加進水裡，他誇張地倒抽一口氣，抓住我的手臂。「不、不、不、不！」他譴責。他告訴我，只要鍋子夠大，能讓義大利麵在水中自由滾動，就沒必要加油防止沾黏，只要在剛下鍋的時候稍微攪動一下就好。這時加百列也進來廚房，我和奎多在爐子前辛勤烹飪，我發現他急促地對琪佳說話，脫掉外套，鼓起肌肉，擺了一個又一個姿勢。

「他問我有沒有覺得他很帥。」琪佳笑到停不下來。「親愛的，這兩個人是我見過最浮誇的水電工，他們讓我想念祖國了。」

奎多厲聲斥責加百列，他急忙停止擺姿勢，過來幫忙放掉泡生菜的水，用乾淨的布將葉子包起來猛甩一陣，去除水分。他將生菜放進我給他的碗裡，淋上橄欖油、半顆檸檬汁、許多鹽。他要我試試味道——美味極了，沙拉葉爽脆新鮮，醬汁的酸味恰到好處。我向他道謝，他羞紅了臉，將沙拉放在廚房餐桌上。他幫忙奎多倒掉煮麵水，他們將捲捲的螺旋麵放進微滾的蕃茄醬中，奎多用木匙翻動，確認每個麵都裹上蕃茄醬，加百列將撕碎的羅勒葉放進去。

我拿了一個盤子，準備好一人的餐具。他們將熱騰騰的義大利麵端給我，香氣充滿整間廚房。他們指著椅子要我快坐下，我不停重複用義大利文說：「謝謝，非常感謝！」不敢相信竟然會有這種事。

奎多與加百列深深一鞠躬，奎多牽起我的手吻了一下。「快點趁熱吃吧，冷了就不好吃了！不用送了，我們自己出去。」

說完之後，浮誇的水電工飄然離去，留下一桌現做的美味佳餚，暖氣恢復功能，我和琪佳好久沒有一起笑得這麼開心了。

幾天之後的晚上，我決定自己動手試著做這道簡單的義大利麵。大致上還算成功，只是一開始不小心將油放在爐子上燒太久導致起火，撲滅之後一切順利。放進番茄時，噴出來的火焰差點燒光我的眉毛。我關火，用擦手布揮打鍋子。火很快就滅了，我打開所有窗戶讓煙散去，把濺出來的油擦乾淨，完成接下來的步驟。沒有再發生緊急事件，我甚至沒有把義大利麵煮過頭，奎多非常堅持一定要「al dente」，就是「有咬勁」。雖然接下來的一個星期，得用眉筆補上左邊燒掉的眉毛，但我依然十分自豪，第一次煮義大利菜就能上手呢！

◇◇◇

我站在安東尼奧的攤子前，聽他講解番茄的品種，在萬頭鑽動的聖安布羅奇奧市場，我成為靜止的一個點。如今，我迷上了「義式蕃茄普切塔」（Bruschetta）和番茄義大利麵，於是來找安東尼奧，請教他關於心愛食材的知識。他帶我認識各種番茄：長形的聖馬札諾、淚珠形的羅馬、嬌小深紅的帕基諾有如掛在藤蔓上的紅寶石、達特里諾產的豔紅迷你李子番茄、像小燈泡一樣的黃梨番茄。還有一種像我拳頭一樣大，圓潤、光澤、肉厚，這種叫牛番茄；溝紋很深的則是牛心番茄（牛排番茄），有時會有一些綠色線條，這就是一開始偷走我心的番茄。甚至還有一種藍色的，他拿給我看，態度得意洋洋，彷彿是他親自栽種的。

我每天都來這裡，聽從安東尼奧的建議，每次只買兩天的食材，這樣才能吃到最新鮮的蔬果。上市場有很多好處，不只能吃到新鮮蔬果，也能順便散步動一動，計畫要吃什麼——有助於讓我的生活有所變化，抵禦可怕的抑鬱。一開始，安東尼奧就教我一個詞「nostrale」，意思是「在地的」，代表蔬果是當地生產，而非從世界另一頭用飛機運來的。「欸。」安東尼奧張開雙手模仿飛機的樣子，在攤位裡飛來飛去，圍巾隨之飄動。「要在飛機上待十四個小時，連我都覺得快死了，妳想像一下水果會有什麼感受！」他誇張地嗤之以鼻。我們發展出專屬我們的語言，英文摻雜義大利文，加上大量比手畫腳，我本能地理解。「欸，不！」他嚴厲地揮揮食指。「不，食物就該本地生產，這裡！這是土地給妳的，大地！」他做出用鏟子挖土的動作。「由土地決定、由季節決定，而不是飛機！」他的手指化成雪花，他在看不見的大雪中顫抖。我大笑，他也跟著笑。我明白他的論點，他賣的食材全都長在佛羅倫斯郊外的農場或菜園，而托斯卡尼沒有生產的東西，則是連夜從南方運來。

每天早上逛市場，讓我學會享受感官的樂趣，用觸覺、視覺、嗅覺感受剛離開田地的萵苣，如此新鮮，葉片上還沾著泥土。或是欣賞一顆特別肥碩、形狀完美的結頭茴香，因為看到白中帶一抹紫紅的當季蘿蔔上市而感到興奮。

這樣的喜悅心情讓我回到伊朗祖母的廚房，我彷彿看到她抱著滿懷蘿蔔走進來，我們每餐都大啃清脆的蘿蔔。每次聽到我抱怨買不到東西，安東尼奧都會狂笑，讓我迅速打消念頭，例如酪梨，他告訴我或許可以在大超市找到南美進口的。「不過都慘兮兮。」他拉長臉做個悽慘的表情。「它們受盡折磨、有時差！」我很失望，不過，主要是因為我花了很久的時間才研究出如何用比手畫腳的方式，讓安東尼奧明白我要找「酪梨」。

離開伊朗之後，我第一次吃到如此美味的蔬果。佛羅倫斯人說得沒錯，英國的蔬果實在讓人覺得很抱歉。小時候，我習慣吃伊朗典型的豐盛蔬果，每個家庭都會擺出一個大碗，裡面堆滿大量水果，我甚至懷疑是否得用鋼絲固定住才沒有滾落。有金黃甜美的小葡萄、汁水豐富的白桃、小小的黃瓜，切開就能灑鹽吃，那些味覺記憶從不曾離開我。

然而，當我於一九七九年遷居英國時，那般震撼我也從未忘記，如此單調無趣，我們站在超市裡，前面排隊的人每個都只買一顆柳橙、一顆蘋果、一根香蕉，英國水果似乎只有這三種。讀寄宿學校時，我第一次嚐到罐頭水果——我習慣新鮮現吃的東西變得可憐兮兮的，泡在甜到讓人牙疼的糖水裡。儘管接下來的二十年，英國的飲食文化已改善許多，但我在倫敦吃到的番茄依舊沒有在伊朗嚐過的滋味。小時候的我們，都像啃蘋果一樣直接大口吃番茄。現在那些味覺記憶如潮水湧回，我吃再多也不夠。

幸好，這裡的蔬果非常便宜，我的記帳本寫得一清二楚。我經常花上一個上午慢慢逛市場，串在一起的紅辣椒與蒜球像吉祥物一樣掛在牆上，綁在一起的香草如花束般美麗，人們鬥嘴的聲音，日常的繽紛色彩。走路過河的這段路程讓我熟悉街道、石板的狀況，哪裡有洞要躲開，深吸一口城市的冬季氣息——狹窄街道中淡淡的濕霉味，無人巷弄中，義大利男人留下的一絲古龍水香氣。經常下雨，在狹窄的人行道上，我舞動雨傘以閃避其他行人。每當遇到穿著毛皮大衣的佛羅倫斯老太太，我就只有讓路的份，因為她們絕不會退讓半分。與其走在馬路上和她們拚輸贏，還不如冒著被公車撞的危險。她們完全是這座城市的主人，難以撼動，有如市中心那道文藝復興時期的巨大城牆，以大石塊築起壁壘，堅固頑強。

有一天的午餐時間，琪佳隔著歐洲大陸看我買了什麼菜，一邊聽我滔滔不絕講蔬果的事，不只是番茄，還有血紅色的柳橙，顏色如此之深，幾乎是紫色。她問我有沒有結頭茴香，我說有。茴香的高雅美味是我的另一項新發現，琪佳教我做血橙茴香沙拉，她個人熱愛的季節限定料理。

我跟隨她的指示，柳橙將我的手指染紅。搭配兩片厚厚的托斯卡尼麵包，螢幕上的琪佳也在吃午餐，柳橙的甜搭配清脆的茴香，我細細品味，真心覺得人生好愉快。

◇◇◇

發生怪事了，我的牛仔褲變鬆了。我很習慣腰圍變來變去的，一個月之中會差很多（像是因為吃了不該吃的東西而臃腫，或因為生理週期而浮腫），因此，我一開始不太在意，但這狀況一直持續，到了難以忽視的程度。

我大半輩子都在節食減肥，但來到佛羅倫斯之後，我允許自己停止計算卡路里。事實上，我犯下了不可赦免的大罪：以碳水化合物為主食，與敵人共枕，或者該說我將敵人吃下肚。阿金博士[13]知道了，會在他的無碳水墳墓裡氣到打滾吧。

多年來的第一次，我全然地沉溺於美食。我戰戰兢兢地等候著我的惡果，沒想到這樣的歡樂放縱竟然帶來好結局。我斷定是因為走路，我每天傍晚都會爬上聖尼可羅街後面的階梯，欣賞城市落日的美景，而且我住在四樓，每天得上上下下好幾回，我已經不會氣喘吁吁，也不再需要停下來休息。比起以前強迫自己上健身房，我現在的運動量更大，在健身房理我總是很不自在，旁邊都是穿著萊卡緊身裝的健美男女，看著鏡子練二頭肌，專心崇拜健美身材的聖殿。

不過，是否還不只因為走路、爬樓梯呢？我看看廚房，恍然大悟，腦中彷彿響起聖尼可羅教堂的鐘聲——我吃的所有東西，都是新鮮自然的食材。

在倫敦的時候，我吃的都是包裝好的「健康」食品，過度加工的原料失去真實型態，充滿大量防腐劑與添加物，包裝用的保麗龍、塑膠、紙盒足以建造一座簡陋的城鎮。我沒有時間，也沒有精神下廚煮飯。

現在，我每天早上都會拎著在櫥櫃找到的草編大包包去市場，安東尼奧在裡面裝滿蔬

13 Dr. Atkins，美國心臟病醫生和營養學家，以發明食肉減肥法而著稱。

果，沒有塑膠袋、沒有過度包裝。以前想吃點心的時候，我會選無糖、無麩質的營養棒，現在則變成蔬菜、水果（每天吃西芹），沒有其他原因，單純因為好吃、因為樂趣。剛來佛羅倫斯的第一週，伊希多羅和我談起這件事時，這個概念對我而言那麼陌生，現在卻成為我最大的動力。

從小我就學會嫌自己肥胖。我小時候就肉肉的，我媽無時無刻都在減肥，她自己不吃，卻拚命給我吃，這是她展現母愛的方式。為了讓她開心，我每次都將食物吃光光。記憶中，她總是端出一盤盤佳餚，卻不允許自己碰：她是女主人，而且必須保持身材苗條。她總是熱中運動，一九八〇年代，她搭上珍・芳達的有氧狂潮。我和朋友在一起的時候，總會嘲笑芳達的口號「燃燒起來吧！」但私底下我捏著腰上以為是肥肉的東西，偷偷跟著珍・芳達跳建身操。儘管在學校有足夠的運動時間讓我們維持健康，但青春期的我們，最愛比賽誰最討厭自己的身體。我們學了那麼多東西，卻沒有學到要對自己滿意，要欣賞青春肌膚與堅挺乳峰的耀眼美麗。現在拿出十七歲時的照片，我看到一個活潑的少女，曲線玲瓏、雙腿修長。但當時的我，只看見自己長得不像名模克里斯蒂・布琳克莉、辛蒂・克勞馥。

大一那年，我狂喝啤酒，第一次認真談戀愛而幸福無比，常常吃外帶餐點，那時候我才真的開始發胖。我仿效媽媽的榜樣，開始節食減肥，發現自己有鋼鐵的意志——畢竟有其母必有其女，體重迅速下降。兩週後，我對成果非常滿意，於是繼續節食三個月，再加上健身運動。當我的髖骨凸出，瘦削的臉上眼睛變成兩倍大，我媽終於給我讚賞的眼神，帶我去買了整衣櫥的緊身新衣。

三十出頭時，我剛開始編輯的工作，當時我是個幸福的八號尺寸女生，抽的菸、喝的酒可能都比吃下的食物還多。但我太自以為是了，以為自己很苗條，所以疏忽了維持。一旦體重開始上升，我把所有流行的減肥法都試了一遍——海伊減肥法[14]、杜坎纖食法[15]、高麗菜湯減肥法、葡萄柚減肥法、血型減肥法、楓糖減肥法，甚至試過嬰兒食品減肥法。這些全都無效，我經常在工作時感到頭暈，有如十九世紀俄國小說的女主角。於是，我轉而尋求營養師與另類保健專家的幫助，做了過敏測試之後，這次我要禁絕「壞食物」，所以我不再吃有糖、小麥、麩質，及酵母的食物。每個月，營養師或減肥書都會叫我放棄新的東西，我永遠

14 威廉．海伊（William Hay）醫生提出，將食物分為酸性、鹼性、中性三類，不混合食用。
15 營養師皮埃爾．杜坎（Pierre Dukan）及法國醫生提出的四階段減肥法，初期只吃蛋白質，後期搭配蔬菜與少量碳水化合物。

都是乖乖地聽話。最後，我的飲食限制如此嚴苛，就連香蕉都不能吃了，我在床上躺了一整個週末，琪佳用我給她的鑰匙自己進門，幫我煮了一盤無麩質玉米義大利麵，儘管她下足了功夫，依然味如嚼蠟。那個黑暗的週末，真正餵飽我的糧食是琪佳的愛與關懷，讓我振作起來出門，面對新的一週。

如今，這對比如此強烈，我四周都是豐盛的食物。麵包店貼著一張小告示，上面寫著「lievitazione naturale」，琪佳告訴我，意思是指他們只用「天然酵種」而不用酵母，那是托斯卡尼幾百年來製作麵包的方法——傳統酸種。在倫敦，麵包是我的敵人，我買的那些無小麥、又沒滋味的「健康」麵包實在很難消化。當我出差去美國時，超市架上看到的麵包都是添加糖的白吐司，一入口就變成糊。在倫敦，手工麵包與傳統烘焙必須經過行銷包裝，變成由知名大廚領導的運動。在這裡，麵包只不過是日常生活的一部分。這種托斯卡尼麵包，以潔淨的傳統材料製成，不會讓我的腸胃因為抽搐而癱瘓，也不會讓我因為脹氣，鼓得像懷孕五個月的肚子。這種麵包只會純粹地提供我營養。

在佛羅倫斯，麵包回歸最初的面貌，是給予生命的基本糧食。

在一個起霧的日子，佛羅倫斯雲霧繚繞，有如裹著披肩，我從市場回家，看到老羅伯特站在街角。我做個深呼吸，過馬路去找他。霧氣冰冷，潮濕彷彿滲入我的骨頭。

「妳今天好像很累。」他說，濕濕黏黏的眼睛仔細端詳我的臉。

通常這句話的意思是「妳氣色很差」或「妳很蒼老」。無論如何解讀，「妳好像很累」絕不是好話。

「哈，呃，我昨晚睡了十小時……」

「啊。」他說，「這就是問題所在，睡太多了。在床上太孤單，這樣對妳不好。」

我怔怔看著他，反應不過來。要是這句話有曖昧的意思，那未免太難以想像了，他至少一百歲了吧？說不定他只是想像個老祖父一樣表示關心，雖然不恰當，但用意良善。

我編了個脫逃的藉口，以非常英國的方式躲回我的巢穴。

老羅伯特該不會以為我和他年紀差不多吧？每當我面對兩難困境，需要好姐妹的意見時，我總會直奔路易哥的店，這已成了我的習慣了。

「我的美人，妳看起就是三十七歲該有的樣子，沒有比較老，一天也沒有……」路易哥笑嘻嘻對我擠眉弄眼。這是今天的第二次，我沮喪地怔怔看著義大利男人。

他鄭重地說：「美人，到了一定的年紀，女人必須在臉蛋與屁股間做出選擇，好嗎？」這句一針見血的實話令我倒抽一口氣。「不要太佩服我，我知道妳以為這是路易哥的金句，可惜凱薩琳．丹妮芙搶先我一步。」

「所謂一定的年紀，是幾歲？」我不服氣地問。路易哥不理我，用一小塊麵包沾小碟子裡的橄欖油，徹底吸飽之後扔進我口中。

「這是我開的藥，妳要乖乖服用，一天至少四次。橄欖油是青春肌膚的秘訣，妳真該看看我媽……」

「可是路易哥，那是『油』耶！直接喝不好吧？我的體重才剛剛減輕了一點……」我抗議著。

「噢，不要說那些計算卡路里的英國人屁話。」路易哥很嚴厲。「既然妳是記者，快點上妳心愛的網路查一下吧，我得招呼客人了。」說完之後，他就把我扔在一邊。

我確實去查了，發現特級初榨橄欖油充滿抗氧化物，例如維生素E（這就是路易哥所說會讓皮膚好的原因）、類胡蘿蔔素（有機色素，進入體內可轉化為維生素A），以及橄欖苦苷（自由基的敵人）。我已經知道，抗氧化物是健康飲食的聖杯，能夠抓到並摧毀討厭的自由基。在我的想像中，自由基就像邪惡版的切・格瓦拉，在體內橫衝直撞，炸毀膠原蛋白橋梁，製造全面恐慌。我只是不知道，橄欖油竟含有這麼多抗氧化物。除了這些好處之外，橄欖油還富含「單元不飽和脂肪酸」，這是最炙手可熱的「好脂肪」，不僅能降低膽固醇、控制胰島素，還能避免荷爾蒙起伏引起的血糖驟升或驟降。我找到一份研究資料，指出每天至少服用四湯匙的特級初榨橄欖油，不但能降低心臟病發、中風或心臟疾病致死的風險，也可以預防多種癌症，並延緩阿茲海默症發病。

我的研究帶我進一步瞭解「地中海飲食」，攝取大量蔬果、橄欖油，甚至固定喝咖啡，所有數據都支持這種飲食的好處。我讀到，加熱烹煮過的番茄還會提升茄紅素（抑制癌症的抗氧化物），若與橄欖油這種好脂肪一同攝取，效果更佳。因此，即使只是番茄罐頭加上義大利麵（就像奎多教我的那樣），也能給我滿滿的健康。我發現咖啡含有對心臟好的多酚，含量是公認健康飲品「綠茶」的兩倍。能讓皮膚漂亮、又降低生病機率，何樂而不為？我立刻擁抱這種飲食。

第二天早上，我去市場時候向安東尼奧請教。沒想到挑選好橄欖油，剛好是他最愛的話題——僅次於番茄的好處，和當季新鮮蔬果有多重要。「只要品質好，再貴也值得！」

我做一個苦臉，拉出空空的外套口袋內襯。

「哈！」安東尼奧揮揮手指。「沒問題，買少一點就好啦！」

安東尼奧強調品質最重要，他這番演說我已經聽過很多遍了，我明白他堅持要我寧願買少一點，也不能在品質上讓步。他找出一張紙，從口袋撈出一根鉛筆頭（他真的在筆尖上吐口水，看得我樂壞了），寫下一個地址後，就叫我快點前往。我在路上遇到喬塞培，他正慢吞吞地要往市場走去。他看看那張紙，彷彿上面寫著人生的祕密，最後說：「啊，佩涅雜貨店，沒錯，非常好的店。對了，卡敏，」我要出發時又被他叫住。「他們有非常獨特的清潔用品，妳說不定會喜歡。」

我邁步離開，在心中偷笑，原來喬塞培也在偷偷觀察我，就像我偷偷觀察他一樣。

我鑽進聖母百花大教堂後面的巷子，找到了「佩涅雜貨店」，這種老式的店鋪總是讓我忍不住想進去逛。我買了各式各樣的東西，包括喬塞培推薦的清潔用品，以及價格嚇死人的罐裝奶油，顏色非常鮮黃。此店的主要顧客似乎都是強悍的佛羅倫斯老太太，她們穿著垂到腳踝的毛皮大衣，身材矮胖，髮型一絲不苟，大衣緊緊裹住全身，她們給人的感覺並非奢華而是端莊。我瀏覽貨架時，一直被她們的菜籃車撞到腳踝，她們的側臉輪廓像髮型一樣挺拔，瀟灑走過，看都不看我一眼。

整體而言，這次的體驗令人敬畏，也讓我的小腿瘀血，但我也找到安東尼奧推薦的橄欖油了。一看見價格，就讓我立刻縮手，換了比較小瓶的。我也買了其他東西，像是效果驚人、迅速的潔膚軟膏，而裹著黑巧克力的無花果模樣如此誘人，要是錯過就太失禮了。店鋪前方有兩個收銀臺，我過去結帳。一位店員是老太太，像她的顧客一樣可怕，另一位則是年輕小姐，有張憂傷的臉龐，宛如文藝復興時期的畫作，大眼睛楚楚可憐。我選擇她這排，排在幾位穿皮草的老太太後面。

收音機正在播放艾美・懷絲的歌曲《復歸黯淡》（*Back to Black*）。納德爾離開我後，這首歌已成了我的心碎主打歌，歌詞背得滾瓜爛熟。收銀臺的小姐悄悄低聲跟著唱，我也一樣，這已經是下意識的自動反應了，多年來，這讓我的同事們困擾不已。在一次心跳的瞬間，我們的視線對上了，她稍微提高音量唱出下一句歌詞，注視著我，用眼神發下戰帖。我唱出下一句，揚起眉毛看她。她接著唱，注視我的雙眼。就這樣持續下去，彷彿歌唱對決，終於我們齊聲高唱副歌。我拎起購物袋離開，我們透過櫥窗互相揮手，從頭到尾沒有任何對話。在佛羅倫斯的這幾個星期中，我彷彿身處在一場大型音樂劇。我一直認為，人生就該這樣。離開時，我看見櫥窗上的倒影，我停下腳步——一時沒認出自己。我仔細觀察倒影，找出不一樣的地方：經常抬頭往上看已改善了我的姿態，閃亮的耳環為黑大衣與黑靴子增添格調，唇蜜閃亮……但不只這樣而已，我的表情也變了，我略微思索之後才明白。

那是快樂的表情。

我聽從路易哥的指示，每天乖乖服用四次，有時候就直接將橄欖油倒在湯匙上喝掉。直接喝油讓我更加體會到安東尼奧那句格言的意義：只要品質好，再貴也值得。他教我如何判斷油的品質，搖一搖，觀察黏性以及瓶中的氣泡量。顏色也是指標——要選金色還是綠色？——我現在知道，綠色的托斯卡尼橄欖油比較新鮮，含有更豐富的葉綠素與抗氧化劑。安東尼奧告訴我，現在才二月，十月下旬到十一月上旬才會開始採果榨「新油」，一年之內都算是新鮮。辛辣略苦的滋味刺激我的味蕾，而油的滑潤能促進消化道健康，我操勞過度的腸子顯然非常感激。不過，我很快就不再將喝油視為服藥，而是一種享受，我學會欣賞橄欖油滋味的微妙之處。

短短的十天，我的臉頰變得豐潤，而肌膚的觸感也不同了，更飽滿、光澤，多年待在辦公室日光燈下忙碌所造成的灰黃膚色也解決了，以前敷再多面膜也無法改善的粗糙不見了。最棒的是，最後的幾顆痘痘也沒了，彷彿經過專業修圖。其實，我的痘痘在離職後就已神奇消失了，但還有一些痘疤，我已經習慣照鏡子的時候不要看得太仔細。現在我照鏡子時不再覺得難過，即使在最強烈的光線下看自己，也不會發現以前的痘疤或皺紋，只有緊實透亮的肌膚。

不只如此，現在我的眼睛有光彩，頭髮有光澤。以前籠罩我全身的黯淡無光已徹底去除，由內到外。我在市區亂走亂逛探險，讓我的臉頰增添紅潤，為我的細胞帶來需要的氧氣。有時候，我會走很長的一段路，回到家就喝下特級冷壓綠色橄欖油，我真真切切地感覺到身體裡每個細胞都高唱著活力之歌，充滿能量。

那天傍晚，我第一次去聖米尼亞托大殿，這座教堂位在公寓後方的山丘上，大理石立面矗在地平線上。頂端有閃亮的金色馬賽克畫，高掛於聖尼可羅街後方山丘的觀景臺上，彷彿一頂皇冠，不只一次成為我找路回家的指引。雖然我經常爬上山丘，但從未進去教堂，米開朗基羅、喬托[16]、薄伽丘[17]的作品都看不完了，實在輪不到這座離家這麼近的羅馬風格小教堂，裡面存放著佛羅倫斯守護聖人的聖物。

我慢慢爬上通往教堂的中央樓梯。到了半路，我抬頭看大理石立面，所有在大喜之日爬上這座樓梯的新娘一定都會這麼做。我幻想，納德爾在教堂裡等待，我的喉嚨彷彿被硬塊塞住，我用力吞嚥。這樣的悲傷難道沒有盡頭嗎？他結婚已經一年多了，我早該忘記他。以前忙亂的工作步調成為防護罩，讓我不會想起他，但現在我的生活變得悠閒，關於他的回憶又跑來糾纏，我無法將他趕出腦海。

教堂前的觀景台非常寬敞，我停下腳步，從聖米尼亞托可以鳥瞰整座城市。我坐在教堂墓園上方的牆上遙望夕陽，天空彷彿上演一場色彩與光線的大秀，我卻視而不見，沉溺在對納德爾的思念中。

五年前，我們在加州的納帕山谷相遇，很快我們就發現彼此的過去有許多共通之處——革命之前，我們在伊朗就讀同一間小學。我們保持聯絡，接下來幾年，只要我們剛好在同一座城市就一定會相約見面。他出差經過倫敦時都會邀我去喝一杯，雜誌社派我去華盛頓出差時，我們也會約見面。我回伊朗探望親戚，他駕駛綠色悍馬敞篷車帶我在德黑蘭兜風，馳騁在高速公路上，每個人都指著我們，彷彿我們是明星。我們見面的地點遍布全球，彷彿一種隱喻，象徵顛沛流離、失根的伊朗人。

我們最後一次這樣見面，是在紐約的一次研討會上，我們之間的電流如此強烈，星期六晚上出去跳舞的時候，其他與會人員都本能地留出一圈空間給我們。然而什麼都沒有發生。我們互相道別之後，一個雙方都認識的朋友告訴我，他在德黑蘭有個交往多年的女友。

幾個月後，有一次透過Skype，我們的對談變得非常曖昧。幾天後，他突然拉著行李走上我家公寓的樓梯。他整個人彎成兩半，背上扛著一個行李箱，很像伊朗市集的老搬運工。他將行李往我家的小玄關一放，我們隔著小小的空間彼此客氣微笑。他說：「看吧，我來了，妳不該提議的……妳太客氣，搞得自己倒楣了吧，親愛的卡敏。」

我大笑否認。然而，其實沒有錯，是我一時衝動邀請他來倫敦，但我本來以為他不會當真。他放下行李，帶我去吃晚餐。漢普斯特德區潮濕的夜晚，我們坐在餐廳的露臺上用餐。他告訴我這次出乎意料來訪的原因，為了人身安全，他不得不臨時離開伊朗，他先去了杜拜，未來一片渺茫，他沒有計畫、沒有想法。只是一趟飛機的時間，他的人生就被徹底抹

16 Giotto，義大利畫家與建築師，義大利文藝復興時期的開創者，被譽為「歐洲繪畫之父」。

17 Boccaccio，文藝復興時期的作家、詩人，最著名的作品為故事集《十日談》。

去。就在此時，他打Skype給我，聽到我的邀請便立刻把握機會。

被祖國傷透心，這也並非是我們的第一次。小時候也發生過同樣的事，搭上一輛飛機就離開伊朗，我們的人生就此徹底抹去。現在，伊朗再次傷透了他的心，迫使他拋下成年後辛苦建立的人生，他好不容易實現夢想——我們所有人的夢想——重回伊朗建立家園。我們聊到很晚，晚餐後在樹蔭下的街道漫步。聊著、聊著，他告訴我他和女友分手了，他把她留在伊朗。他自由了，終於單身了。說完之後，我們回我家，沙發床弄亂之後再也沒有整理。

那三個月的期間，我們分享一切。我的小公寓、我的貓，及我的空閒時間——我們分享一切的生活。我終於有理由準時下班，也不在乎事情是否做完了，五點半一到，我就衝出辦公大樓回到漢普斯特德，納德爾在家裡等我，漫長輕鬆的夜晚，我們一起在屬於我們的遊樂場恣意尋歡。我們墜入愛河，幾天變成幾星期，又變成幾個月，彷彿我們注定要在一起。在我交往過的男友之中，納德爾是第一個能理解我兩種身分的。我講的西方笑話能逗他哈哈大笑，他也能和我一起唱波斯歌曲。他完整了我，我毫無保留地愛著他，並深信他終將成為我的丈夫。

烈焰般的夕陽將我從回憶中喚醒。我走進教堂，羅馬風格的天花板梁柱縱橫，畫著歡欣的壁畫，下方的大殿宛如大理石奇觀，地上鋪著古老的大理石板，雕刻精美的大理石祭壇，牆上的大理石板用更多大理石鑲嵌細緻的圖案，我摸摸有凹槽的清涼表面。在佛羅倫斯，我發現建築中暗藏許多伊斯蘭風格的元素，如涼廊、間隔完美的拱門，及中庭。

我偷聽過許多導遊的介紹，他們一定會提到文藝復興時期的新古典主義，布魯內萊斯基的天才設計，模仿羅馬帝國、伊特拉斯坎文明[18]、希臘文化，但我到處都能發現暗藏的伊斯蘭風格影響，卻沒有得到任何表彰。聖米尼亞托大殿也一樣，大理石拼貼圖形、鑲嵌工藝、花紋裝飾，都可以看出伊斯蘭藝術對完美對稱的堅定追求。僧侶晚禱的歌聲，將我引到地下室，厚重僧袍垂落他們腳邊，以拉丁文吟頌。拱形天花板很低，有幾支四方形粗柱。我坐下，神聖的音樂震動穿透我，在這個子宮般的房間裡受到保護。在這個有著中東特色的佛羅倫斯地窖，我有種回到家的感覺。

僧侶吟頌完畢，點燃蠟燭魚貫離開，粗布長袍掃過石板地面，我繼續探索教堂。我爬上

18 the Etruscans，公元前十二世紀至前一世紀，今義大利半島及科西嘉島於所發展出來的文明，深受希臘文明影響。

幾級階梯，抬頭就看到一個半圓拱壁龕，裡面有一幅巨大的馬賽克拼貼基督像，一個瘦小的僧侶從暗處走出，指指一個像投幣機的東西，要投一歐元燈才會亮。我翻遍包包就是找不到一歐元硬幣，老僧侶停下腳步，從長袍的褶袖中拿出一枚硬幣、塞進投幣口，往上指指照亮壁畫的燈光。金色馬賽克綻放耀眼光彩，正中央的基督看著我，拜占庭風的深棕色眼睛洋溢靈性，如中東男子的眼睛、我同胞的眼睛，也是納德爾的眼睛。

我呆望著壁畫，直到時間耗盡，燈光熄滅。在突如其來的黑暗中，我迷茫地穿過一道門，進入一個四四方方的空間，四面排著唱詩班的雕花木椅，在寂靜中悸動。我在角落坐下往後靠，躲在硬木座位中，看著四面牆上的濕壁畫，頂端沙漏型的小窗戶，我感覺快喘不過氣，心跳很快。我的視線落在彩繪玻璃上，天使彷彿正發光著。四周的寂靜越來越深，直到有了一個如噎到的奇怪低聲。我抽離地察覺到，那個聲音是啜泣，而且發聲的人是我。此刻，我大哭起來，全身抽搐。

所有痛苦全部湧出，那些失去納德爾的痛苦。他是我靈魂的另一半，像是男版的另一個我，他也最懂我，因為他和我有著同樣的故事。我再次感受到被他拋棄的痛，他選擇回去娶前女友，我感到非常屈辱。我只是一個小小的註腳，我們的浪漫戀情只是一個括號，插入真實的故事，那個屬於他們的故事。我變成一段風流韻事，一次犯錯的出軌。我嚎啕大哭，我的靈魂受到污辱，我的尊嚴遭到踐踏。我感受到過去幾年所遭受的背叛：大老闆的矇騙、令我失望的事業，及令我難受的身體。我不知道我在那裡坐了多久，但當我終於抬起頭時，彩繪玻璃上的天使彷彿正對我微笑，依然散發神祕的微光，我慢慢收起眼淚，哭到精疲力盡的我靜靜坐著，深刻的平靜降臨。

那一刻，我已原諒納德爾。原諒他玩弄我的真心，不知愛惜。我原諒一切，我也原諒如此憤怒、傷心的自己。突然間，曾經有過那段戀情似乎也沒那麼糟，至少曾經甜甜蜜蜜、轟轟烈烈。在那短暫的幾個月裡，我覺得有人懂我，因為有個和我一樣的人在身邊，我的故事有了脈絡。我不必對他解釋我想說什麼，不必拼出每個親戚的名字，不必說明伊朗文化的禮節。他全都懂，因為那也是他的出身背景，像我一樣。

終於，我離開聖器收藏室，離開教堂。外面天黑了，我沿著蜿蜒的道路走回聖尼可羅街，感覺如此輕快，我忍不住一路跑跳回家。

第二天，我醒來時很快樂——沒有目的、沒有心思的快樂。吃過早餐（另外加上一匙油），我穿上所能找到最鮮豔的衣物，戴上最閃亮的耳環。在瑞弗洛咖啡館，我開朗地對帕華洛帝說聲「ciao」，在固定的位子坐下。我的卡布其諾送上桌時，還附贈一段歌劇《杜蘭朵》的詠歎調《公主徹夜未眠》。我對帕華洛帝微笑，送蔬菜的人像平時一樣經過，推著小車經過我的座位。每天早上，他都對跟我點頭打招呼，我也像平時一樣看著他，說一聲「Ciao」。我對他微笑，這也和平常一樣，但不平凡的事情發生了：因為一直盯著我看，他的小推車撞上旁邊的桌子，發出很大的聲響。

蔬菜滾落滿地，馬鈴薯掉在地上，洋蔥一路脫皮滾到桌子底下。他慌張地收拾，撿起他的商品，帕華洛帝從吧檯出來幫忙，對著我的方向揚起眉毛。我不確定怎麼回事，但我知道今天不太一樣。有什麼東西改變了，是我改變了。

大約十分鐘後，送菜的人推著空推車從廚房出來，再次穿過咖啡廳，他扔了一張摺起來的餐巾紙到我桌上，然後就走了。

我拿起紅色餐巾紙打開，上面寫著圓圓的一行字：

「**Ti piacerebbe di vederci una sera? Ti lascio il mio numero 335 777 2364.**」

我看不懂，但我大概知道意思。我重新摺好塞進口袋裡，晚上拿去給路易哥看。

那天發生的怪事，還不只這一樁。去市場的路上，過橋的時候，我對一個騎輕型機車的男人微笑，他回我的笑容太過熱情，以致於機車危險地搖晃著，還差點撞上公車。

後來，我像平常一樣坐在其布列歐咖啡館，看到工作人員中有一張新面孔——是店長貝培。他剛剛度假回來，身材高大、相貌英俊、頭髮漆黑，身上的西裝如此筆挺，領片彷彿會割傷人。經過我座位後，他又回頭看了一眼。我給他一個大大的笑容，欣賞他高大、黝黑、英俊的模樣。他也微笑，因為太專注看我，走進吧檯時還絆了一下，差點跌倒。

我再也無法裝作沒事了，一次或許是意外，兩次可能是巧合，但已有三個男人看到我的微笑後摔倒了，難道是我有妄想症？我呆呆地看看四周，說不定這是一場整人遊戲，等一下就會有人從樹叢跳出來，告訴我這一切只是個精心安排的玩笑，要不然就是瑞弗洛的帕華洛帝在我的咖啡裡摻了迷幻藥。

過去十年大部分的時候，在男人眼中，我都只是隱形人——除了納德爾例外。認識他之前的上一段戀情相隔了幾年，卻同樣悲慘，對方是個狂妄自大的作家，他不斷地偷吃，最後我甩了他。在那之前，我像個修女一樣，可能好幾年沒有懷著慾望、觸碰另一個人類——我確實這樣過了好幾年。我的工作場所是典型的出版業，同事幾乎全是女性。少少的幾個男性都沒搞頭，如櫃檯的兩個退伍軍人、和藹老伯伯，或員工咖啡廳的小弟，但他實在太笨手笨腳，連咖啡都能煮到焦，其他在雜誌社上班的男員工則大多是同性戀。

這一趟義大利的旅行，我懷抱很高的期待。我第一次來，是和琪佳一起去西西里出差。那裡的男人簡直是掠食動物，只要一對上眼，他們就會整個晚上跟著妳。有時候相當累人，也有點恐怖。但在這樣的環境生活一個月之後，回到倫敦，我感到悵然若失。當我經過一群工人，甚至沒有人抬頭看我，我悄悄告訴琪佳，我很懷念西西里男人的殷勤。琪佳大笑：「我在那種環境生活了二十五年，想像一下我剛來倫敦的感受。沒有人看我，我覺得自己很醜。」她告訴我，來到倫敦的第一年，她的安慰就是狂吃Mars巧克力棒，然後她胖了二十五磅，心情也變得消沉抑鬱。

我回家望著鏡中的自己尋找答案。我的瞳孔放大了嗎？難道我的長相會讓人跌倒？但我的眼睛很正常，只是比較有神了。實在看不出我怎麼會引起那麼誇張的反應。

後來，路易哥站在吧檯裡認真聽我描述，我告訴他，這種事情從不曾發生在我身上。「我很多年沒有談戀愛了，除了納德爾——」我早已和他說過那段故事了。「——我沒有男朋友，也沒有固定約會的對象。我以前認識一位知名演員，我還以為他對我有意思……」

當我說出那位資深演員的名字，路易哥雙手一拍。「噢，我好喜歡他，那雙眼睛……」

「我知道，不過我認識他的時候，他都快一百歲了吧。」我停頓一下。「好吧，其實是六十五歲，但都一樣啦，都已經老到不行了。我代表雜誌去訪問他，後來他每次去倫敦都會打給我。」

路易哥開心驚呼。

「我知道。」我點頭。「那時候我也這麼以為，但其實他正準備推出新的健康食品事業，我猜他大概只是想推銷。我真的很傻，竟然以為他喜歡我，那時候的我不只胖，還滿臉痘花！這個男人交往過的對象都是世上最美的女人……」

聽見我這般貶低自己，路易哥嘖了兩聲，伸出手指在我面前搖了搖，但我繼續說下去。

「唉，情人節的那天，他來我的辦公室，我剛好外出所以沒有見到他。但是辦公室所有同事都看到他來找我了，說真的，這還是讓我很得意的。」

路易哥聳肩表示贊同。

「回到辦公室，我非常興奮。他留下一張卡片和一包東西，很有分量。」

「超大的鑽戒嗎？比伊莉莎白・泰勒的更大？」路易哥激動地問。

「可惜不是。結果那包東西是一條麵包……」

路易哥洩氣坐下。「麵包？」

「對吧？」我說。「還不是一般的麵包，是試吃的新產品，無麩質、無小麥，什麼都沒有的狗屁鬼東西。那張卡片也只是起士麵包的食譜，他取了個很華麗的名字，但其實就是那樣而已。」

「好吃嗎？」路易哥充分展現義大利人的本色。

「你覺得呢？」

「不好吃啊？太可惡了！」對身為義大利人的路易哥而言，這是最令人憤恨的一點。

「不只這樣，那天晚上我要和屬下聚餐，她們每個人都有老公或男友陪伴，而我只有一條重得要命、毫無滋味的麵包。整個晚上，它坐在我旁邊的沙發上，那是我最接近約會的一次，和名人的麵包共進晚餐……」

在我說完之後，他比個花俏的手勢說：「現在妳知道，美女在義大利有多吃香了吧？」

「可是我不是美女。」我反駁。「而且只有昨天而已，之前為何都沒有事發生呢？是因為橄欖油嗎？」

他寵溺地說：「美人，看看妳自己，和剛來的時候多不一樣。那時候妳像是在地上爬行的蟲，彎腰駝背、垂頭喪氣的，不停說對不起。現在呢……嗯，現在妳進來的時候腳步輕快，抬頭挺胸、昂首闊步，直視我的雙眼。妳不再是蟲了！現在妳的微笑發自內心。要知道，現在妳掌握了在義大利得到喜愛的秘訣，因為妳做到了美好形象。我得先警告妳，英國人，這種力量超乎妳的想像。」

每天我都親身體驗這種力量，我拎著剛買的菜去其布列歐咖啡館，貝培在門口幫我提走，招呼我進去坐下，伊希多羅幫我製作卡布其諾，此時我彷彿成了他們的女王。我坐在角落，獨占最適合觀察客人的位子，不只如此，這裡也是最適合觀察這間咖啡館的位子，我看著貝培迎接熟客，他知道每個人的名字，牽起老太太的手深深鞠躬，然後帶她去座位，變出一杯水讓她慢慢飲用。貝培十分迷人殷勤，而且很會打扮。我最近在研究他的西裝，海軍藍那套很帥氣、有雙層口袋，深灰色羊毛那套的絨毛非常誘人，而細條紋寬領片那套……每套都剪裁完美，每套都歌頌義大利男人的風格。

我一直期待他開口約我出去，路易哥催我主動約他。「妳是新時代的女性！」他告訴我，貝培是「喬塞培」的暱稱，而喬塞培也就是英文的「約瑟夫」，他越說越開心，準備好迎接笑點，露出得意的笑容。「雖然妳認識很多名為約瑟夫的男人，不代表妳就得效法聖母瑪麗亞當個處女！妳知道吧？明天是該死的情人節，妳應該幫愛神一把。」

該死的情人節當天傍晚，我聽從路易哥的建議，第一次晚上去其布列歐。在寒冷夜色中，咖啡館閃耀溫暖。現在時間太早，情侶還沒出現，只有兩位坐在吧檯前喝氣泡酒的熟客。我做了一個深呼吸，開門進去。貝培比平常更帥了，深色西裝搭配絲質口袋巾與同色的領帶。他急忙來門口領我去吧檯坐下，倒了一杯氣泡酒塞進我手中，接著端來兩個小盤子。一盤是醃漬彎彎曲曲的東西配洋蔥、胡蘿蔔及大蒜，另一盤則是金色的黏糊物。他磨了一些鹽及胡椒，再淋上橄欖油。「快吃吧。」他命令。「這兩盤都是我們廚師的拿手好菜。」貝培指著那盤醃漬菜，於是我叉起一些，謹慎地咬一口，滋味讓人欲罷不能，我整盤吃光。貝培說明另一盤是「玉米粥配一點點帕馬森起士和鹽跟胡椒。」他看著我吃光兩盤菜，問我要不要再來一杯氣泡酒。我婉拒了，說店裡人越來越多，我該回家了。

他送我到門口。「告訴我，另外那盤菜是什麼？」

「佛羅倫斯最經典的菜色。」他笑著說。「Trippa Fiorentina，內臟！」

過去十五年我一直吃素，最近才重新開始吃肉，我整張臉皺起來。就在此時，他吻了我，他輕柔吻上我的唇，雖然才幾秒，但感覺纏綿悱惻，我忘記呼吸。

我在震撼狀態中離開。他回到店裡，嘴唇周圍沾著我的唇蜜，金粉閃耀。我經過但丁雕像時，發現自己在舔嘴唇。

◇◇◇

那個吻之後過了一整個星期，貝培終於約我出去晚餐。我聽從路易哥的建議，投資買了一件緊身長褲秀出我最近變結實的大腿，因為經常走路、爬樓梯，贅肉都消失了。每天我去其布列歐的時候，都會脫下大衣交給貝培，讓他有機會察覺。看來他終於注意到了，因為他約我去吃披薩，我們說好星期天晚上見面。

到了約定好的日子，我梳妝打扮，提早準備好在廚房等，因為緊張而不停用手指點著桌面。我把雙人沙發床拉出來、鋪上乾淨的床單，幾週以來我第一次刮腿毛。在倫敦的時候，我會花大錢光顧發明巴西式除毛的大師，我的除毛方式充分反應我的事業運，失業後我改用除毛貼片，但現在不知道下一次的收入在哪裡，我只好將就用刮的。

門鈴響了，我衝下樓，毫不誇張，我看到貝培雙手交握站在門口，黑色皮外套搭配鬆鬆繫上的圍巾，簡直帥呆了。他牽起我的手，我們走路去附近的披薩店，我們坐進卡座，披薩雖然美味，但我們的心思完全不在那上面。吃完之後，他送我回家，一進門他就吻我，就這樣沒有停。

快天亮的時候他走了，我進入夢鄉，睡得又久又滿足。

第二天晚上，路易哥去酒吧上班的時候，發現我在門口等他。「美人，我從妳臉上的光彩看得出來，我們要慶祝一下嘍！」他倒了兩杯氣泡酒，和我碰杯。「看來很不賴吧？」

「噢，我的天！這麼說好了，結束之後我問他是否曾在馬戲團學校受訓……」

「太陽馬戲團嗎？」路易哥挖苦。

「性愛馬戲團才對！」我說，我們仰頭大笑，隔著吧檯擊掌。

「這就叫『甜蜜的生活』！」

「是嗎？」我看看四周，並沒有狗仔隊。「但我不但沒有參加奢華派對，也沒有在噴水池游泳！」

「《甜蜜的生活》[19]不只是費里尼的那部電影，更與那個瑞典波霸毫無關係。」路易哥不屑地癟嘴。從路易哥的語氣判斷，他在倫敦的時光，八成都和守舊的金融圈人士一起混。「我們曾經是偉大的羅馬帝國，我們曾經是偉大的藝術家，但現在——」路易哥雙手一攤、聳聳肩。「——我們只剩下生活格調了。美人，但這樣就已足夠，這是世上最棒的生活格調，為什麼呢？因為『甜蜜的生活』，也就是妳現在的生活——每天品嚐生命的甜美，不需要派對、狗仔隊……」他拋來一個媚眼。「不過，如果有馬切洛・馬斯楚安尼，當然更好……」我們靠著吧檯，一同發出夢幻的嘆息聲。

「性愛馬戲團也是其中一部分嗎？」我問。

「對，但還有更多好事，品嚐番茄、品嚐親吻、品嚐維納斯、品嚐橄欖油……」

「在佩涅雜貨店唱歌？」

「沒錯！在佩涅雜貨店唱歌，在雨中唱歌，唱……瑪丹娜！」音響正播放他偶像的歌

19 義大利導演費里尼一九六〇年的作品，由義大利男星馬斯楚安尼與瑞典裔女星艾格寶主演，藉由一位攝影記者的視角揭露上流社會的光怪陸離。其中一幕是女主角一夜狂歡後，於破曉時走入羅馬的「特雷維噴泉」戲水。

曲，路易哥非常專業地跟著唱《Holliday》的副歌：「假——日——」他高舉雙手，手指隨節奏戳刺。

「慶——祝——」我也對著他戳刺，跟隨節拍扭動。

路易哥來了一個八〇年代的踢腿動作，從吧檯後面跳出來，我們在酒吧裡跳舞，互相高聲唱歌，歌曲結束時，我們大笑癱倒。

路易哥轉頭看我：「懂了嗎，美人？生活多甜蜜……」

「是啊，路易哥，確實很甜蜜。」

番茄義大利麵

Pasta con pomodoro

一人份

很簡單就能變成兩人、三人、四人份

一瓣大蒜
優質特級初榨橄欖油
一罐罐裝義大利李子番茄（容量為十四盎司）
海鹽（隨口味調整）
一大把義大利直麵或其他義大利麵
新鮮羅勒
帕馬森起士（上桌時添加）

剝掉大蒜皮，用大菜刀側面按住，再用手壓扁。炒鍋中倒入一些橄欖油，再放入蒜末放。略煎片刻，千萬不要燒焦大蒜，接著打開番茄罐頭倒進去。保持微滾，攪動以收汁。使用番茄罐頭只需煮大約十分鐘。

義大利麵鍋裝水後，放在爐子上煮。等到水沸騰，加入一些鹽，以及個人喜好的義大利麵（直麵最經典，但螺旋麵與筆管麵也很熱門）。一開始將義大利麵放入滾水時，需要攪動以免沾黏。等義大利麵煮到彈牙程度（通常需要十分鐘，可試吃以確定沒有煮過頭），倒掉煮麵水，但留下一、兩湯匙的分量用來調整醬汁。將幾片羅勒撕碎放進醬汁，取出大蒜丟棄。將義大利麵放入醬汁中混合，直到義大利麵充分沾裹醬汁。如果醬太濃，可以加一點點煮麵水稀釋。喜歡帕馬森起士的話，也可以磨一些加在上面。

如果醬汁有剩，可以放進冰箱，待下次使用。

Fennel and blood orange salad

結頭茴香血橙沙拉

一人份會有剩

一顆大的結頭茴香（洗淨）
兩顆血橙
優質特級初榨橄欖油
優質巴薩米克醋

切除結頭茴香的頭部與底端，只留下主體部位。直立切成兩半之後，切片放入大碗。將血橙剝皮切片（我發現，先將血橙切成六到八片再去皮會比較輕鬆）。將血橙片與茴香片混合，淋上大量橄欖油，滴上一些巴薩米克醋，千萬不要放太多。混合均勻之後，上桌。

3月

La festa delle Donne
慶祝身為女人的美好

當月農作物：豌豆
城市的氣息：含羞草
義大利時刻：騎著偉士牌機車在阿諾河上追逐夕陽
當月關鍵字：giaggiolo［佛羅倫斯鳶尾花］

我從市場回家時，電話響個不停。我接聽，以為又是義大利推銷員，我常常會和他們練習我的爛義大利文。「喂？」我說。

「妳愛上喬塞培了沒？」電話另一頭傳來輕快愉悅的聲音，我大笑。克莉斯多貝不愧是我的專業神仙教母，每星期會打一通電話來關心。

「沒有，不過我們應該算是朋友，這樣更好。」我說。

克莉斯多貝也承認，喬塞培的生活習慣很怪，而且太重視隱私了，他或許不是理想情人，不過絕對是最可靠的朋友。

「我在想啊，妳要不要乾脆繼續留在那裡？」克莉斯多貝喜孜孜地說，她以獨有的直覺猜出我想待在佛羅倫斯。我可以想像，克莉斯多貝坐在梳妝台前，身上穿著Miu Miu的黑色罩袍，配上Prada細跟高跟鞋，老式話筒拿在耳邊，以免弄亂她帶著白髮線條的髮髻。「我偶爾會去，不過其他時間妳都可以住在那裡。我想知道妳的想法，若沒有其他計畫，妳留下來也不錯吧？」

我過往在倫敦的生活方式，現在變得毫無道理了。週間賣命工作，週末才能擁有真正的人生，在沒有靈魂的超市買菜，蔬果全躺在小小的紙盒棺材裡，裹著塑膠殮衣。現在，我已無法忍受工作與生活應該分離的這種想法。對我來說，辦公室生活再也沒有意義。就連以前還在上班的時候，即使有金錢與地位的誘因，我依然覺得越來越難以忍受，每天花這麼多時間在辦公室，大半的人生耗在日光燈下，坐在辦公桌前，累積脂肪細胞。然而，那時我太忙了，無暇思考改變的方法，每日忙碌的工作扼殺了我的想像力。現今，我的人生失去了以前視若珍寶的一切，反而隱約出現嶄新的希望。自由人生的這種可能，令我興奮到頭暈。

現在我只有一個抱負：像義大利人一樣，好好過日子。

我十分沮喪，貝培很難掌握。他總是在咖啡店對我曖昧挑逗，可是一旦真的約好在我家見面，他卻不見人影。他想到的時候會傳簡訊編藉口，但大部分的時間卻連個解釋也沒有。之前，我因為受他愛慕而心情飛揚，使得現在的我更加沮喪。

「他不敢愛妳！」路易哥斷言。他很有耐心，每晚聽我報告這段毫無進展的感情，對於貝培忽冷忽熱的態度，這是他最喜歡的一個解釋。第二名則是「他會不會是同志？」只要有帥哥走進酒吧，路易哥就會這麼想，就算人家身邊有女友也一樣。「他知道妳要離開，就不敢放太多感情。」

「路易哥，不可能是這個原因。我確實要回倫敦，但也只待兩個星期就回來了。」我抱怨著說。「噢，老天，那天我去泡茶的時候忘記穿上睡袍，說不定他看見我的大屁股，就不想再碰我了……」

路易哥無奈至極地嘆息，又說：「噢，美人，我教妳這麼多當女人的道理，妳都沒聽進去嗎？」

◇◇◇

一個星期四早上，在共和廣場的涼廊上，我碰巧發現有個花市。這座廣場建造於十九世紀，原址是羅馬帝國城鎮廣場和舊貧民窟。廣場周圍有許多咖啡館，每間都有大露臺。廣場的中央設有色彩繽紛的旋轉木馬，一側有一道長涼廊，從廣場走過一道大型凱旋門，就能抵達佛羅倫斯數一數二的昂貴購物街。

我要去市區的大郵局，這個早晨預計會很漫長。這並非我第一次體驗義大利郵局的神奇，在那裡，時間會莫名地消失，有如百慕達三角洲，時間和生存意志都會被吞噬，無論你要辦的事情多簡單。然而，才從柱子間走進涼廊時，我立刻將待辦事項拋在腦後，好多花，到處都是滿滿的鮮花。我滿腦子只想著怎麼才能和貝培再次上床，完全沒察覺春天來了，但在這裡，春季主動襲擊我。四周花香爆發，有令人陶醉的風信子、香氣濃郁甜美的小水仙，無處不見枝條纖細、頂著花球的黃色含羞草，每一朵都有如小小的香氣炸彈。每個攤位都有大量含羞草，長長的枝條垂向桌面，用緞帶綁好的大把花束排成一排。我停下腳步，深吸一口香氣，一個攤販以快如閃電的動作將一小束花塞進我手中。我將臉埋在細柔的花瓣間，對他開心微笑，他說：「送妳，是禮物，婦女節快樂！」

透過這樣的方式，我終於發現在三月八日這天，義大利人會送含羞草慶祝婦女節。我步行穿過市區回到聖尼可羅街，在橋上被老羅伯特攔住，他塞給我好幾支含羞草枝條，這是他從自家樹上採的。老珠寶匠喬塞培從店裡出來，送我一小把含羞草，克莉絲蒂為我戴上花冠。帕華洛帝獻上花束和一段歌曲，浮誇水電工奎多送我一個花手環，因為實在太漂亮了，我忍不住吻一下他的臉頰，在他燦爛微笑的臉上留下一些金粉。到了「烤爐」，麵包師傅親自出來，在放麵包的紙袋裡塞進一把含羞草，就連鄰居喬塞培也在樓下大門前等我，拿著一支開滿黃色小花球的枝條。我拿著太多毛茸茸的黃色鮮花，只好麻煩他幫忙開門。我走上樓，專屬於我的含羞草香氣如雲霧籠罩。

那天下午稍晚，貝培突然出現了。「美人，婦女節快樂。」對講機傳來他的聲音，雜音很重。「我帶含羞草來送妳……」

我讓他進來，他走進花香四溢的公寓，抱著我看過最大的一束含羞草。我將花插進花瓶，放在長沙發旁。我很想知道，等我們的「馬戲團表演」結束，這些慶祝的花束，有多少能存活下來。

幾個小時後，我再也沒有疑慮，我這個鬆軟的身體確實很有魅力，而且裝含羞草的花瓶都沒有打破。我坐上貝培的偉士牌機車後座，抱住他皮外套下的腰。他說服我陪他去上班，他說「站在我能看見妳的地方」，而我答應了。能坐在偉士牌機車上穿梭佛羅倫斯的大街小巷，而且一整夜只為了被凝視而存在，實在讓我無法抗拒。

機車發出噗噗聲響駛過聖尼可羅街，一路上看到許多朋友。在瑞弗洛門外，浮誇水電工正在和帕華洛帝說話，他停下來對我揮手，帕華洛帝大聲唱了一段威爾第歌劇《茶花女》的詠歎調《飲酒歌》；克莉絲蒂在店裡開心蹦跳，頭上插著含羞草，張開雙臂大喊「婦女節快樂」；珠寶店裡的狗狗傑克對我們汪汪叫；我們繞過街角進入德米多夫廣場，我對老羅伯特揮手，他猜忌地瞪著貝培，我彷彿是出巡的女王。

到了恩典橋中央，貝培停在欄杆旁，轉頭看我，安全帽罩著他的英俊臉龐。「美人，快看，特別為妳上演。婦女節快樂！」他吻我，指著下游的老橋，因為夕陽在橋後落下，橋只剩一道黑影。飄著絲絲白雲的天空在我們頭頂點亮，橘色、紅色漸漸變成淺紫、深紫、玫瑰色，橋下的河水有如流動的紫水晶。貝培再次發動機車，強壯的背脊貼著我的腹部，別在外套上的含羞草散發香氣，我滿足地嗅聞，天空的色調像是著了火。

隔週的星期天，貝培又沒打電話給我，於是我打給路易哥。「美人，我們出去玩，二十分鐘後在但丁雕像會合。」

我在臭臉詩人旁邊找到路易哥，跟著他走過一條小巷，他走向一家很不起眼的小店，戶外放著兩張桌子，店名取得很適切，就叫「小酒吧」。

「就這裡？有沒有搞錯？」我揚起一條眉毛。

「沒錯，真的啦。」路易哥噘著嘴說。「現在沒什麼人，因為九點還太早。」

他端了兩大杯啤酒和小小杯的伏特加出來。「今晚妳喝個痛快吧！」他命令。天氣很冷，但路易哥要抽菸，於是我們靠伏特加來取暖。

沒多久，路易哥的朋友們來了。那群人的中心是一個高佻纖瘦的美女，看不出年紀，雪白肌膚配大紅唇膏，漆黑秀髮垂落肩膀，身上穿著紫紅色禮服，裙子剪短到膝蓋位置。兩個俊美青年有如左右護法，至少比她年輕二十歲。路易哥低聲告訴我，安多奈拉小名「安多」，她是佛羅倫斯同志圈的偶像，所以身邊至少會有兩位年輕的美男子。她禮服上的蓬蓬袖非常誇張，穿在別人身上絕對很可笑，但她不畏他人眼光的態度，讓禮服顯得非常漂亮，完美又諧趣。

她的英文很好，她說這身裝扮的靈感來自於肥皂劇《王朝》中的反派，愛利西斯·卡靈頓·寇比（Alexis Carrington Colby）。當下，我就有一種預感，我會和安多奈拉成為好朋友。路易哥說得沒錯，「小酒吧」確實很熱門，在午夜時分，窄巷裡擠滿打赤膊跳舞的人，重節奏舞曲熱鬧歡快。

第二天，電話鈴聲穿透宿醉迷霧。我癱在沙發上動彈不得，泡了一壺茶努力喝——非常希望能用點滴打進體內，因為光是拿起茶壺就讓我頭痛欲裂。廚房桌上的含羞草、風信子、水仙都太香了，混合在一起讓我覺得暈眩反胃。

「喂？」我小聲說。

「寶貝。」電話那頭傳來沙啞的聲音，是安多奈拉，絕不會錯。「我是寇比，妳應該頭很痛吧？」我點了頭，她接著說下去，彷彿能看到我的回應。「我覺得妳應該來喝杯咖啡，順便留下來吃午餐，老媽媽要煮解酒秘方……」

我強迫自己洗澡、換衣服。太陽很大，我急忙找出墨鏡戴上，茫茫然地過橋。安多奈拉與她守寡的老母親同住，她們家就在聖十字廣場，樓下是一家皮件店。我經過昨晚狂歡的小巷，走到打烊的小酒吧前，我打個哆嗦。

安多奈拉今年剛滿五十歲。通常，五十歲左右的佛羅倫斯婦女很愛穿海軍藍鋪棉外套搭配經典款衣物，但安多奈拉完全不一樣。她任職於時尚界，個人的品味比較偏好設計師品牌古董衣——她應該住在文青風的倫敦哈克尼區或布魯克林的布希維克社區，那些地方狂野的氣氛應該會讓她如魚得水。她的風格隨時可以感受到。她即使宿醉依然洋溢時尚，黑色馬球衫配滑雪褲，超大黑色太陽眼鏡遮住她整張臉，完美的大紅唇膏，有如老影集《復仇者》[20]中的女特務愛瑪．皮爾。

「打擾了（permesso）！」我說著走進門，安多奈拉微笑，由此可見我的禮節沒錯。從第一次和琪佳來義大利，我就發現這裡的文化很重視形式，對第一次見面的人打招呼，琪佳會說「salve」而不是「ciao」。她告訴我正確的稱呼方式，要用客氣的「lei」（您）而不是「tu」（你）。至今，南方依然延續更老派的做法，使用最正式的「voi」（您）。伊朗文化讓我本能地理解這一切——和父母說話時，我總是用正式的複數形態表示尊敬。

進去之後，我立刻明白她為何在室內戴墨鏡——公寓非常明亮，而我的頭很痛。「進來，寶貝。」安多說。「快戴回去，至少等喝完咖啡再拿下來。」她指著我的墨鏡。她在廚房忙了一陣子，解釋說她媽媽去市場買午餐要用的菜。我看著她四處走動準備用磨卡壺煮咖啡，不時回頭說明她在做什麼，告訴我摩卡壺的咖啡粉絕對不能裝太滿、壓太緊，不能用熱水，要放在小火上加熱，最重要的是，咖啡一旦冒上來，就要立刻從爐火上取下。雖然她將煮咖啡視為神聖的儀式，但安多奈拉告訴我她不會煮飯，也不願意下廚。「幸好有老媽媽照顧我，否則我早就死了。」

她將咖啡放在一個小銀托盤上，挑了兩個薄如蟬翼的瓷杯與杯碟，拿出一個銀質小糖罐與搭配的小叉子，在兩個杯碟上擺了和糖罐成套的小銀匙。她在杯子裡倒進黑咖啡，將托盤端到餐桌上。

這次的經驗讓我學到，無論作風有多麼波希米亞，義大利女人仍有些不會打破的規矩。她絕不會用笨重的馬克杯裝咖啡，隨便就往廚房桌上一放。

喝完第二杯咖啡時，我聽見開門的聲響，是老媽媽回來了。她的身材矮胖，是典型的托斯卡尼女人體型，一邊說話，一邊走進來。她穿著灰色毛圈紗厚大衣，相同質料的帽子遮住短髮。我跳起來，一把摘下墨鏡和她握手，安多奈拉介紹我們認識。老媽媽在我的兩邊臉頰各吻一下，將我擁在她豐滿的胸前，然後她脫掉帽子和大衣，掛在大門旁邊的櫃子裡，在走廊的鏡子前整理頭髮。她有著橄欖色肌膚與淺棕色頭髮，穿著深藍色便褲與好走的鞋，進門

20 *The Avengers*，六〇年代的間諜題材英國電視劇，女特務愛瑪．皮爾為獨立、機智、美麗的化身。

之後換上厚底的楔形拖鞋，藝妓般白膚、黑髮的女兒，和她毫無相似之處。她很樸素，但喀什米爾毛衣上的胸針與金耳環是一套的，表明她很注重外表。她走進廚房、穿上圍裙，便把我們趕出去免得礙事。

安多奈拉帶我去她的房間，窗外可俯瞰聖十字廣場。房間風格極簡而新潮，就像安多奈拉本人一樣，白色牆壁搭配幾件黑色的高級家具。牆角靠著一張床，對面擺著書桌，靠牆放著一張柯比意[21]設計的黑色長沙發與四方形單人沙發。兩扇大推窗之間，能看到廣場上聖十字大教堂的大理石立面，大門周圍精緻的裝飾有如手工蕾絲緞帶，許多人在寬敞的臺階上逗留。「啊，沒錯，教堂。」安多奈拉淡淡地說。「在牆上掛任何畫都是在污辱義大利榮耀的聖殿。」

安多的父親五年前過世，她搬來和母親同住。「因為沒有人喜歡孤獨，寶貝。雖然她並不需要我……」她接著告訴我，老媽媽雖然已經七十多歲了，而且膝蓋不好，但她喜歡忙碌的生活：每天早晨上市場，每天煮飯和女兒一起吃，星期天下午一定會去跳舞。「我覺得她好像有男朋友。」安多奈拉小聲說，過來和我一起站在窗前。「她不肯告訴我，但我猜一定有。看那裡！」

她指著環繞廣場的長凳，其中一張長凳坐著一位矮小的老先生，他穿著格子襯衫、頭帶扁帽，雙手交疊放在腿上。

「妳看，每次老媽媽剛回家或要出門的時候，就會看到他坐在那裡。」安多奈拉壓低聲音說。「我猜，可能是他走路送她回家，稍微休息一下，喘口氣……」

「妳問過她嗎？」我在窗前偷看，老媽媽的祕密情人讓我覺得很開心。

「問過了，但她不肯說。」安多大笑，我也跟著笑。真希望等我到了七十多歲，還有男人搶著送我回家。

我和安多奈拉準備午餐的餐具，老媽媽拿出插在細長玻璃罐裡的一枝鳶尾花。花朵是很淺的粉紫色，大大的花瓣像舌頭一樣往下垂。透過女兒代為翻譯，她告訴我，她在教堂邊看到最早開花的佛羅倫斯鳶尾花。Giaggiolo，托斯卡尼人如此稱呼這種花。百合花飾是這座城市的標誌，所有市府公共建築上都有，甚至連道路護欄和人孔蓋都有，但那個圖案其實是鳶

---

21 Le Corbusier，瑞士裔法國建築師，被譽為二十一世紀建築之父。

尾花。「這裡有很多野生的，味道很香。」她把花拿給我聞，「四、五月的時候，整座城市都會開滿這種花……」

我們的第一道菜是很濃、有很多料的濃湯。我看到安多奈拉淋了一點橄欖油在她的湯裡，拌了進去。濃湯裡有大塊根莖類、綠色蔬菜、菜豆，還有一種口感很特別的東西，但我吃不出是什麼。

「麵包！」老媽媽得意地大聲宣布答案。

安多那拉告訴我，她們母女打賭我一定猜不出來。「這一道湯品就叫做『回鍋湯』（Ribollita），是一道經典的托斯卡尼湯品。」

「親愛的，妳要知道。」安多奈拉繼續解釋著。「托斯卡尼料理就是所謂的『窮人菜』，是務農人家的菜色，會用上手邊所有的材料，絕不會浪費任何東西。這非常樸實，一點也不奢華……」

老媽媽悻悻然聳肩，安多奈拉迅速翻譯她的話。「我們這裡的農產品這麼棒，沒必要用醬料、鮮奶油、奶油來掩飾味道，哪像那些法國人……」她皺起鼻子表示不屑。

老媽媽告訴我，回鍋湯必須前一晚先做好，讓各種食材的味道融合。「放越久越好喝！」托斯卡尼有許多菜色善用當地的麵包，根據我的經驗，就連麵包店幫我留的小條麵包，只要放個一、兩天就會變得像石頭一樣硬。

「因為沒有加防腐劑，親愛的。」安多說。「就像我們托斯卡尼女人，不打肉毒桿菌，才不像那些羅馬人！我們只有天然的好東西。」她和老媽媽一起狂笑。

每一口回鍋湯都讓我活過來一點，簡直像藥物一樣。老媽媽告誡我不要喝太多湯，因為接下來還有義大利麵。

「麵還沒煮好，趁這個空檔，我們先來嚐嚐這個。」老媽媽拿出一籃完美的粉紅色蘿蔔放在桌上，她說這是當季的第一批蘿蔔，品質非常好。我們直接吃，沒有加任何東西，默默品嚐滋味——只有啃蘿蔔的清脆聲響。蘿蔔的滋味辛辣，我差點流眼淚。老媽媽說得沒錯，這些蘿蔔有資格單獨成為一道菜。

老媽媽端出義大利麵，長麵條上點綴鮮綠色的豌豆，帕馬森起士融在麵上，一起上桌的還有一道生菜沙拉及鷹嘴豆配菜。我們再次停止交談，默默品味。大家都盛了第二盤，盤底朝天之後，老媽媽看著我，眼睛閃閃發亮。「妳結婚了嗎？」

「沒有，媽媽！」安多替我回答。「卡敏像我一樣單身……」她把「卡敏」說成「哈敏」，這是佛羅倫斯人的習慣，會將Ｋ的音發成氣音Ｈ。我十分得意，我的名字成了佛羅倫斯風格了。

「不用擔心。」老媽媽說，開始講一個朋友的故事，她最近才剛過八十歲生日。她的舞伴是個鰥夫，在她生日當天一大早打電話給她，將自己當成禮物獻給她——「趁我們還沒老到記不得，多享受一天愛。」——而她接受了。「那是她這輩子最棒的一次性經驗。」老媽媽就事論事地說。「所以別擔心，萬事萬物皆有時，就算到了我這把年紀也一樣！」她開懷大笑，輕推安多奈拉一下，她意味深長地盯著媽媽。

我步行回家，一路思考老媽媽說的話。沒必要為貝培心煩，隨時可能有體驗性愛的機會，說不定，還會出現此生最棒的性經驗。從日漸熟悉的後街走回家，我看到爬滿陽臺與牆面的紫藤，我穿過德米多夫廣場的綠草地，看到角落突然冒出一叢叢紫丁香，這裡平常狗尿味很重，現在被甜美的花香蓋過。四瓣鮮花如此美麗，我忍不住摘了幾朵帶回家，放在鼻子前面一直聞。離開小公園時，我看到一支淺紫色的長莖鳶尾花，如劍一般筆直，形狀像刀鋒的葉片圍繞花朵，春天來了。我相信老媽媽說得沒錯，萬事萬物皆有時。

Spaghetti with peas alla Fiorentina

佛羅倫斯豌豆義大利麵

四人份

一顆大型白洋蔥
優質特級初榨橄欖油
兩瓣大蒜
兩磅豌豆（帶殼）
一小把新鮮巴西利
海鹽與胡椒（依口味調整）
義式培根（兩盎司切細丁）
義大利直麵（每人三到四盎司）

洋蔥切細絲。在鍋中倒入一些橄欖油加熱，放入洋蔥及一瓣壓扁的大蒜，炒至變透明。豌豆剝殼之後，放入鍋中與洋蔥同炒。放入另外一瓣剝皮壓扁的大蒜，放入巴西利細枝，以海鹽與一些胡椒調味。煮滾，但不要煮到豌豆完全熟透、水全部燒乾（大約十到十五分鐘，但最好隨時注意），加入義式培根丁。

於此同時，在義大利麵鍋中裝水，水滾時灑入一大撮鹽。放入義大利直麵，煮好之後（彈牙程度），倒掉煮麵水，留一些準備加入豌豆中。將麵及一杯煮麵水放進豌豆中，充分混合，讓麵裹上醬汁，即可上桌。

回鍋湯

Ribollita

四到六人份

十二盎司乾菜豆（如果用罐頭豆，選十四盎司的罐頭，水不要倒掉）
優質特級初榨橄欖油
一瓣大蒜（用刀面壓扁）
一支新鮮迷迭香
海鹽與胡椒（依口味調整）
兩顆洋蔥（切小丁）
三根西洋芹菜（切小丁）
兩根胡蘿蔔（切小丁）
一顆馬鈴薯（削皮、切小丁）
一罐十四盎司容量的義大利番茄丁
一顆皺葉甘藍
四把甜菜葉（又稱義大利唐萵苣，可用嫩洋甘藍菜代替）
四把恐龍羽衣甘藍（義大利甘藍）

這道湯有點費工，但非常值得。

乾菜豆泡放在大碗水中浸泡，最好能泡二十四小時，但至少要隔夜。取一大深鍋，倒入橄欖油，放進大蒜與新鮮迷迭香，爆香一分鐘左右（千萬不要燒焦大蒜），然後加入已泡好的豆子。倒進八杯半的大量的水，水滾後蓋上鍋蓋，以中火煮一個小時。豆子煮好後才能以鹽及胡椒調味，不能先放。如果用罐頭豆就不必煮那麼久，也不需要這麼多水。

取出迷迭香，盛出一半的豆子備用。剩下的豆子繼續放在水中（這就是高湯底），以手持攪拌棒打碎。若使用罐頭豆，在這一步加入罐頭裡的水。

深炒鍋中倒入一些橄欖油，放進洋蔥、西芹、胡蘿蔔，翻炒至變黃，做成「香炒底料」（Sofrito）。在香炒底料中加入馬鈴薯一起翻炒。罐頭番茄丁用叉子壓成

半條放到變乾的酸種麵包
乾辣椒末（依口味調整）
乾百里香（依口味調整）

泥，接著倒入炒鍋中。

摘除皺葉甘藍的硬梗，將葉子切成細長絲。摘除甜菜葉、恐龍羽衣甘藍的硬梗後，切大塊。待底料煮滾後，將所有葉菜類放入鍋中，與香炒底料、番茄及馬鈴薯一起炒。接著倒入菜豆高湯底，加蓋煮滾。煮滾之後，掀蓋續煮四十五分鐘，持續攪拌。

取一大焗烤盤或鑄鐵鍋，放入切大塊的酸種麵包，將一半的湯澆在麵包上。再放一層麵包，澆上剩下的湯。

放涼之後包上保鮮膜，至少冷藏兩小時。如果可以放隔夜，那就不必包保鮮膜。取出時，麵包將吸滿湯。倒回鍋中重新加熱至沸騰，以鹽、胡椒調味，依各人喜好加上乾辣椒末、百里香。上桌之後，在碗中倒一些橄欖油享用。

4月

Fare l'amore
遇見愛

當月農作物：朝鮮薊
城市的氣息：橙花與檸檬花
義大利時刻：在西恩納郊外接吻
當月關鍵字：baciami [吻我]

我去到聖十字廣場比較老舊的地帶看展覽，才剛踏進會場，我的手機就響了。

今晚妳要做什麼？

傳簡訊的人是成衣商人羅伯特，我前一天在其布列歐認識的，我們同坐一張桌子。我吃著貝培塞給我的迷你披薩，他和我聊起天。他告訴我，他從事「成衣買賣」，我喜歡他低沉磁性的聲音與玩世不恭的態度。貝培的眼神總是有點空洞，成衣商人羅伯特的圓形眼鏡後，有一雙神采奕奕的眼睛，充滿淘氣溫暖、活潑好奇。他微翹的頭髮有點長，鬢角很誇張，兩個三角形深深切進臉頰。

他問我從哪裡來，我反唇相譏，「和你不一樣，我不是來自十九世紀。」他狂笑。這時我才第一次發現，他的門牙中間有條縫，性愛馬戲團完全被我拋在腦後。他性感程度爆表，成熟又英俊。

趁著貝培忙著招呼客人時，我將我的電話號碼給他。

現在我回他簡訊：

和鄰居一起來看女性藝術展。

他立刻回覆：

很精采嗎？

我看看四周。日光燈下的會場有如成人進修學院的教室，展覽品用圖釘固定在移動式白板牆上——繪畫、拼貼，甚至有一個玻璃框裡放著針織小玩偶。一張長桌上擺著幾個紙盤，只有一些洋芋片、花生之類的東西，這種場合肯定會有人帶鷹嘴豆泥來，果然沒錯。在展場中走動的女人全都很邋遢，頭髮髒兮兮，腳踏戰鬥靴，身穿毫無造型的手工毛衣，她們完全不像我見過的義大利女人。

一點也不。

有東西吃嗎？

只有一些零食，喬塞培說等一下可能會有披薩。

吃什麼披薩！傳地址給我，我過去接妳。

十分鐘後，一輛閃亮的黑色奧迪停在展場外，站在敞開窗戶前的羅伯特笑嘻嘻看著我。

他穿著開心果色的喀什米爾羊毛上衣，搭配燈心絨外套，頭髮整個往後梳。他吻我的臉頰，我嗅到一絲古龍水香氣，深吸一口。我小心坐進低底盤的真皮座椅，他以誇張的語氣嚷嚷：「妳不能再吃那些觀光客的食物，一堆披薩！」我大笑。「我帶妳去好好吃一頓。」

他轉頭，對我露出火力十足的笑容，秀出牙縫，魅力洋溢整輛車。我瞬間感到小鹿亂撞，回給他一個燦爛笑容，便在位子上坐好。車子在夜色中奔馳，終於停在市中心外圍的一家小餐廳前，可以感受高雅用餐環境的氣氛。我像平常一樣，打扮休閒，配上大耳環，但餐廳裡的女士全都穿著絲綢、毛皮，髮型一絲不苟，鞋跟高入天際，相形之下我顯得極為寒酸。我看看四周，這是我第一次在佛羅倫斯的高級餐廳約會，我覺得自己模樣邋遢、幼稚，而羅伯特一路上被好幾位光鮮亮麗的女士攔下，對他上下其手，如此一來我更覺得自己相形失色，似乎每個人認識他、熱愛他。他在我耳邊喃喃說：「這些義大利女人，從來就不懂得要打扮低調……」

我咯咯地笑，很喜歡他一手輕觸我背後帶領的感覺，我們走過一張張餐桌。

坐下之後，我開始描述女性藝術展的細節，如成人進修教室、穿戰鬥靴的女人，以及放著幾個針織小玩偶的展示櫃。

「啊，女同性戀！」他斷言。「幸好我去接妳了！」

他提議幫我點菜，我欣然同意了，畢竟我也看不懂菜單，他這麼做非常體貼。我看著他和服務生討論什麼魚最新鮮、今天什麼最美味，他點菜的時候幾乎沒有看菜單，整個過程像在聊天。

我說：「今天晚上和我講話的那些女人，每個都說我瘋了才會從倫敦搬來佛羅倫斯。我不懂。」

羅伯特靠過來。「親愛的，佛羅倫斯很小。」他說。因為我也往前靠，所以距離太近，我很難專心聽他說話，他握著酒杯的手幾乎碰到我。「雖然現在妳很喜歡，就像所有觀光客一樣，但過兩個月妳就會回家了，所有人都是這樣。」他一撇頭，彷彿這是既定的結論。

我還來不及爭論，他告訴我他喜歡倫敦，但永遠沒辦法在英國長住，因為他熱愛美食。「妳知道，親愛的，英國沒有飲食文化，英國人不懂吃，他們煮無聊的食物，去超貴的餐廳點一些無聊的食物，那裡的蔬果——」

「我知道。」我搶先說。「沒有味道，英國人真慘！不過，羅伯特！」我自認有義務要捍衛我的城市。「已經不一樣了，現在倫敦有很棒的餐廳，美食烹飪節目正當紅，大家都在追求慢食和有機……」

「對啦、對啦。」他揮揮手把我說的話掃到一邊。「這就是問題所在。在倫敦，飲食必須變成一種潮流，如一種運動或時尚。之前，我有朋友帶我去一家叫「好食」（Olefood）的餐廳，我那些英國朋友都好興奮——快看啊，這裡的番茄和義大利一模一樣，他們這麼說。而且種類很多，確實如此，只是兩顆番茄就要七英鎊……」

「我知道，和聖安布羅奇奧市場沒得比。」我遺憾地說。

「啊，現在妳懂了！」他激動地說。「在義大利，並非只有錢人才能吃到好東西。我們義大利人熱愛享受，親愛的，不像你們英國人喜歡節制……」

就在這時候，菜上桌了。一盤熟成羊奶起士搭配蜂蜜，老闆自己養蜂採蜜，我們兩個都讚嘆不已。小碗寬扁麵搭配野豬肉醬汁，滋味如此香濃，羅伯特在狂喜中閉上眼睛，舉起一隻手在臉龐邊揮舞，做出全世界都懂的義大利手勢。他靠過來告訴我，他自己也會打獵。「我喜歡大地，親愛的。」他壓低聲音親暱地慢慢說，彷彿向我坦承一個大祕密。「我愛狩獵、釣魚，我愛身在大自然裡——」

我舔舔嘴唇，食物非常美味，可以不用顧慮禮儀表現出饕餮模樣，也是一種美好新體驗。不過，最令我神魂顛倒的，其實是在我身邊的羅伯特——他的機智、他的輕鬆、他對食物的熱情，他習慣靠向前，將我籠罩在他的注意中，他的笑容令我陶醉。主菜上桌時，我的視線幾乎無法離開他的雙眼，無暇看清我將什麼食物送入嘴裡。

第一道主菜（義大利麵都在此時上菜）吃完之後，服務生送來一塊木板，上面放著我見過最大的丁骨牛排，幾乎還在滴血。牛排搭配小盤的蔬菜，由迪諾負責切肉（羅伯特堅持要我叫他小名「迪諾」），他將兩大塊牛排放進我的盤子裡。

「佛羅倫斯牛排！」他自豪地說。「這是佛羅倫斯的經典菜色，妳一直忙著吃披薩。」他對我眨眼。「應該還沒嚐過吧？」他在牛排上淋了一些油，從配菜的盤子裡盛起蒜香菠菜與櫛瓜放在我的盤子上，催我快點吃。牛肉很厚但很嫩，肉汁在我口中流來流去，我立刻將吃素這件事拋到腦後。

迪諾說：「親愛的，托斯卡尼料理的秘訣，在於所有食材都是當地生產。這塊牛排來自奎寧牛，妳去鄉間時應該有看過牠們到處跑吧？是白色的大牛……」

我承認，我還沒離開過佛羅倫斯市區。

「什麼！」他驚呼。「唉，這樣不行，這個週末我帶妳去鄉村，我的朋友有棟房子，附近有溫泉。妳知道托斯卡尼有很多溫泉吧？不知道？啊，親愛的，我們這裡有火山……十分火熱……」他又對我拋個媚眼，繼續熱切地說：「非——常——棒，妳一定要去。」

我婉拒了。根據路易哥所提點的規矩（因為他覺得我對待男人的態度實在太可悲，所以最近一直強力灌輸我新的觀念），才認識兩天就一起吃晚餐，這樣就已經算是太好追了。我提醒自己，我是高級的頭獎，絕不能因愛昏頭而自貶身價。我擠出所有意志力，委婉地拒絕他的邀約。

琪佳曾經說過，義大利男人就算被拒絕也不會放在心上，果然羅伯特似乎也不以為意，我鬆了一口氣。他講了很多過去狂野的故事給我聽，也不只一次提到他曾經很風流。他描述他「悲慘」的健康狀況，他曾經在美國工作一段時間，消化系統出了問題，因此決定回歸最愛的托斯卡尼與義大利美食。喝咖啡時，我們終究還是聊到了愛情，我告訴他我單身很多年，跳過納德爾的那段悲劇，我決定也把他變成我人生中的一小段插曲。他嘆息。「啊，我也是，我單身一陣子了。」

「是嗎？」

「是，親愛的，我們都是成年人，也都愛玩樂。」他隔著杯子上緣看我。我張嘴想反駁，但他繼續說下去。「我不知道愛情會不會持續到永遠——」他專注凝視我的雙眼。「——但我相信激情，重點在於展現激情，無論只持續十分鐘或二十年都一樣。」我倒抽一口氣，他露出壞壞的笑容。「人生就是要享樂……妳我都知道，人生只是一場遊戲……」

第二天，我在路易哥的酒吧打電話給迪諾，感謝他帶我去吃美味的晚餐，他語帶笑意回答：「晚餐不錯，不過，我更棒吧？」

他非常誇張，但我的確很喜歡。

掛斷電話之後，路易哥看一眼我夢幻的表情，將一盤義大利麵沙拉放在我面前。

「美人，快吃吧，妳該回地球了。」他說。「妳剛才在和迪諾講電話嗎？」

我點頭。

「妳吻他了嗎？」他拷問。

「當然沒有！」昨天晚上，當他送我回家時，鄭重地吻一下我的額頭，我一路飄回家上床睡覺。

「還沒接吻妳就這樣！」他嚷嚷。「看來妳麻煩大了……」

◇◇◇

兩天後，一個下著雨的星期四午後，我收到一封簡訊。

想我嗎？

我回覆：超過你的想像。

迪諾：我知道。

我：你有多想我？

迪諾：可能比妳想我更多一些。

我：可能？？？

迪諾：我的愛呀，我說「可能」，因為我不知道妳是不是真的想我……真是一場愛的遊戲，獻上我的吻。

我正在努力想著要怎麼回答比較有趣，另一封簡訊又來了。

迪諾：明天午餐或晚餐吧？別說都要……我受不了。

我幾乎可以看到他高高昂頭、鼻翼大張的模樣，我再次大笑。不過我必須讓他等，我答應過自己，也答應過路易哥，更何況，我整天坐在書桌前做白日夢想迪諾，因此就安排了週末在家安靜寫稿，我必須忠於我的任務。

我：確實很好玩！午餐、晚餐都不行，下次再約吧？

我熱切地希望他會再約我。

週末靜悄悄過去了，迪諾無聲無息。我上市場、與貝培調笑、散步幾個小時、努力寫作，但不管做什麼都好無聊。我提醒自己，我們在玩一場遊戲——但是，我是否姿態擺得太高了？於是，星期一下午，正當我在書桌前焦躁不安時，他的簡訊來了，我幾乎要高舉雙手歡呼。他先示好，我贏了！

我訂了我最喜歡的海鮮餐廳，星期三晚上。不要拒絕，我不會再約了。

我立刻回答：

既然如此，好。

餐廳位在城牆外，這個叫做「聖弗雷迪亞諾」的社區有許多古老絲綢工廠。這裡有另一道城門，我們走路通過，他一手摟著我，彷彿我們已經是情侶了。我等了整個星期，潑他冷水、對他說不，因此今晚感覺更加完美，放大了滿足感。這次約會我做了萬全的準備，安多奈拉從她珍藏的名牌古董衣中選了一套紅色小禮服——真正的馮塔納姐妹[22]設計作品——穿上這套禮服，我覺得自己像個大明星。進了餐廳之後，我脫掉大衣，迪諾後退一步，眼睛發亮，咂嘴表示讚賞，大聲稱讚：「美極了！」

我們坐在鋪有白桌巾的餐桌前，他點了幾道生海鮮，主菜是爐烤鮮魚，用的是今天捕撈的河魚，餐廳老闆自己的土地上有條小河，食材新鮮運送來店裡。我的沙拉上桌了，迪諾幫我淋上醬汁、幫我斟酒，又將氣味新鮮、口感柔嫩的海鮮送進我口中，對我百般殷勤。不管我說什麼，他都覺得好有趣，不管我做什麼他都覺得好可愛，他講的每件事都會繞回我身上，讓我覺得自己是全世界最美的女人。

用餐結束之後，他問：「比披薩好吃多了，對吧？」我同意。我告訴他之前約會的事，有個叫吉亞科莫的男人帶我去吃披薩（這也是路易哥的規定，除了貝培，我也得和其他男人約會），而且要求各付各的。

「我的愛，和小男生出去就是這種下場。」他假裝驚恐的樣子。「從今以後，妳只能和我約會。」

我們慢慢走回停車的地方，他將我拉過去，我依偎在柔軟的喀什米爾毛衣上。我們並肩同行，我屏息等候，相信他一定會吻我。沒想到他卻聊起他的一個客戶，蘇格蘭的一家喀什米爾羊毛公司。

「我的愛，我超──愛──喀什米爾羊毛。」他解釋。「我不穿其他質料的衣服，就連睡覺時也一樣。妳也是吧？」

「呃，不是喔。」我大笑。「我好像沒聽過有人會這樣，我顯然交錯朋友了。」

「我的愛，這樣不行！」他誇張地說。「明天和我一起出門吧？我要去倉庫一趟，妳可以挑選想要的衣服，我送妳……」

我的眼睛發亮。

「我絕不會錯過。」我誠摯地說。

一早天氣就十分晴朗，氣溫幾乎算暖。我實在太興奮，快要無法呼吸。迪諾和我約會

22 一九四三年由馮塔納三姐妹（Fontana Sisters）創立的時尚品牌，專精於高級訂製服。

過兩次，但還沒有吻我，昨晚他送我回家，給我一個令人心跳停止的笑容，再次親吻我的額頭。我滿懷沮喪在家中來回踱步，我的慾求不滿，嚴重到全身不對勁，最後只能強迫自己上床睡覺。今天是我們第一次白天見面，我絕不能掛著兩個大眼袋出門。

此刻，我坐在他的拉風跑車裡，他要帶我去買東西——雖然不是鑽石，但喀什米爾羊毛在氣候多變的四月更加實用。有時稍微有點暖意，但轉眼又變成宛如隆冬的酷寒。大雨下完立刻放晴，映出金黃水光。陽光讓所有灌木和樹籬都開滿白色小花，甜美香氣融合飄散整座城市的鳶尾花香。

我下樓時，迪諾靠在他的車上，擋住後方的來車。我輕快地撲進他敞開的懷抱中，儘管其他駕駛狂按喇叭，他依然先擁抱我一下，然後才幫我開車門。上車之後，我們相視而笑。他的眼睛在鏡片後閃耀光彩，鬢角剛剛修整過，喀什米爾毛衣是淺鴿灰，古龍水香氣撲鼻。如此性感、如此道地的義大利人，我不敢相信自己竟然這麼幸運。

白天的迪諾更加俐落，手機總是黏在耳邊，他在高速公路上穿梭蛇行，只用一隻手握方向盤。同時，他還要抽菸、把手放在我膝蓋上——他哪來這麼多手能做這麼多事，我實在想不通，但我緊張地發現他一度用膝蓋夾著方向盤行駛，而且正好前後都是大卡車。「生意太忙了，我的愛。」他翻個白眼，電話響不停。車子開到市區南方的鄉間，交錯縱橫的高速公路網，將夢幻的托斯卡尼山谷切割。半個小時後，車子在工業區的一棟大倉庫前停下。

我跟著他走進堆滿名牌服飾的大空間，迪諾進辦公室談事情，交代我要盡情挑選，喜歡的儘管拿。這應該像一場美夢才對，事實上，我曾經做過這樣的夢。以前的我一定會在此逛到發瘋，但現在的我看看四周，眼前的一切再也無法令我激動，就連Prada小禮服也因為和幾百件其他衣物胡亂擠在一起而失色。儘管我很努力找了，卻始終沒發現想要的東西。我必須面對苦澀的現實：在時尚之國義大利，我愛亂買東西的毛病竟然無聲無息消失了。

「滿足」可說是消費主義最大的敵人，在佛羅倫斯，我意外找到了內心的滿足。多年來，我編輯、出版的時尚雜誌向女性灌輸永不知足的慾望，讓她們總是有渴望的衝動，不斷購買價格誇張的名牌商品，讓時尚經濟持續蓬勃發展，沒想到現在的我卻落入時尚死敵的懷抱。因為我對自己感到滿足，不再覺得有必要競逐當紅名牌，不想繼續追求全球時尚的更高階級。在聖尼可羅，我成為當地生活的一員，比起穿上最潮、最酷的名牌，這更讓我感到充實。我有親切的鄰居，和這座城市的人產生感情，我的所有需求幾乎都得到滿足。在這間倉庫裡，我發現自己摸著一件件的衣服，心中卻想著，我不需要這些東西。

迪諾從辦公室出來，看到我兩手空空站在掛衣桿間，肚子卻餓得咕咕叫。他說什麼都要送一件衣服給我，於是直接走向一排喀什米爾毛衣，取下一件，舉高在我的臉旁邊看顏色是否合適。那件是深紫色，介於佛羅倫斯紫羅蘭與淺紫鳶尾花之間。「這件送妳。」他硬塞進我手中，不理會我的抗拒。「我的愛，我真的無論如何都要送妳，妳一定要收下。」

我接受了，毛衣很漂亮，但因為是他送的我才決定收下。我拿著柔軟的毛衣，跟著他上車，他轉身看我，把手中的菸抽完。「我的愛，現在我任妳發落！」他露出燦爛的笑容，捻熄菸蒂。「我帶妳去吃午餐。」

迪諾決定要在鄉村吃午餐。我們往南方越開越遠，一路上山丘起伏，到處可以看到柏樹和橄欖園，這是托斯卡尼的經典景色，如風景明信片般美不勝收。半個小時後，車子開進一個平凡的村落，我們下車走向村落中央的大廣場，他摟著我的肩，保證那裡有一家「非——常——棒」的餐廳。我們漫步穿過廣場，我的心小鹿亂撞，想吻他的急迫慾望太過強烈，我不知道還能克制多久。午餐確實非常棒，但我幾乎食不知味，胃裡彷彿有一整窩的蝴蝶在拚命振翅。迪諾說，餐廳裡太暗了，於是我們決定去陽光下喝咖啡。

他帶我去廣場上的一家咖啡館，我正要開口點卡布其諾時，迪諾驚恐地舉起一隻手制止。「上午十一點之後絕對不能喝卡布其諾。」他訓誡我，彷彿我是小孩子。「這樣不對，吃飽又喝那麼多牛奶，不行、不行……」他真的舉起一隻手指晃動，幫我點了一杯熱的瑪奇朵，也就是濃縮咖啡加一點點熱牛奶。「這就像迷你卡布其諾，但對腸胃比較好。」他揉著我的肚子說，我雙腿發軟，盡可能讓膝蓋撐住不倒下。「剛吃過飯，我連瑪奇朵都受不了，吃飽後又喝牛奶真的不行啦。」

之前和琪佳來義大利的時候，我吃完午餐點了一杯卡布其諾，她幾乎難掩驚恐，我現在才明白，她沒有制止我，其實展現的是滿滿的友愛。

他一口喝乾濃縮咖啡。我慢慢啜飲瑪奇朵，看他站在廣場中間抽菸、講電話。他的視線一刻都不曾離開我。我過去找他。

「這裡很接近西恩納（Siena），要是不去就太可惜了。」他說完皺起眉頭。「問題是，我一個小時後在佛羅倫斯有場會議，時間上無法兼顧。」

「噢，別擔心，下次有機會再去。」我盡可能掩飾失望。「我們回去吧。」

「說不定我可以重新安排會議時間……」

「由你決定，不用勉強！」

「呃，要看狀況……」他意味深長地看我一眼，彷彿擊中我的胃部尖端。

「什麼狀況？」我問，突然害羞起來。

他看著我，頭歪一邊，嘴唇揚起淺笑，慢慢朝我踏出一步。

「這個狀況……吻我吧，我的愛！」

就在那裡，在豔陽照耀的廣場上，他將我擁入懷中，吻了我。鳥兒歌唱，微風輕拂樹梢。我依偎著他，無比美好的吻令我融化。

我們終於為了要呼吸而分開，他凝視著我舔舔嘴唇回味。然後他再次吻我，這次很輕，我奮力調整呼吸。「現在我來取消會議……」

他打完電話之後，我們興高采烈，彷彿放假的小孩，我們一塊跑回車上。開車時，他對我伸出一隻手臂，我窩進他的肩頭，親吻他的臉頰、脖子、嘴唇。每每遇到紅燈我們就會接吻，後面的車輛因為等太久而猛按喇叭，要我們分開。公路往上爬，接近西恩納的城牆，景色明媚的鄉間消失在我們身後，晴朗的山谷在陽光下閃耀。他一手放在我膝上，我嘆息出聲。他的另一隻手對窗外揮揮。「我的愛，這就是我的家園。」他得意地呈現給我，在故鄉土地上的托斯卡尼男子。

我好像愛上他了。

那個燦爛的午後，西恩納似乎專門為我和迪諾而存在。我們終於接吻了，再也停不下來。他的嘴唇似乎為我而生，他的身體與我完美搭配，他的體溫與愛意如此熟悉卻又如此刺激，我不敢相信我們真的還沒在一起。我們滿懷火熱慾望卻尚未滿足，懸在無比刺激的中間地帶，我們眼中只有對方。西恩納陡峭的中世紀街道上，欣賞風光的遊客絡繹不絕，但我們幾乎看不到他們。走路時，他將我緊緊攬在身旁，不時給我一個吻，彷彿翩翩落下的蝴蝶。我沒想到西恩納的田野廣場竟然那麼美，寬廣的圓形中心，四周全都是高聳的中世紀建築，市政廳古蹟的尖細高塔穿透雲霄。這裡很美，但與佛羅倫斯截然不同，我站著欣賞，迪諾指出一棟建築給我看，告訴我那個大大圓圓的地方每年都是「賽馬節」的場地，是西恩納最著名的賽馬活動。

「我的愛，到時候我再帶妳來看！」他承諾。「等到夏天……」

我們在廣場邊的桌子坐下，戴上墨鏡遮陽。我仔細聽他說的每個字，他牽著我的手輪流親吻每根手指。我被迷得暈陶陶的，因為他、因為這一天、也因為田野廣場，我無法停止微笑。隔壁桌的美國老夫婦靠過來，拜託我們幫忙拍照。迪諾渾身洋溢著義大利人的魅力，接過相機幫他們拍照，同時逗得他們開懷大笑。後來他告訴我，他希望給他們回家後能說的故事，與真正的義大利人交流，而不是只有會唱《我的太陽》（*O Sole Mio*）的服務生。美國老先生收回相機之後，提議用我的手機幫我們拍照。「你們應該拍張照片留念，你們兩個好像電影明星呢！」他說。

他說出了我的感覺，我身邊有個英俊的義大利男人，戴著墨鏡，一手輕鬆地摟著我，我們的笑容燦爛無比——我也覺得自己像他一樣，是個光鮮亮麗的義大利人。我覺得像個明星，彷彿我綻放魅力。

接下來的時間，我們走在高聳古老建築間的小巷弄，不停調情。我們像青少年一樣，在每條小巷裡摟著脖子親吻，瀏覽商店櫥窗，欣賞大教堂立面的繁複裝飾，迪諾經常走遠去講電話，回來時就牽起我的手吻手腕內側。我們離開時，太陽下山了，氣溫降低，我不由自主發抖。車子開出城門，盤旋下山，太陽緩緩落入下方的谷地，陽光為大地鍍金，彷彿烏菲茲美術館中文藝復興時期繪畫的風景重現。迪諾伸出一隻手臂，我靠過去，享受他的香氣。

「我的愛，妳很冷吧！」他誇張地嚷嚷。

「我的愛」，我是他的愛！之前他未曾那樣叫我，但現在感覺是真的了。我很想知道，義大利文還有更美的詞彙嗎？我安撫他，說我沒事，但他現在腦中已認定我會感冒，所以他必須立刻採取行動，以免發生憾事。我發現義大利人不但不愛下雨，他們還很怕著涼，好像一感冒就會死。我數不清多少次，克莉絲蒂幫我把圍巾包緊，市場的安東尼奧幫我立起大衣領子，而迪諾也一樣。

他迅速駛離高速公路，開到小路旁，把車停在狹窄的鄉村路口。「到了！」他幫我開車門要我下車。我不知道我們要去哪裡。

我看到下方有幾個小瀑布，注入一個天然池塘，在逐漸暗去的天空下，冒著泡的白色池水飄出蒸汽，硫磺的臭雞蛋氣味很濃。有幾個人將石塊排在水流下的地方。「快來，我的愛，我們來泡溫泉，妳很快就會暖起來，這是溫泉水，泡了就不會生病。」

「可是迪諾，我們要穿什麼下水？」我吶喊，我們沒有帶換洗衣物。

「哈！」他雙手一抬。「內衣嗎？」

一瞬間，我呆住了。「不然下次再來好了，我是說……」我到底想說什麼？我還沒準備好在他面前寬衣解帶，覺得非常害羞。

他吻我，不讓我繼續說下去。「噓，我的愛，不必緊張……開心享樂，好嗎？」他動手脫衣服，我也跟著脫，迅速除去一層層衣物，他在寒冷中奔跑，跳進臭臭的熱水，我緊跟在後。水非常舒服，顏色乳白，相當熱，一開始溫泉的氣味太重，但水的觸感很舒服。我們踢水在池間移動，找到小瀑布躺在下面，讓水沖刷肩膀。他繞著我游一圈，過來躺在我的腿間，那裡的水夠深，能為我們掩護，他在熱氣氤氳的半透明水中愛撫我全身，身體緊貼著我，吻我直到我喘不過氣。夜色降臨，明月升起，蒸氣如霧。溫暖舒服的水深到我們的頸子，四周響起夜間生物的叫聲。他依然在水中愛撫我，在我耳邊低語，「我的愛，好美……」我低聲喘息。

終於他離開我的身體，池中只剩我們兩個。迪諾用沙啞的聲音提議離開——「再不走我會受不了。我的愛，妳真美……」我們跑上岸，氣溫很低，我們剛泡過溫泉的身體還在冒煙，因為熱水與激情的加溫，我們完全不覺得冷，他在後車廂找到兩件喀什米爾毛衣遞給我，他說：「沒有毛巾，先用這個吧，反正只是舊樣品……」

我捏自己一下，確定不是在做夢。我和一個義大利花花公子在濃黑的托斯卡尼夜色中，因為他的吻而頭腦空白，用喀什米爾羊毛擦身體。我們因慾望而迷醉，跌跌撞撞回到車上，他用橘色格紋圍巾裹住我的肩。「千萬別著涼。」他邊說邊吻我。我半躺在座位上，看著山丘上西恩納的燈光飛逝，周圍的鄉野黑暗而充滿生命力，我的頭腦變成一團滿足的爛泥。

車往前開，月光照亮山丘上的聚落，宛如幻影。「蒙特里久尼！」迪諾指著說。那是一座中世紀的碉堡村落，整個村子被城牆包圍，牆上的瞭望口點著燈火，有如電影場景，感覺長髮公主會從塔樓上的小窗探出頭來。「我的愛，妳一定餓了吧？佛羅倫斯還很遠，我們先在這裡吃晚餐。」

我同意了。這次約會，這一天，彷彿永遠不會結束，我很開心，我想盡可能在夢境中停留。我們開進城門，中世紀的廣場邊圍繞著堂皇的石造房屋，屋頂鋪著紅瓦，雖然有燈但沒有人。廣場一頭有間餐廳，對面則是旅館。我們互看一眼，兩人之間懸著未說出口的問題。他將我的手塞進臂彎，帶我走向餐廳。我們享用道地的托斯卡尼晚餐，野豬肉義大利麵和牛排，他用眼神將我吃下肚，讓我想起剛才在溫泉池中的激情，他肌膚的觸感，光滑緊繃又能摸到底下結實的肌肉，我好想再次觸摸他。

他看出我的心思，開口說：「妳知道，現在很晚了……那裡就有一家旅館……不然我們留下來過夜吧？」他硬是裝出平淡自然的語氣。「我很累了，車程很長。」他仔細觀察我。

我忙著吃東西，突然感到侷促不安。就在他說出我心中想法的同時，我忽然好想回到舒服的家中，暖暖坐在沙發角落，而喬塞培的影子就映在對面的牆上。我看看餐廳四周，牆上掛著野豬頭、生火腿，慾望突然變成一種莫名的恐慌，我懷疑將自己交給他是否安全。

我的沉默令他蹙眉，臉上籠罩著陰霾。「算了。」他聳肩。「我們先吃飯吧，吃完妳再決定。」

我對他害羞微笑。

「其實妳已經決定好了。」他的語氣暗藏不快，讓我不自在地動了動。「女人總是這樣，不過沒關係，妳慢慢假裝吧……」

這是他第一次表現出不高興，焦慮啃噬我的內心。如果我不想發展這麼快，應該可以踩煞車吧？我撥弄食物，心中困惑，他離開座位去洗手間。我急忙拿出手機發簡訊給披薩男吉亞科莫，約他明天一起吃午餐——上次吃過披薩之後，他一直問我什麼時候可以再見面。我假裝不經意提起，我來蒙特里久尼觀光，假使我沒有赴約，記得派搜救隊來找我，加上一個大笑的符號。我將手機塞回包包裡。如此一來，萬一迪諾是個殺人狂，至少有人會發現我隔天沒有出現，也知道該去哪裡找我。這麼做很合理，尤其是我突然覺得迪諾好危險之後。

他從洗手間回來，恢復原本迷人的模樣，我們慢慢吃晚餐，搭配高級葡萄酒。酒精讓我放鬆，我們傻笑著跌跌撞撞回到廣場，他帶我走向旅館。「我的愛，我們去看看價錢，如果合理，我們就住吧。」他已經決定了。

櫃檯人員隔著眼鏡懷疑地打量我——沒有行李，也沒有護照。我好希望大地裂開，就將我吞進去。迪諾過來牽起我的手，我發現他不知道從哪裡弄來兩支牙刷，和兩條小牙膏裝在一起。他默默帶我上樓去房間，櫃檯人員離開之後，他用力地將我推倒在床上，他爬到我身上，親吻我全身，手指四處遊走，我的衣服神奇地離開身體，就算我一開始想抗拒，這時也全部忘記了。「妳真美。」他呢喃，優雅修長的手指捧住我的乳峰，環抱我的腰，鑽進我的腿間，他的身體將我吞沒。慾火猛烈——沒有性愛馬戲團的花招，深沉嚴肅，所有嬉鬧全都不見了，他的視線完全沒有離開我的雙眼，他在我上方壓住我，扣住我的手腕。

他的吻令我暈暈迷迷的，但我還是盡可能抗拒他的強勢力道，本能地想反擊，不確定這到底是前戲還是格鬥，但這樣反而讓他更頑強、更粗魯，他強硬進入我體內，我倒抽一口氣，伸手抓他、咬他的唇，我的指甲陷進他的背，掐出血來。「別反抗。」他低語，凝視我的雙眼。「我的愛，別反抗，妳屬於我，妳贏不了的！」在他的節奏中，我迷失了自我，我放棄抵抗。直到黎明時分，我們精疲力竭地躺下，他的背上被我抓出一條條的血痕，嘴唇瘀血，他才終於變得溫柔，深情地抱著我，貼著我的脖子喃喃說「我的愛」，我們四肢交纏，失去意識。

第二天晚上，我走進酒吧，高聲說：「路易哥，事實證明我真的很好把！」

「美人，我就知道我不是平白這麼愛妳。」他接得非常順。

我描述與迪諾的二十四小約會，路易哥輕聲說：「唉呀、唉呀。他真的是個獵人！」他讚嘆。

「什麼意思？」我追問。我沒有提起他在床上的強勢，事實上，我連在腦中都輕輕跳過這一段；那天晚上其他時間他都很溫柔，我說服自己那是他太過熱情，是我誤會了，而且他的強勢引出我的狂野。

「他使出重型武器，不是嗎？」路易哥甩著隨身攜帶的擦手巾。「送衣服、去西恩納、泡溫泉，還有蒙特里久尼！難怪妳無法抗拒。」

「路易哥，我愛上他了！」我在沒人的酒吧裡轉圈圈。「我知道現在還太快，但我真的戀愛了！」

「美人。」路易哥嚴肅地說，「妳感受到的不是愛，相信我，這種感覺並非來自這裡。」他一手按住心口。

「噢，閉嘴啦！」我摀住耳朵猛搖頭，大聲唱歌：「啦啦啦啦，我聽不見……」

「好吧。」他擁抱我。「盡情享受吧，美人，這聽來真是個美妙的故事。」

我和迪諾在倫加諾路上高速行駛，他要帶我去「家族的一個小地方，妳一定會喜歡。」他下班之後直接來我家，我們花了很長的時間做愛，他擔心會趕不上晚餐時間。我上車之後，他宣布：「我的愛，我們要先吃點小東西。時間已經很晚了，我們的胃無法承受義大利麵。」他打電話預訂餐點。「煎蛋配上新鮮的carciofi，那個字怎麼說來著——」他停頓思考那個詞。「妳知道，那種有心的蔬菜。」

我大笑——原來在義大利，連蔬菜都有心！「朝鮮薊？」

「對——我的愛。」他慢悠悠地說，伸手摸摸我的臉頰。「妳不只美麗，還很聰明。」

這家餐廳位於烏菲茲涼廊後面的小巷裡，就在河邊，老橋的腳下。整體感覺很像洞穴，走下一道很陡的階梯，進入一個擠滿桌子的小地窖，牆上擺滿了葡萄酒酒瓶。老闆很熱絡地向迪諾打招呼，然後帶我們走向角落的長桌，讓我們在尾端坐下。煎蛋立刻上桌，鬆軟香濃，餡料是大量的朝鮮薊，迪諾告訴我現在正當季，他倒了一小杯葡萄酒，要我快點嚐嚐，他為沙拉淋上醬汁，鮮嫩朝鮮薊配上帕馬森起士，將麵包撕成大塊配雞蛋。我們並坐在長凳上，距離很近，吃東西時會碰到對方的肩膀。吃完之後，他才問我今天做了什麼事，語氣意有所指。我告訴他，我在街上遇見老羅伯特，寫了一點東西，和路易哥在酒吧跳舞。

「披薩男呢？」他密切地觀察我。我老實說了，我中午和那個要求各自出錢的男生吃飯，假裝是很久以前就約好的。

「噢，吃完午餐我就回家了，沒什麼。」我輕快地說。

「妳有沒有吻他？」他注視我的雙眼。

「沒——有——啦！」我大聲說，但我的表情閃爍，他誇張地倒抽一口氣。

「我的愛，妳吻他了！妳很不會撒謊！」

「噢，好啦，其實只是他在門口吻了我一下，然後我就跑走了，真的啦，只是這樣而已。」他的眼眸閃過一個表情，我解讀為心痛，但他很快就換上面無表情的模樣。我牽起他的手，心裡非常過意不去。

「迪諾，噢，親愛的，對不起。」我輕聲說。「我不是這種人，我保證，拜託你原諒我。」

「我的愛，這真的不關我的事，妳想那樣玩就儘管去吧……不過，別忘記，我是這種遊戲的高手，甚至比妳更會玩……」

「噢，不，我沒有要玩的意思，這不是遊戲。我害你傷心了，我討厭我自己。」我流下悔恨的眼淚，也滿心懊惱，突然好怕會失去他。

他放軟姿態，將我擁入懷中，抹去我的淚水。「別哭，我的卡敏。沒關係，不過妳要答應我，以後只能吻我一個人。」

「噢，沒問題，迪諾，我保證。」

隔天，我就搭飛機回倫敦。我必須離開公寓兩個星期——克莉斯多貝和家人要來過復活節，我正好回家探望親朋好友，多拿一點衣服回來。

這天，迪諾一大早開車來接我。「我帶妳去買東西，帶基本的伴手禮回去給妳媽媽！」

我們前往卡斯其內公園（Cascine park），這裡是佛羅倫斯的肺。前方看得到里歐波達車站（Stazione Leopolda），這是一個廢棄的舊車站，已改建成寬敞的展示空間，一張大海報宣傳著食品及葡萄酒展。

我們走進一個占地廣大的展示廳，一排排的攤位鋪著亞麻桌巾，到處都是人。全義大利的食品製造商齊聚一堂，精心地展示許多產品並提供試吃，有巨大的輪狀起士、掛在勾子上的火腿、一排排細長的薩拉米香腸與很粗的義式肉腸，切肉機發出呼咻的聲響，人聲嘈雜，空氣中有各式各樣的氣味。每個地區都有代表，每個產酒區都有各自的展區，迪諾帶我大步走過，宣布我們的課程要從最基本的義大利資產開始，橄欖油。

他要我先嚐嚐義大利各省的產品，教我辨識不同的滋味，南方產的油味道比較粗獷，托斯卡尼的比較細膩。我希望讓他覺得我很厲害，於是搬出菜販安東尼奧教我的知識，但他只是憐憫地看著我。「還不錯，但妳還有很多東西要學。」他說。我們品嚐幾種不同的油，用大塊麵包沾取小盤子裡的金黃液體，薩丁尼亞的太辣、卡拉布里亞的太苦，最後終於選定托斯卡尼一家農場生產的油，顏色金中帶綠，質地滑順。看到標價我臉色發白，但迪諾連眼睛都不眨一下，拿出一大疊現金付帳，並且不肯讓我提袋子。

我們在手工巧克力攤位前逗留許久，也品嚐了堆成高塔的果乾麵包，最後在一個攤位前停下腳步，這裡展示許多顏色深淺不一的棕色液體。我的第二堂課是巴薩米克醋。「這是義大利最棒的巴薩米克醋！」迪諾宣稱。

顧攤位的小姐用英文介紹她的產品。我現在知道，只有摩德納省（Modena）生產的才是正宗香醋，原料是很甜的白葡萄汁，經過烹煮濃縮之後製成。她指著一個小瓶子，裡面的東西感覺像糖蜜，這是最高級的巴薩米克醋，五十年熟成，經過多次換桶，每個桶都以不同的木材製成。這不是我認知中的醋，其質地厚重而黏稠，完美融合甜與酸。她教我如何辨認好的香醋，只要轉動瓶子，觀察質地是否太稠或太稀。她補充說明，貼標上必須印著「aceto balsamico tradizionale di Modena」（莫德納產傳統香醋）字樣。如果沒有這排文字，就只是一般的紅酒醋加上焦糖或砂糖。我們將包裝精美的五十年陳醋放回去，選了價格比較合理的五年熟成香醋。迪諾再次拿出那一大疊現金，接過瓶子之後，帶我走向帕馬森起士區。

在這裡，起士堆起城牆，氣味非常重——我有如墜入兔子洞的愛麗絲，只是這個洞裡滿是濃厚熟成的帕馬森起士。每個攤子上都端坐著一輪金黃起士，側面印上「Parmigiano-Reggiano」（帕馬地區）字樣。「這是妳需要的第三樣東西。」迪諾從桌子前方的試吃品中拿了一塊給我，鬆軟濕潤，在舌頭上奶香濃郁，完全不像我以前吃過的乾巴巴口感。「我的愛，妳知道嗎？要用五百公升的牛奶才能做出一輪帕馬森起士。」迪諾說，我承認不知道。「這一輪重三十五公斤。」他指著其中之一說。「香濃滋味來自於大量牛奶，還有兩年的熟成時間。」攤位後的男子跟著說：「對身體也很好——這是磷很好的來源，也含有蛋白質與鈣質……」

「七百年來，都一直以同樣的方式製造。」迪諾不甘示弱地接著講下去。「除了凝乳酵素，什麼都不加，做好之後放置熟成一年半。側面要印字，以證明是真正的產區製造。」我茫然呆望著他。「我的愛，我們的飲食傳統非常古老，因為我們極為重視。」他很有耐性地解釋，彷彿在對小孩說話。「當妳擁有特殊的好東西，就必須加以敬重，例如帕馬森起士，只能在帕馬與雷焦艾米利亞特定地區生產。這不只是對食物歷史的敬重，也是敬重自己，敬重製造的人。對你們英國人而言，吃東西只是填飽肚子，以便喝更多酒……」他淘氣地看著我。「但是，對我們義大利人而言，食物是藝術，值得敬重，就像妳的身體和妳放進身體的東西。這是——怎麼說呢——良性循環……」

他請攤商直接從一輪切下幾塊楔型，攤商用油紙包好，接著裹上大量的鋁箔——他告訴我，拿回家之後也要這樣保存。「最後呢，」他比了一個華麗的手勢對我說，又再掏出那一大疊現金。「要記住，這種起士比較適合用奶油炒的義大利麵，不太適合用橄欖油的，而且絕對不能和海鮮一起吃……」

我擁抱他。「迪諾，你真是太慷慨了，謝謝！為什麼對我這麼好？」

他以柔情的眼神看我。「我的愛，因為我看出妳需要有人對妳好。」

Artichoke omelette

朝鮮薊煎蛋

一至兩人份

一個大型新鮮朝鮮薊
優質特級初榨橄欖油
二到四顆蛋，視大小決定（放養有機蛋）
全脂牛奶（每顆蛋兩杯）
海鹽與黑胡椒（隨口味調整）
巴西利，點綴用

切除朝鮮薊葉片頂端硬的部分，將剩下的心與嫩葉切片。平底鍋中加入橄欖油，將朝鮮薊放入，炒至微微的焦黃。大碗中加入雞蛋與牛奶一同打勻，接著倒入鍋中與朝鮮薊一起煎，以海鹽與黑胡椒調味。

鍋邊的蛋液開始呈固體時，以大木鏟或湯匙將蛋翻面。煎至兩面金黃即可上桌，再灑上剛切好的巴西利碎末。

Young artichoke and Parmesan salad

嫩朝鮮薊與帕馬森起士沙拉

兩人份

- 三個大型新鮮朝鮮薊
- 優質熟成帕馬森起士薄片
- 優質特級初榨橄欖油
- 巴薩米克醋（依口味調整）
- 海鹽與黑胡椒（依口味調整）

切除朝鮮薊外層葉片，及切除剩餘葉片的粗硬頂端。將朝鮮薊切薄片，排在盤中，再加入帕馬森起士。以大量橄欖油與少許的巴薩米克醋調味，再灑上一些海鹽、磨一些黑胡椒在上面，即可上桌。

5月

Mangia, mangia
開心吃並維持體態

當月農作物：蠶豆

城市的氣息：鳶尾花與金合歡

義大利時刻：聖尼可羅是我的露天辦公室！

當月關鍵字：stringimi forte!［緊緊抱著我！］

我坐好之後繫上安全帶。拿出手機打開，啟動相機，看著小螢幕上的自己。頭髮剛修過，雖然在英國與寒冷戰鬥了兩週，但皮膚狀況不錯。我擦上一些金粉唇蜜，捏捏臉頰讓氣色紅潤——路易哥倫學郝思嘉的小撇步，後來傳授給我——接著我噘起嘴唇做出飛吻，拍下照片傳給迪諾。

幾秒後，他回覆了。

我的愛，果然妳吻我的時候最美。

我去接妳。

忍耐了兩週的分離，再過幾個小時我就能見到迪諾了。我沉進座位中，對自己微笑——我要回佛羅倫斯了，我的情人會去機場接我。四個月前剛去到那裡的時候，我嚴重肥胖、滿臉痘疤、油盡燈枯、憂愁鬱悶。現在當我回到那裡，我減輕了十磅，衣服小了一號，皮膚光滑潔淨，心中洋溢喜悅。就算我自己沒發現，回到倫敦之後，也有許多人指出我的改變，就連我媽看到我的身材也感到欣慰。他們問我用了什麼減肥法、做了什麼健身新招，效果如此驚人！我不知該怎麼回答——他們不會相信，我每天吃義大利麵、橄欖油、葡萄酒、義式冰淇淋，竟然還能瘦下來，眾多減肥法和營養師都做不到。琪佳聳肩說：「或許是因為心情好吧？」此刻，當我興奮得坐不住，感覺她的說法很有道理。

安全帶燈號亮起，飛機即將降落。我望著下方比薩的燈火——在下面的某處，他在等我。我在佛羅倫斯的所有朋友也一樣。我沒想到竟然會在倫敦收到貝培的簡訊，說要來機場幫我「提行李」。喬塞培經常寫電子郵件給我，報告聖尼可羅的大小事。路易哥和我甚至在一個寂靜的夜晚，透過Skype合唱「文化俱樂部樂團」（Culture Club）的歌曲。

最令我驚訝的其實是迪諾，這次小別並沒有澆熄他的熱情。每天早上，他開車去「棒公室」的路上，都會打電話給我，所謂的辦公室其實是他家擁有的一間公寓，他用來處理生意。白天的時候，只要他獨自坐在辦公桌前，就會開Skype找我。簡訊往往會變成視訊，我在父母家裡，躲在房間鎖上門，看著螢幕上他的臉發呆。我們原本只是打情罵俏，但一、兩天後越來越火辣，他要我脫衣服給他看。我答應了，但條件是他也要脫，我們很快就走到無法避免的那一步——視訊性愛。在我們分隔兩地的這段日子，這變成經常上演的小插曲，我們雙方都難以克制。結束之後我滿臉通紅從房間出來，覺得自己是全天下最壞的孩子。有一天，他隔著歐洲大陸仔細觀察我。「我的愛，妳的指甲是黑色的！」他驚呼。

我將手伸到鏡頭前。「喜歡嗎？」

「呃……」他考慮一下。「我比較喜歡妳之前擦的顏色。妳應該買一瓶香奈兒的米色指甲油，非常高雅，妳擦一定非——常——好看，我的愛。」

「對啦，可是現在很流行黑色。」我反駁。

他舉起一隻手。「我的愛，我沒辦法和英國人討論時尚！」

我放聲大笑，他的誇張言詞總是令我狂笑不止。我接著挑釁他。「噢，別這樣，我們英國沒那麼糟，我們有薇薇安・魏斯伍德。」我指出。「她的西裝剪裁功夫無人能及……」

「我說真的，我的愛，我不能和妳談這件事，我是義大利人……」

此刻在飛機上，我看著雙手，指甲擦著經典的香奈兒米色指甲油。他說得沒錯，這個顏色確實比較高雅，但我還是把黑色指甲油帶來了。

不過我必須先回到佛羅倫斯，見到他，彌補之前相隔遙遠的對話與欠缺實體的親密。我的胃因為期待而騷亂。降落、下機、領行李、護照檢查，所有過程都讓我焦急煩躁。我走進入境大廳，他在那裡，就站在門前，瘦小結實，穿著牛仔褲、馬球衫、珊瑚紅喀什米爾毛衣，頭髮往後梳。迪諾！他最帥氣的模樣，頭髮比之前短一點，好笑的鬢角更粗了一點，眼晴閃耀光彩歡迎我回來。他張開雙臂，我立刻投入他的懷抱，喀什米爾羊毛的柔軟、他的體溫、他身體結實的觸感，令我迷醉沉溺。他緊抱著我，一次又一次吻我的頸子、臉頰、嘴唇，雙手捧著我的臉，後退一些看我，觀察每個五官。

「我的愛，沒有畫質影響，妳看起來更美了。」他誇張地說，我的緊張煙消雲散。「好了。」他拎起我的行李，「吃了那麼多沒滋味的英國番茄，妳需要來點美味的義大利料理找回胃口。」

◇◇◇

「Baciami!」我靠向迪諾，對他抬起頭。

我們在佛羅倫斯往南二十分鐘車程的一個小村莊，坐在一家叫做尼洛的餐廳裡，我們已經變成常客了，迪諾在教我義大利文。

「首先，第一人稱單數動詞變化？」他指著面前的紙餐墊，上面寫著一排排義大利文動詞，以及一些他覺得一定要會的句子：

baciami——吻我

non smettere di baciarmi——不要停止吻我

abbraccia mi——擁抱我

stringimi forte——緊緊抱著我

我沒興致練習動詞變化，因為逗他實在太好玩了。「Abbracia mi.」我假裝嬌羞的樣子靠近他。

「不行，快點，essere的動詞變化！」他再次努力。

「Stringimi forte……」我把頭靠在他肩上。

他誇張地聳肩，在紙餐墊上寫下另一個句子：vorrei un po'de pane.

「我想要一點麵包。」他說。「這句比較實用。」

「Stringime forte……」我依偎著他。

「如果妳不認真學——」他假裝生氣。「——要怎麼讓麵包店老闆覺得妳很厲害？」

「可是迪諾，我不需要麵包呀，我只要有baci（吻）就能活了，只要你non smettere di baciarmi（不要停止吻我）。」

他大笑，放棄義大利文教學，轉頭吻我。今天的菜色是簡單的櫛瓜義大利麵，最近市場才剛開始看到櫛瓜。

我和迪諾是情侶。自從我答應不會和他之外的人接吻，我們便形影不離，我也真的沒有吻過其他人，就連我回倫敦的那段時間也一樣。他每天早上一起床就打電話給我，然後一整天會不時傳簡訊或打電話，直到晚上見面。我確信這就是愛。從來沒有人如此密切關注我，我被納德爾狠狠粉碎的心，就算還有一絲傷口，也已經得到一百倍的治療了。

我從倫敦回來之後不久，五月初的一個星期六上午，迪諾打電話來。

「我的愛，我在網球俱樂部，但我洗好澡就會立刻飛到妳身邊。」他說。他經常去網球俱樂部——他結實的手臂與腹肌就是證明——而現在他最熱愛的活動變成飛到我身邊。「做好準備，半個小時見。」

最近他下了床也一樣霸道，我覺得很可愛。這樣讓我覺得自己很小女人，很受寵愛。

依照約定，半個小時後，我下樓看到他在我家門口抽菸。老羅伯特站在馬路對面，也在抽菸，怒目瞪著他。我對他揮手。「來吧。」我對迪諾說，「我想讓你見一個人。」我們過馬路，我介紹他認識老羅伯特，他上下打量迪諾，毫不掩飾敵意。

「啊。」他語帶譴責地說，轉頭看我，彷彿終於懂了。「原來妳有了年輕的羅伯特？」

迪諾疑惑地看著我，然後向老人家道別，我們跳上車，高速駛向山丘。

我告訴迪諾，有一次我去老羅伯特的花園，他竟然向我求婚，我當著他的面大笑。「可是他是認真的，迪諾——你能想像嗎？」這句我是跟迪諾學來的——他總是對難以想像的事物感到驚奇。事實上，我對現在的整個人生感覺難以想像，直到最近才有點現實感，而且我真的幾乎隨時在驚奇狀態。

他睿智地點頭。「嗯，一點也不奇怪。」

「迪諾！明明很扯吧？他快一百歲了耶，怎麼可能認真想求婚？」

「我的愛，我來解釋一下。」他說。「他當然是認真的；義大利男人永遠想追求美女；我們欣賞美，年紀無關緊要。」

「可是，有沒有搞錯——」我爭辯。

「聽我說。」他不等我說完，先搶著說。「我來告訴妳義大利男人是怎樣的人。對我們而言，愛與美絕不能拿來說笑，這是很嚴肅的事。很可能是唯一嚴肅的事。看得出來，妳對那個可憐的老傢伙很好，妳真的很善良。他當然會希望能擁有妳，很符合邏輯。這是最普遍的法則。」

「唉，這樣一說，我覺得自己一點都不特別了。」我大笑。

「不、不，妳誤會了。」他激動地說。「對我們而言，女性美永遠有吸引力，所以我們努力追求每個女人。假以時日，遲早會有一個願意！」

我細細思量。「現在我覺得好像害他傷心了。」

「不，我的小寶貝！」他安慰我，捏捏我的膝蓋。「我們被拒絕也不會怎樣，我們很習慣了。如果女人說不要，那就算了，或許下一個會願意！」

「迪諾——也就是說，如果我拒絕你，」我追問，「你會就這樣算了，去追你遇見的下一個女生？」

「不——，我的愛，當然不會！」他誇張地嚷嚷。「假使妳拒絕我，我會爬回家傷心死去。」他嘻嘻一笑，鼻翼翕動，把頭髮往後甩。

我開始大笑。「好吧，沒錯，你就會躺在一堆喀什米爾羊毛衣上消沉、憂傷，而且鬢角枯萎……」

他也跟著笑了。「啊，我的愛，妳真瞭解我。」

我需要更瞭解他。

「你應該聽過大家對義大利男人的批評吧？」我問他，「他們全都是虛榮的媽寶，對伴侶只會撒謊、偷吃，心裡也只在意自己的外表，完全不想負起身為伴侶的責任——真的是這樣嗎？」

他毫不遲疑地回答，「當然是真的！」

我十分錯愕。「什麼？你也是這樣嗎？」

他看著我，臉上的笑容難以解讀。「我的愛，當然是，這些全都是真的。我當然是個愛撒謊的壞蛋。我之前就跟妳說過，千萬不要相信義大利男人。」

我無法判斷他是不是在開玩笑，我的心跳突然變得好快。「你現在也在騙我嗎？」

他狂笑，把車停在路邊。「別這樣，小寶貝！」他雙手捧著我的頭，點吻我的整張臉。

「不，我從來沒有騙過妳，以後也不會騙妳。我只是想告訴妳以前是怎樣……」

「那麼，你改過自新了？」

「妳應該已經知道了吧？我不再遊戲人間了。我想要安靜的生活，住在鄉下的石造房屋裡，養一堆狗，從窗口射野豬……」他笑著露出牙縫，我決定相信他。

我坐在瑞弗洛咖啡館外面。五月是目前我最喜歡的月分。後面的牆邊開滿茉莉花，香氣飄向埋頭打電腦的我。城門外的樹木也開花了，金合歡像小鐘一樣高掛枝頭，香氣與茉莉花融合。天氣晴朗的早晨我會坐在外面，帶著電腦喝卡布其諾，一邊工作，一邊觀察街角的人生百態，沐浴在甜美柔和的空氣中。

我的街道變成露天劇場——生活全都搬到外面來了。克莉絲蒂從店鋪櫃檯出來站在門口，只要有熟人經過，她就開心地上下跳。就連老珠寶匠喬塞培也不再窩在店內的暖爐旁，而是帶著小狗傑克出來繞著街區散步。老羅伯特比之前更常在街角逗留，站在茉莉花旁邊，彎腰就著牆上的小噴水池喝水。他捧著雙手裝水，告訴我，這裡的水以前是直接從山丘流下來的。老羅伯特比平常更健談。他像所有人一樣，感染了輕度的春季狂熱，一種從冬眠醒來的感覺，揮別縮在室內的日子，走向戶外，享受陽光，為迎接夏天先行預演。

聖尼可羅街像是一個舞臺，我和迪諾成為街頭劇場中「戀人」的角色。無論是上午在瑞弗洛喝咖啡，還是坐在城牆邊的葡萄酒吧外面，我們總是在一起，總是黏得分不開。我不習慣這樣在大庭廣眾下卿卿我我，但迪諾完全沒有這種問題。我們坐著喝咖啡時他將我摟進懷中，在烤爐買麵包時他牽起我的手，中午在餐廳點菜時給我纏綿熱吻。除了最親密的部分，我們的戀情完全在聖尼可羅街頭公開上演。因此我學到，在義大利，戀愛是值得慶祝的事——我們越是濃情蜜意，大家看得越高興，只要迪諾在身邊，我就覺得自己像明星。有如瑞弗洛後牆邊的茉莉花，我在迪諾的殷勤溫暖中綻放，我拋開矜持，盡情扮演我在這場戲劇中的角色，幾乎像迪諾一樣熱衷。

我很驚訝地發現我持續變瘦。每天晚上迪諾都帶我去郊外的不同餐廳，有時會跑去奇揚地（Chianti），有時就在離佛羅倫斯不遠的南部丘陵區。有時去燈火通明的樸素鄉村小吃店，有時去洞穴般的鄉間餐廳，天花板上掛滿火腿。無論去什麼地方，我們都吃得很豐盛。我們經常去尼洛，迪諾每次都和服務生講半天，我都覺得對方會拉一張椅子坐下來聊天了。有時候，他的朋友也會加入我們，第一道菜的時候迪諾還會幫我翻譯，但隨著討論越來越熱烈，他只會偶爾停一下，對我說：「我的愛，我們是義大利人，聚在一起只會討論一件事，就是食物。」似乎沒有人介意他在餐桌上曬恩愛；事實上，他們似乎看得很開心，道別時他們吻我的手，拍拍他的背祝賀「幹得好，迪諾！」我不再因為公然示愛而感到害羞。

無論是只有我們還是有朋友加入，菜總上一道接一道上桌，全都裝在橢圓形小盤子裡；就連義大利麵都是精緻的小分量，完全顛覆我對義大利菜的印象，原來吃很多道菜不代表會發胖。以前我以為義大利菜只有義大利麵、義大利麵與更多的義大利麵。除了義大利麵就只有披薩，全都是卡路里炸彈，對吧？

錯了。

和迪諾在一起時，我發現儘管義大利人確實愛吃義大利麵，甚至也常吃披薩，但絕不是北歐和美國常見的那種。義大利麵分量很小，披薩餅皮非常薄，餡料不會有肉丸、大塊烤雞，更絕不會有鳳梨。在義大利，一餐通常會有好幾道菜。第一道是antipasti（前菜），通常是鹹的小點心，分量比英國餐廳的小。接著是第一道primi（主菜），通常是義大利麵或馬鈴薯麵疙瘩、燉飯，不過燉飯並非托斯卡尼料理，所以很少在菜單上看到。接著，secondi（第二道主菜）是肉類或魚類料理，通常會伴隨contorni（配菜），一般是蔬菜或沙拉。最後還有dolci（甜點），通常還會來一小杯黑咖啡，我們稱之為義式濃縮咖啡，但對義大利人而言就只是caffe（咖啡）。我們每餐都點多道菜色，但奇怪的是，吃完之後我從不覺得撐，只有愉快的飽足感。

和迪諾在一起，一邊吃飯、一邊說笑調情，我吃東西的速度變慢，每一餐都吃很久，一方面是為了享受他的陪伴，另一方面也是因為兩道菜之間會有空檔。大腦有時間感受身體已經吃飽了，所以不會吃過量。我重新找回自然的食量。以前的我絕不會自願拒絕提拉米蘇，現在我經常選水果或乾脆不吃甜點。我們的餐點大多有蔬菜和沙拉，迪諾解釋，桌上有那麼多不同的滋味，能夠為味蕾帶來刺激與滿足。

現在我經常打開窗戶，鄰居家飄來的聲音與香氣令我垂涎——準備餐點的聲音伴隨輕快悅耳的義大利文，油炸的滋滋聲響、滾沸咕嘟冒泡，但最棒的是所有滋味與食材融合的香氣。我樂於嘗試在市場發現的新蔬菜，有時會花一整個上午剝蠶豆，聽從安東尼奧的建議搭配綿羊起士，作為迪諾的午餐。

每天早上，我在市場四處探索，打開菜籃讓安東尼奧裝滿當季的珍饈，像是紫色條紋的菊苣、辛辣的深色野生芝麻葉。我學會碳烤菊苣，用檸檬和大蒜炒苦苣。我用野生芝麻葉做沙拉，搭配迪諾買給我的頂級帕馬森起士薄片。我也經常做浮誇水電工教我的蕃茄醬汁，現在我有勇氣加入幾樣切丁蔬菜先下去炒，洋蔥、胡蘿蔔、芹菜，市場的人教我的，這叫香炒底料——義大利料理不可或缺的三巨頭，許多菜色的基底。安東尼奧告訴我，洋蔥增添香氣、胡蘿蔔增添甜度，芹菜則有一種特別的鮮味，也就是日本人所謂的「旨味」。

迪諾從不留在我家過夜，儘管我們幾乎每天晚上都在一起，他白天也經常會跑來——我漸漸習慣了午後戀情。有天下午，他發現我正在把牆上掉下來的螺絲裝回去。他接手，很快就把掉下來的畫重新掛好。完工之後，他雙手捧著我的臉，一字一句慢悠悠地說：「我的愛，妳可以要我幫忙。妳不是只有自己一個人，有我在。」

不是只有自己一個人。長久以來，我早已習慣凡事一個人搞定，經過納德爾的慘劇之後，我以為自己再也無法和男人緊密相依。迪諾真的能夠依靠嗎？我很想知道。「來吧，我的愛。」他帶我走出公寓，「我想給妳看個特別的東西。」

他開車去到米開朗基羅廣場，停在停車場的遠端角落，跳下車幫我開車門。他帶我走到石造欄杆前，指著下面的花園，圍著繩索的花圃開滿高高的鳶尾花。花朵比我的手還大，展現出最絢爛繽紛的色彩組合：有一種是鮮橘內輪配白色垂瓣，有一種是深藍黑色，有一種全白有多層內輪，甚至有一種是黑色的，絲絨般的花朵深處漆黑神祕。他指著角落的鐵門，得意地說：「佛羅倫斯的鳶尾花園，絕不能錯過，一年只開放兩週！」鳶尾花確實非常迷人，但我轉身想牽他的手時，人卻已經不見，他上車說要去開會。

「別忘了，我的愛。」他要開上馬路時打開車窗大聲說，「妳不是只有自己一個人。」

◇◇◇

自從和迪諾開始談戀愛之後，我一個字都沒寫。每天都有很好的藉口，但實際上是因為迪諾占據了我大部分的時間，他要不是在我家，就是說在過來的路上，卻常常好幾個小時之後才出現，不然就是根本放我鴿子。理論上應該沒有影響才對，因為我只是在家裡寫作，但我發現只要在等客人，我就無法專心工作，無論要來的是迪諾或別人都一樣。要完全進入書中，就必須有一整段不受打擾的時間，迪諾似乎總是在來的路上，這個習慣害我坐立不安、無法專注。我下定決心不要太配合他，要以我的生活習慣與儀式為重，重新開始寫作。

於是乎，那個星期六早晨，我和鄰居喬塞培一起散步去市場，我們的步伐依舊很難搭配，我先帶他去瑞弗洛喝伊希多羅的卡布其諾，然後去市場。在其布列歐，我坐在平常的位子，喬塞培坐在對面。

隔桌的一對年長夫妻注視我們。他們靠過來向喬塞培打招呼。女的嬌小圓潤，留著深色鮑伯頭，圓形眼鏡後面的眼睛不停轉動。男的高大白髮、四肢修長，長長的身體彷彿披在椅子上。喬塞培介紹他們是貝琪與喬佛瑞，美國藝術家，在佛羅倫斯外的一個小村莊有棟房子，他們每年有一半的時間住在那裡。貝琪用東岸口音的英文告訴我，他們最近才回來，準備停留一季。他們用義大利文與喬塞培交談，喬佛瑞說話慢吞吞的，但貝琪的速度快到我跟不上。喬佛瑞是畫家，喬塞培說明，貝琪則是陶藝家，主要製作大型陶器，喬塞培笑著告訴我，她的作品很「狂野」。

他們站起來準備離開時，貝琪在我座位旁停下腳步。「我剛開始進行一個新作品，需要找個模特兒。」她從短髮的瀏海後面看我。「如果妳願意，請打電話給我。我認為妳是完美人選。」她給我一張名片，我呆望她離去的背影。

「喬塞培，你覺得我該去嗎？」我呆呆地問。

他慢慢衡量一番，然後看著我大笑。「妳當然一定要去！妳的佛羅倫斯冒險故事可以多添一個章節，不是嗎？」他的眼睛在鏡片後閃耀淘氣光彩，我不禁懷疑他透過牆壁聽到多少事情。「她是很有地位的知名藝術家。妳一定會喜歡他們。既然妳已經在這裡發光發熱了，佛羅倫斯還能為妳做什麼？只好用藝術讓妳永垂不朽啦。」

第二天晚上，迪諾站在我家廚房，全身赤裸，只有腰間繫著圍裙。他週末去西西里釣魚才剛回來，拎著一個冰桶、抱著在城門外摘的一把金合歡。我們在沙發上做愛，結束之後他從冰桶拿出兩片鮪魚排和一罐西西里酸豆。他要我拿出家裡所有新鮮番茄與大蒜，他動手準備晚餐。

「我的愛，這是我昨天抓到的魚！」他自豪地宣揚。「妳記得那張照片吧？」

我確實記得。他沒有跟我說要去外地，出發當天才告訴我，一開始我很生氣，但那三天裡，他傳給我一大堆他釣魚的照片。雖然照片裡血淋淋的魚很可憐，但我只看到迪諾穿泳褲的模樣，他的身體黝黑，與大魚搏鬥時肌肉隆起。手臂青筋爆凸。其中一張照片裡，他拿著一把刀，血流下他的二頭肌。既然他回來時帶著滿滿的鮮魚，身材也變得更加健壯，我不介意他消失幾天。現在我看著他在我的廚房走動，一身色情片裡大廚的打扮，還不時下指令給充當二廚的我。

「我的愛，去那裡坐下。」他命令。「比起煮飯，妳還是陪我聊天比較好。」

我打一下他光裸的屁股作為訓誡，告訴他我遇見貝琪的事，我很緊張，不確定該不該接受邀約去當模特兒。

「我猜想應該會是裸體。」我聳肩。「我不確定能不能做。」

「為什麼？」他問。

我臉紅了。儘管我們才剛歡愛過，我依然覺得害羞。「呃，」我囁嚅，「脫光衣服讓別人盯著我看……」

「可是我也會盯著妳看呀，我的愛。」他說，「妳不會緊張，妳喜歡。」

「不一樣啦。」我大聲說，「更何況，就算你看我，也不是我站在那裡好幾個小時讓你研究細節，不是嗎？我的身體經不起幾個小時的仔細觀察……」

他放下晚餐，走過來解開我睡袍的帶子，讓我站在一隻手臂的距離外，慢條斯理、不慌不忙地看著我。「妳很美，妳的身體很美。妳以為自己很醜，因為妳不是超級名模，不過妳是超級的妳啊！我愛妳的曲線。妳看起來就是女人的樣子，這樣最美了。」他在我的胸部中央印上一吻，就在心臟上方。

「噢！」我抱住他。

他也抱住我。「總之，我的愛，不必煩惱。」他揮著木匙說，我將睡袍重新穿好，「既然她快八十歲了，搞不好根本看不見妳呢……」

那個晚上很輕鬆、居家。餐桌上裝飾的花，是從老羅伯特的花園採來的，再加上迪諾帶來的金合歡，燭光搖曳，魚很美味。我們很放鬆愜意。我覺得自己與他如此親近，以致於更不願離別，我們做完愛之後他在我懷中熟睡，但深夜裡他下床準備出門，我無法忍受沉重的失望。

「迪諾，你為什麼不留下來？」這是我第一次允許自己這麼問。

「當然是因為我老婆在家等我！」他回答，鼻翼翕張、嘲弄嗤笑。我揚起眉毛，他大笑。然後他收起笑聲說，「我的愛，妳以為我有時間或體力去找別的女人？妳已經把我榨乾了……」

我無法反駁。感覺起來他確實沒有時間或體力去應付另一個女人。不過為了以防萬一，我吻他，用力吸吮他的下唇，留下瘀血，這個吻痕幾乎覆蓋整個下唇，就在他的臉上，所有人都能一眼看見。

「噢，對不起，我的愛。」我伸手輕撫那塊紫色痕跡。「我失控了。」

他笑嘻嘻說：「我喜歡妳的熱情。」他再次吻我。「我不怕被人看見。」

我目送笑容滿面的他輕快跑下樓，心中稍微安慰一些。

第二天晚上，我去找路易哥諮商。

「好吧，美人，妳確定他沒結婚？」這個問題很合邏輯。

「呃，我經常在他身上留吻痕……」我羞澀地承認。

路易哥難以置信地看我許久。「種草莓？美人，妳幾歲了？」

我聳肩。「我知道，不過我心裡有疑慮，所以想試試他會不會阻止。」

「他有阻止妳嗎？」

「他反而鼓勵我！」

「他有沒有帶妳去過他家？」路易哥的這個問題依然很實際。

「呃，沒有。」我承認。「不過，那是因為他不是自己住。」

路易哥放下擦手巾。「他該不會和媽媽一起住吧？」

確實，迪諾住在父母家。一開始他告訴我這只是暫時的安排，他原本住在米蘭，回來之後先在那裡住一陣子，等他存夠錢就要買自己的房子——鄉間的石造別墅。我一開始很震驚，但我能夠理解。我也曾經因為搬出舊家但新家還沒準備好而去父母家暫住。「你從米蘭搬回來多久了？」

「五年。」他的隨口回答讓我忍不住揚起眉毛。

路易哥點頭。「他就是媽寶。」他說。「媽媽的小寶貝，就算長大成人也不離家，有些人會這樣一直到三十多歲。」

「噢，老天，路易哥，他都四十歲了，這樣太糟糕了！」

「唉，美人，在這裡這是很常見的事。」他輕描淡寫地說。「義大利男人很懶惰，而且太愛媽媽煮的料理，妳也知道的。至少妳可以確定他沒有結婚，說不定是因為媽媽規定了門禁時間呢……」

茄汁酸豆鮪魚

Tuna with capers and tomato sauce

兩人份

一顆白洋蔥
優質特級初榨橄欖油
二十顆優質西西里酸豆
兩瓣大蒜
一瓶義大利李子番茄罐頭（十四盎司）
乾辣椒末
兩塊鮪魚排
一顆檸檬（擠汁）

將洋蔥切小丁，以橄欖油炒到半透明狀態，再加入酸豆煮一下。將大蒜剝皮切碎放入，稍微炒熟（不能燒焦），加入番茄，收汁十分鐘，加入乾辣椒末。

在鮪魚排淋上橄欖油與檸檬汁，兩面燒烤，千萬不要讓魚變得太乾。盛盤後，將茄汁淋在上面，即可上桌。

Fresh broad bean and pecorino salad

新鮮蠶豆與綿羊起士沙拉

兩磅蠶豆（越新鮮越好）
五又二分之一盎司的半熟成羊奶起士
一顆檸檬（擠汁）

將蠶豆剝殼後，把大豆子和小豆子分離。將大顆的放入滾水燙一分鐘，瀝乾水分之後放入冷水中（我個人不會費事汆燙小顆的豆子，直接用生的就好）。

煮好後剝去豆子的外皮，煮過的大顆豆子和生的小顆豆子都要剝，丟棄剝下的外皮，將豆子放入上菜的大碗。將綿羊起士切成方塊後和豆子放在一起。取一小碗製作檸檬汁版本的油醋醬（做法請見七十四頁），調味、攪拌均勻。將醬汁倒在沙拉上拌勻，即可上桌。

6月

Perduta
面對愛情的瘋狂

當月農作物：西瓜
城市的氣息：茉莉
義大利時刻：文藝復興足球賽
當月關鍵字：estate [夏天]

星期六早上，我踏著雀躍的腳步去市場。迪諾答應今晚會留下，如此一來，我們就能整個週末都在一起。我們只有一次一起過夜，就是在蒙特里久尼旅館那狂亂的第一次。

我仔細挑選，買好明天早餐要用的材料。榨汁的柳橙、烤爐的新鮮麵包、其布列歐的櫻桃果醬，還有香濃的全脂牛奶，用來製作卡布其諾。我補足蔬果，也買了幾包新鮮義大利麵，如果他想在家煮也沒問題。經過其布列歐時，我躲開貝培的吻，穿過通往市中心的狹窄街道，對遇見的每個人微笑。趕去佩涅雜貨店買一罐鮮黃的奶油，我來去匆匆，只停下腳步給法蘭琪絲卡一個擁抱，她就是那個眼神憂傷的哼歌女店員。我走到店門口，清澈悅耳的歌聲乘風而來，我忍不住停下腳步聆聽，歌聲是從聖母百花大教堂後方傳來的。法蘭琪絲卡走過來，和我一塊站在門階上，我們一起默默欣賞，她的憂傷眼眸因為美妙音樂而綻放光彩。

「那是教堂的唱詩班。」她用義大利文說。「他們在練習。找一天我們一起去那裡唱歌，好不好？」

我開心答應。走過陽光普照的街道，躲開觀光客，經過不優美的恩寵橋，抬頭看巴爾迪尼花園的階梯式露臺，一路延伸到宮殿後方的斜坡，我做個深呼吸，想把這一切吸進去——所有的美，我袋子裡的蔬果，依然在我耳中迴盪的音樂——我所居住的這個地方。

吃晚餐的路上，我看到車子後座有個黑色皮革盥洗包，此時，我們漫步走回我家，迪諾抱著那個盥洗包和一個驚人的巨大西瓜，因為我們在城牆外遇到一輛在賣西瓜的白色廂型車。我向自己道賀，我很有耐心，不像他說的那樣「纏人」。

一到門口，撲鼻的花香迎接我們。「我的愛，妳真是太可愛了！」他激動地說。我去老羅伯特的花園採了很多玫瑰，將花瓣灑在床上，還到處放了蠟燭，他點燃之際，我害羞微笑看著。

「嗯，因為你要來，我希望今天特別一點。」

我們做愛，壓扁了花瓣。結束之後，他下床切西瓜，汗濕的背上黏著花瓣，我們坐在床上聊天，吃著甜美多汁的西瓜。我們窩在彼此懷中，有如老夫老妻，我依偎著他沉沉睡去。因為這樣的氣氛，半夜他下床時我以為他只是要去浴室——每次歡愛之後，迪諾總會堅持要仔細清洗，我甚至幫他的老二買了一條小毛巾。他經常用來娛樂我，用小毛巾為他的老二做各種造型——印度頭巾、水手帽，甚至有一次他還借用克莉斯多貝小孩的髮圈，做出阿拉伯頭巾的樣子。

現在他走出來，將小毛巾摺成迷你頭巾，戴在他的陰莖頂端。

「快看，我的愛，這樣像不像尼洛的廚師史蒂法諾？」

史蒂法諾是個光頭，總是包著白色頭巾。迪諾的老二確實有點像史蒂法諾，我們一起狂笑，因為太開心，我看到他拿起衣服時，我則是還以為他只是想整理好，沒想到他竟然開始穿上。

「好了，我的愛。」他坐在床邊，而我在床上錯愕地看著他。「讓我吻妳一下，明天見了。」

「等等！」我的語氣讓我們兩個人都吃了一驚。「你是在開玩笑嗎？你答應我會留下來的——」

「我的愛，沒有，妳誤會了。我要去找朋友——」

「現在是凌晨兩點，這種時間你要去找什麼朋友？」我越說越大聲。

他急忙告訴我，有個朋友剛從巴黎過來。就在那一刻，他的手機發出簡訊通知鈴聲。

他打了一通電話，我聽見他和對方交談，透過手機傳來男性的聲音。他講完之後放下手機，「他從比薩過來才剛到，現在在計程車上。」

他一邊說，一邊迅速地往門口移動，帶著那個盥洗包。我追上去，依然一絲不掛。「迪諾——」我盡可能不大吼大叫。「——你說會留下來，你承諾過的，你也看到我買了那麼多早餐用的東西——」

「我的愛，不，我從來沒有承諾過。不可能，因為我早就約好要去見我朋友。別這樣，別這麼無聊，別這麼纏人……」

「我不懂！那個——」我指著他手中的盥洗包，那就是證據。「你自己帶來的，顯然你原本打算留下來，為什麼改變主意了？」我做錯了什麼？我想問，幸好沒有說出口。憤怒燒穿我的困惑，他在說謊，我無法忍受。

「我的愛，我現在要去找朋友，明天也會和他在一起，所以我不可能答應留下來。」他轉身離開，背對我，走出去時也沒有看我。「回去睡吧，妳心情不好，而且妳太愛糾纏了。我早上再打電話給妳。」

他跑下樓，沒有回頭看我一眼，我用力甩門，力道之猛，綠色油漆屑落在我腳邊。我在狂怒中拿起手機，戳著按鍵輸入簡訊。

全都是狗屁，你這個騙子，不要再來找我了。

我倒在床上大哭，淚水滴在玫瑰花瓣上，我精心編織了那麼多幻想，以為能共度週末——共度未來——現在全都粉碎散落了。

「他不敢愛妳！」路易哥猜測。「他知道妳遲早會離開，他不想傷心難過。」

每次迪諾太晚打電話、取消約會、不留下來過夜，路易哥都會搬出他最愛的這套理論。我一直假裝相信，但現在我裝不下去了。當我傳了那則簡訊之後，接下來幾天迪諾都沒有聯絡我。一開始，讓我撐過去的是憤怒，然而，正當我開始想念他、開始後悔的時候，他彷彿看準時機，打電話給我，語氣輕快而親暱，彷彿什麼都沒有發生。我吞下心中的所有疑問、疑慮，即使他沒有道歉，但我還是決定原諒他。

當天晚上，他像平常一樣出現在我家門前，我們沒有提起之前的事。我盡可能表現正常，然而我對迪諾和我們的「故事」則有了更嚴苛的觀點。

我想到交往初期，迪諾說好週末要帶我離開市區，去探索托斯卡尼，但他從來沒有實現。他經常打斷我的日常生活規律，說好要來找我，卻經常放我鴿子。我出門散步走比較遠的時候，他會來找我，開車送我回家，在沙發上做愛，結束之後就離開。他這樣突然出現令我感到無所適從、空虛迷惑。我的散步時間被打斷，他卻在滿足慾望之後隨即消失，拋下我孤孤單單的。我開始希望我們能妥善計畫約會行程，只要他能夠遵守，我就可以再次享受獨處時光。然而，他卻總是臨時變卦又突然出現，我開始覺得他的這種行為是種專制。確實，我們經常晚上在一起，但他總是深夜裡開開心心地離去，丟下我孤枕獨眠，我受夠了。

星期六晚上，我獨自前往路易哥的店。

「他又取消約會了。」我無奈地對路易哥說。「他說，他在網球俱樂部認識了一個貴族，要一起吃晚餐，說對方是個大人物，拒絕很沒禮貌。說不定，他的鄉村領地上會有房子出租……」

路易哥換了一片CD。「他有沒有邀妳一起去？」

「有，但我拒絕了。他只是客套而已，不是真心的。」

「唉，美人，下次就答應吧！」路易哥勸告。

我拖著腳步走向洗手間，內心抑鬱。路易哥說得沒錯，我應該拆穿迪諾的謊言。我聽見音響播放杜蘭杜蘭合唱團的「Rio」，在吧檯裡的路易哥跟著唱，我急忙擦乾手，心情重新振奮起來──這首歌是一九八二年的主打歌。我衝出去，到達吧檯前時剛好趕上副歌，我加入他一起唱。我們大聲高歌，在酒吧裡瘋狂跳舞。我們笑得好開心，我暫時將迪諾拋在腦後。

第二天早上十點，我打扮好等迪諾來接，我滿心期待，他終於要實現承諾了，帶我離開佛羅倫斯去玩一天──這是給我的補償，因為他前一天晚上臨時取消約會。夏季悄悄來臨，佛羅倫斯越來越熱，週末時簡直是一座空城，當地居民都會去海邊或鄉村避暑，將市區留給曬得滿臉通紅的觀光客。過去幾個週末迪諾也都不在，我沮喪地發現，我們的戀情變成週間限定了。

義大利的夏季令我興奮期待。八月，是全國人民出發前往海邊的月分。我已經知道迪諾要休假一整個月。我第一次覺得夏季充滿魅力，也是第一次聽到這麼多人在聊夏天的事──我每天在鄰里間都能聽到大家計畫八月要出遊，討論那之前的週末要做什麼。有些鄰居已經開拔前往海邊，我覺得很不可思議，義大利人竟然如此堅定地相信，去海邊度假是他們天生的權利。一整個季節都在玩耍、休閒、享樂，身為倫敦人的我難以想像，但心嚮往之。回想以前的夏季，我永遠在工作、永遠孤獨著，即使是外出度假也要趕著期限交稿。三十五歲之後，越來越難找到旅伴——朋友大多都忙著顧老公、小孩，無論是多華麗奢侈的出差行程，我都只能自己一個人去。

和納德爾在一起的那個夏天，是我多年來第一次覺得夏季就該如此開朗與歡樂。每天我一下班就衝回家，一進家門就拋開大老闆的陰謀詭計、工作壓力。納德爾在家裡等我，輕鬆微笑著，坐在狹窄的沙發上，也準備好飲料。那短短的三個月裡，有人等我回家。我們會一起出門，遲遲不天黑的漫長傍晚，我們在街頭漫步，在蘇活區的人行道上吃晚餐，邊走邊聊，不知不覺走了好幾英里，走在滑鐵盧大橋上，欣賞我最愛的倫敦景致。

那個星期日的早上，迪諾一如往常地遲到，於是我去瑞弗洛等待，我坐在戶外喝著卡布其諾，盡力壓抑我的惱怒。快中午時，他終於打電話來了。「我——的——愛。」他慢悠悠地說。「這真是個大災難，我忘記今天是我媽的生日！妳能想像嗎？對不起，我得留在家裡吃午餐了。」

「噢，是嗎？」我喪氣地說。

「當然啦，我們很歡迎妳加入。」他說得很流暢，卻很假。

「噢，迪諾，我非常樂意！」我高聲說。

「噢，我的愛，太好了，我非——常——希望妳來。不過妳知道，午餐已經準備好了，客人都到了，我不能叫他們等，我們已經上桌了，我不知道妳要怎麼過來——」

他說出一個又一個藉口。這麼多謊言——午餐怎麼可能已經上桌了？現在才十二點，義大利人才不會這麼早吃午餐。但我沒有說話，我的沉默令他不安。

「別這樣，我的愛，不要又鬧脾氣了。我晚點再去找妳，我永遠會去找妳，每天都去找妳。」他的態度變得防備，也開始抱怨。

我忍不住爆發了。「老實說，迪諾，才沒這回事。每天你都說會來，但都沒出現。其實無所謂，你知道的，我不需要每天和你見面，只拜託你有了計畫後就不要變卦。」我怒吼。「一個星期一次就好，我們一個星期就約一次吃晚餐，然後照計畫去做。比起每天什麼事都不能做，只能等你出現，這樣好多了。你等於浪費了我所有的時間，很不公平。」

他不高興了，嘀咕著說：「唉，我的愛，我就是這樣，如果妳覺得不好——」

「喔？哼，那我也就是這樣。」我反擊。

「我的愛，我能給的只有這麼多，妳不能要求更多。」他低聲說。「我早就告訴過妳我是怎樣的人。」

「既然你連一個星期吃一次晚餐都做不到，看來也沒什麼好說的了。」

大家都聽到我怒吼了——瑞弗洛咖啡館裡，擠滿午餐前來喝氣泡酒的人——我決定去散步以發洩怒火，遠離鄰居與他們的好奇心。我滿是怒氣，每走一步都更深刻地體認到自己有多傻，竟然相信迪諾，還期待他留下來過夜，期待建立真正的戀情。

幾個小時後，我回到家，因為走太久而精疲力盡，卻發現迪諾的車就停在門外，而他坐在車上。

「妳跑去哪裡了？」他好像生氣了。「我等了很久。」

「午餐好吃嗎？」我故作冷淡地問。

「別這樣，我的愛——」他上前一步又說，「——對不起，不要生氣嘛。」他垂下頭，張開雙臂。「我們現在就去鄉村，我帶妳去，別這樣，現在才四點，今天天氣很好。」

我的頭很暈，沒有力氣和他吵，於是我上車了。我們開出聖米尼亞托城門，一首義大利歌曲的爵士曲調填補我們之間的沉默。我聽到「estate」這個字，是「夏天」的意思，男歌手的聲音低沉而憂傷，迪諾調大音量跟著唱。

「夏天。」他用渾厚的男中音唱著，一手放在我的膝上，悲傷的旋律似乎洋溢著渴望，我只捕捉到幾個我懂的字詞。「吻……失落……愛……過去……心……消逝。」他對著我深情款款地高歌，皺起眉頭以製造效果，而另一支夾著香菸的手伸出窗外，用膝蓋控制方向盤。雖然我很不願意，但還是情不自禁地嘴角上揚。

他唱完之後，滿臉笑容轉頭看我，等我評分。

「呃，你的歌喉很不錯。」我說。

「我的愛，沒錯，在學校的時候，大家都叫我小帕華洛帝！」他自豪地說，我嗤笑。

「這首歌在義大利家喻戶曉。」他解釋。「歌詞在講一段發生在夏季的悲傷戀曲。說到夏季，妳知道的，有充滿失落的吻、逝去的愛情……」

我瞇起眼睛看著他。「迪諾，你想暗示什麼嗎？」我問。

「我的愛，要看狀況。」

「什麼狀況？」

「這個……」他靠過來。「吻我吧，我的愛。」

我想，他以前也用過這招，但他將我拉過去，這個吻如此柔情纏綿，我的頭都暈了，所有念頭全部消失。他以靈活的動作解開我的安全帶讓我躺下，然後他迅速來到我身上。我不太確定到底是怎麼發生的，但在前往奇揚地的路上，他把車停在路邊的草地旁，在他的奧迪車上和我做愛，我因為過於驚訝而任由他擺布。

結束之後，我們開車前往奇揚地，穿過陽光普照的丘陵與山谷，可愛的石造房屋正面開滿紅色天竺葵，斜斜山丘上點綴著橄欖樹、葡萄園與向日葵田。我推開稍早的惱火，放下決心要離開他的想法。這裡很美，他很性感，而我們在這裡，說不定這樣就夠了。

幾天之後的夜裡，我的手機響了，迪諾在車上打給我，他正在去比薩的路上。他準備去西班牙參加一場非常豪華的婚禮，是為期四天的盛大活動，有鬥牛、舞會。他會搭明天一大早的班機出發，所以要去機場附近的朋友家過夜，至少他是這麼告訴我的。

「我的愛，不要太想我喔。」他在電話另一頭深情地說。我聽到他抽菸的聲音，想像他打開車窗，手肘靠在上面，馬路呼嘯掠過。「星期一我就會回到妳的懷抱了。」

「我會耐心等待，你的手機在那裡能用嗎？」我並不擔心。上次去鄉下之後，他變得格外殷勤，每天晚上來我家煮飯，陪我睡半個夜晚才離開，我幾乎都快忘記上星期的口角了。

「我會打給妳。」我聽得出來他在微笑。「不然就會傳簡訊、打Skype。」他語氣親暱地哄著我。

接著他態度一轉，浮誇地說：「總之，我的愛，我會想辦法的。除非我死了，不然一定會聯絡妳！」

◇◇◇

「親愛的，我還以為妳死了呢！」安多奈拉酸溜溜地說，一邊招呼我進入她家陽光普照的客廳。

「打擾了。」我自動說出，進門後我獻上一束玫瑰，這是我在老羅伯特的花園採的。安多奈拉大方收下，鼻子埋進花朵間聞香氣，然後抬頭揚起一側眉毛看我。

「噢，安多。」我吶喊。「真抱歉一直搞消失，我被迪諾迷昏了頭……」

她舉起優美的手揮了揮，將我的解釋掃到一邊。「這些事就不用再提了。」她和善地說。「真高興見到妳，我和老媽媽都很想妳！快進來吧，復古足球賽要開始了！」

我們走進她的臥房，裡面已經擠滿了年輕美男子。桌上放著裝咖啡的托盤，她幫我倒了一杯，將瓷杯、杯碟與小銀匙一起端給我。那群美男子擠在敞開的窗前，外面傳來喧鬧的人聲，有歡呼、吶喊、口哨，大聲說著佛羅倫斯粗話。美男子一個個來吻我，將兩扇窗前最好的位子讓出來給我和安多奈拉。

這是六月的最後一個週末，佛羅倫斯慶祝主保聖人聖喬凡尼的節日，方式非常別開生面。佛羅倫斯復古足球賽以古代規則進行，由佛羅倫斯的四個地區組隊參賽：聖喬凡尼區、聖十字區、聖靈區、新聖母區。臨時的場地設在聖十字廣場，過去一個星期一直在興建，場地包括一個沙坑與觀眾看臺。我知道我很幸運，可以從安多奈拉家的窗口免費觀賞，而入場券早在幾個星期前就已銷售一空。

連續幾天，全城陷入興奮狀態。上個週末，我碰巧遇上復古足球賽前的遊行。星期六那天，我去市場回家的路上經過市中心，看到一群穿著文藝復興時期服裝的男人，遊行走過領主廣場，有些騎在穿馬衣的馬背上，吹著長號，彩色緊身褲秀出健壯雙腿。週間，安多奈拉打電話來邀請我去她家窗口看足球賽，她交代我快到時打電話給她，她會來帶我過保全圍欄——她是住戶，可以帶朋友進去。

今天一大早，我一走過恩寵橋，就聽到熱鬧歡騰的聲音，佛羅倫斯的人們開心地回歸文藝復興時期。上週日，我忍不住加入推擠的人群，從班其路走到領主廣場，追著看週末遊行的最後隊伍。男人穿著緊身褲、頭戴羽毛帽，手拿長號、旗幟，騎在穿馬衣的馬匹上，女人則拎著長裙襬行走，頭髮上裝飾冠冕，腰肢束得很細。遊行一定快結束了，因為大家隨便走來走去，和穿著一般服裝的朋友聊天，離開隊伍去喝咖啡，抽菸時將羽毛帽小心放在桌上。

在安多奈拉家，我探出窗口往外看。安多也探出身來，隔著中間的牆壁對我大聲打招呼，音量壓過吵雜的人聲。下方有一群粗壯的男人穿著文藝復興時期的足球褲——比現代褲子的長，樣子有點像燈籠褲，寬鬆的褲管在膝蓋處束起。一隊的褲子是紫白條紋，另一隊則是藍紫條紋。「紫色是王道。」安多奈拉在另一扇窗口對我大喊。站在我旁邊的美男子解釋，之前已舉行過兩場比賽，淘汰了兩隊，現在只剩今天比賽的兩隊。

「規則是什麼？和現代足球一樣嗎？」我問他，他大笑。

「妳看了就知道。」

迪諾出發去西班牙的前一晚，稍微向我講解了一下復古足球賽的歷史。他正在煮義大利麵醬料，食材是當季的嫩櫛瓜、幾條義式培根，及一點白酒。

「我的愛，妳應該知道我熱愛足球吧？」他開始說明。

確實沒錯，他是佛羅倫斯足球隊「佛倫提那」的死忠球迷，而這一支球隊的暱稱是「紫百合」。

「這當然是因為我們佛羅倫斯人發明了足球！」雖然有誇大之嫌，但他堅持足球源自於十六世紀的佛羅倫斯，一開始是王族與貴族的娛樂。

「現在已經不一樣了，現在復古足球的球員幾乎都是罪犯……」

我很好奇，此刻當我看著在賽場上奔跑的粗壯男子，全身刺青與疤痕，我相信他所言不假。球場上彷彿擠進幾百個球員——旁邊的美男子告訴我，每隊有二十個球員，比賽開始後，爭搶的場面不像足球，比較像橄欖球。比賽繼續進行，球員壓住倒地的對手，拳打腳踢，甚至彼此撞頭，無論球是否在身邊都一樣。每當球接近球門，觀眾就會瘋狂地歡呼，但有人打架的時候歡呼就更大聲——所以經常有人打架。儘管裁判盡了全力四處奔跑維持秩序，揮舞象徵權力的白羽毛，但比賽依然數次淪為一場群架。

我驚恐地看著安多奈拉，但她忙著在窗口對球員揮拳大吼。廣場四周的窗戶與陽臺都能看到幾乎全身探出外面的人，全都瘋狂吼叫、比著手勢。就連老媽媽也探頭關心比賽，雙手圍著嘴大吼。所有美男子都看得入迷，主要是因為賽場上強壯男子鼓動的肌肉，觀眾幾乎像球員一樣失控，在看臺上互相爭吵，甚至也動手打起架來。

我開始狂笑。喬塞培曾經說過，文藝復興最大的謎團，就是這些粗暴野蠻如流氓的人，竟然能創作出如此精美的藝術與建築。我猜想，迪諾的好勝與霸道應該轉眼就能變成逞凶鬥狠，我在心中看到他走在十六世紀的佛羅倫斯街頭，矮小結實的身體穿著緊身襪、蓬蓬褲，帽子裝飾羽毛，一手按著劍柄，萬一在老橋上遇到敵人，隨時可以拔劍殺人。我再次低頭看比賽，花俏的服裝、雄壯的肌肉，羽毛落在沙地上，看臺周圍的佛羅倫斯鳶尾花旗幟隨風飄動，觀眾大罵髒話。我不禁懷疑，除了服裝之外，佛羅倫斯是否依然與五百年前一模一樣，毫無改變。

◇◇◇

那天晚上，我站在阿諾河邊的人群中看煙火，聖尼可羅的鄰居們也都在，煙火在聖米尼亞托上方的天空炸開。煙火秀是聖喬凡尼節的高潮，炫麗光芒會照亮一整座城市，美不勝收。白天的酷熱減緩，而夜晚變得潮濕悶熱。我好希望迪諾也在這裡，我下意識地拿出手機，看看他是否有打來。他已經離開兩天了，卻完全無聲無息。我覺得很奇怪，但我告訴自己，他在西班牙，忙著和朋友玩樂，說不定他在那地方收不到訊號。我告訴自己，他很快就會聯絡我，他出發時答應過我，所以一定會想辦法聯絡我。我用手機拍了一張煙火在天空炸開的照片傳給他，期待他一看到照片就會打來，但他沒有，也沒有回簡訊。我發現安多奈拉看著我，於是我含淚對她微笑。

「他很快就會打來，別擔心。」她的語氣很溫柔，握住我的手。

我點頭，看著煙火在天空綻放。但憂慮正啃食著我，來到佛羅倫斯三個月，我第一次無法全心享受這裡的美麗。

Pasta with Zucchini

櫛瓜義大利麵

兩人份

兩條櫛瓜
一顆白洋蔥
優質特級初榨橄欖油
一瓣大蒜
海鹽（依口味調整）
五又二分之一盎司到七盎司的義大利麵
（我喜歡用筆管麵）
半杯白酒
帕馬森起士（上桌後灑上）

切除櫛瓜的頭、尾後，從長邊切成兩半，然後切片。將洋蔥切小丁，放入鍋中以橄欖油炒到透明狀，再將蒜末放入鍋中。稍煮之後，將櫛瓜放入鍋中，加入兩湯匙的水就夠了。

於此同時，在義大利麵鍋中裝水，沸騰之後加鹽。放入義大利麵，煮到彈牙程度。將一些煮麵水加到櫛瓜中，然後加入白酒。

櫛瓜煮到熟透但依然濕潤的程度，瀝乾義大利麵，放入鍋中讓醬汁完全包覆，最後磨一些帕馬森起士灑上，即可上桌。

野生芝麻葉佐帕馬森起士沙拉

Wild arugula and Parmesan salad

兩人份

兩把新鮮野生芝麻葉
熟成帕馬森起士
一顆檸檬（擠汁）
橄欖油
海鹽與黑胡椒（依口味調整）

仔細洗乾淨芝麻葉後晾乾，將帕馬森起士削成長條放上。製作檸檬汁版的油醋醬（請見七十四頁），依個人喜好加入鹽及胡椒調味，將醬汁倒在沙拉上拌勻，即可上桌。

7月

Piacere a te stessa
享受自我

當月農作物：聖馬札諾番茄
城市的氣息：玫瑰
義大利時刻：上髮廊
當月關鍵字：brillare [閃耀]

我坐在黃色的小公車上，搖搖晃晃地離開了市區，正要前往巴尼奧阿里波利（Bagno a Ripoli），一個位於佛羅倫斯南邊的小鎮。這是復古足球賽的隔天，我早就安排好今天要去做模特兒，前往貝琪和喬佛瑞居住的小村莊。

為了準備今天的工作，我仔細刮了腿毛，對著鏡子研究自己許久，把小腹吸進去，選了好看的內衣，擦上乳液按摩。做這些事能讓我暫時放下等迪諾來電的焦慮。今天是星期日，自從他去了西班牙之後，到現在仍失聯中。貝琪提醒我要帶泳裝，我選了在市場裡找到的唯一的一套比基尼，雖然很丟臉。通常穿泳裝時，我會盡可能遮掩身體，但因為我預算有限，所以不能去市中心的專賣店買連身泳裝。我好多年沒穿過比基尼了，在家試穿時，我臉紅了。不過呢，我在鏡子前面轉身研究每個角度，不得不承認其實不太糟，我幾乎算是苗條，背後只剩一圈贅肉，而不是剛來時的三圈。儘管如此，我依然希望除了我和貝琪，游泳池邊不會有其他人。

貝琪來村子的廣場接我，她穿著條紋夏季洋裝，搭配綠色帆布鞋和粉紅色短襪。她滔滔不絕、精采熱情，充滿活潑的好奇心，她將車子開上滿是樹木的丘陵，一條凹凸不平的路通往一個小聚落，幾棟房子緊抓著陡峭的坡地。她告訴我，這裡一共只有六棟房子，分別屬於兩個家族。她和喬佛瑞四十年前買下他們的房子，成為這個小社區的新成員。「不過呢，」她擠擠一隻眼睛，「我們花了好幾年的功夫才融入……」

我們穿過一道藍色鐵閘門，高聳的石牆將房子與街道隔開。裡面有個中庭和一個有遮蔭的露臺，俯瞰深深的山谷，一張石桌旁有幾張長凳，上面放著貝琪的陶藝作品。房屋後面有另一個俯瞰山谷的小空間，以一張石桌為中心，我在那裡坐下，貝琪去準備咖啡。我眺望四周廣袤的鄉間景色，看到遠處佛羅倫斯大教堂的圓頂，因為距離而變得很小。空氣溫暖寧靜，鄉野的各種聲響生氣勃勃，蟲鳴鳥叫，蜜蜂嗡嗡飛舞。中庭另一頭有個鳥舍，鴿子與斑鳩在附近飛翔，我發現腳邊有一隻小烏龜，龜殼的花紋非常精緻。

貝琪端著咖啡過來，放下之後過去打開鳥舍的門。鳥兒飛出來，鴿子在我們頭頂振翅，然後飛向山谷消失無蹤。我的大腳趾被咬了一下，低頭發現烏龜在啃我的指甲。「噢，別管牠。」貝琪笑著說，「等一下牠就會停了。」整個週末，我第一次真正放鬆享受自我，很高興能和貝琪聊她的人生、她的藝術，及我的書。那個早上，貝琪讓我找回自己，讓我想起除了和迪諾的戀情，我也是我自己。她問我書的主題是什麼，告訴我過程與耐心的重要，描述藝術創作的人生。我不知不覺就告訴她迪諾的事，以及他那些不可靠的習性。已經好幾天沒有他的消息了，她聰慧的眼眸隔著厚鏡片觀察我。

她笑著說：「啊，義大利男人，他們總是我行我素。」接著，眼睛又發光。「不過，真的非常討人喜歡，每個女生都該來一場義大利戀情。提醒我要說年輕時的故事給妳聽，我們去工作吧。」

她帶我行經一條小徑走進花園，房屋主體外加蓋了她和喬佛瑞各自的工作室，沿著山坡建造了幾層階梯式露臺，兩間工作室各占據一層，石造餐室與起居室延伸向外俯瞰山谷。到處可以看到貝琪製作的雕像與長凳，還有她做的大陶甕，每面牆上都有他們自己做的釉雕壁畫。她的工作室要往下走幾層，外面有個大窯，前面鮮綠的草坪有幾條痕跡，感覺像被小型推土機碾過。「是野豬。」她指著那些痕跡說。「有時候牠們會從森林跑來這裡搗蛋，草坪都被牠們弄壞了。」

「妳不怕嗎？」迪諾一定會愛死，我想，他可以來這裡打獵。

她大笑。「不會，只要有人在，牠們就不會靠近。牠們體型雄偉，但個性害羞。」她打開門。「好了，進來吧。」

貝琪的工作室寬敞明亮，有一面牆是整片的落地窗，其他幾道牆的牆邊放著長板桌，整間工作室也以固定的間距放滿長板桌。幾面牆上掛著格子櫃，裡面放著顏料、油漆、筆刷。另外還有拉胚機、幾包粉、素描簿，及幾個靠牆、難以形容的大型陶藝作品。那些作品既不是器物也不是雕塑，而是巨大的陶藝繪畫，邊緣凹凸不平，有像魚鰭一樣的東西凸出來。儘管造型令人難以理解，但色彩明亮開朗，一些線條象徵花朵或花瓶，頗有馬蒂斯的風格。工作室中央還有其他作品，她出名的陶甕，非常高，形狀很特別，不像我看過的任何東西。貝琪解釋那些作品是什麼時候創作的，靈感來自何方。我小心翼翼在這個陶器仙境走動，我知道這是莫大的殊榮，能夠來到她的工作室，近距離研究每一件作品，平時只能在世界各地的博物館與美術館遠遠欣賞，更別說還有藝術家本人講解。我不禁哆嗦，我竟然這麼蠢，讓我的人生縮小到只剩迪諾和他捉摸不定的毛病。我來義大利是為了創作，而貝琪的工作室激勵了我，提醒我要專注於人生的重要目標。

「好。」她轉向我。「妳也看到了，我從來不用人的圖案裝飾陶甕。有個作品讓我一直想不出該怎麼做比較好，那天在其布列歐遇到妳，我忽然靈光乍現。」她大笑。「妳讓我想到那件作品，所以我才請妳來當模特兒！」

我讓妳想到甕？我想這麼問，同時直覺地縮小腹，但貝琪帶我走向工作室角落，一邊解釋道：「這是三件相聯的作品，彼此完整……」

她指著三個白色大甕，雖稱之為甕，等於將波提切利的《維納斯的誕生》稱之為素描，或許可以稱之為陶藝雕塑。其中兩個像我一樣高，中間那個細細長長，彎曲的線條有如女體。雖然三個都是白色沒有裝飾，但並排在一起，延伸而出的鰭與寬扁把手，確實完整了彼此，中間相隔的空間彷彿也是作品的一部分，就像那些幾何突出處一樣。虛實形體互相搭配，形成充滿震撼力的整體。貝琪剛才說我讓她想起那件作品時，我以為是那種大肚子的甕，但並非如此。這三個甕造型修長，甚至可說是柔媚，有種絕對屬於女性的美，我覺得受寵若驚。

貝琪給我一件睡袍，我在屏風後面脫衣服，她繼續說下去。「這是我第一次用人體作為裝飾，我很緊張！」她咯咯大笑。我出來時，看到她在作品後面整理顏料和刷子。她告訴我要站在哪裡，我緩緩地除去睡袍，掛在旁邊的梯子上，我雙手抱胸，尷尬地站著。貝琪不理會我的彆扭，很嚴肅務實地幫我找到正確姿勢。她先用自己小小圓圓的身體一再嘗試，最後終於找到可行的姿勢。我左右移動重心，盡可能找到舒服的姿勢，依然無法坦然直視貝琪的眼睛。

「別擔心。」她用慢吞吞的東岸口音說。「現在只是畫素描而已，妳稍微動一下也沒問題。我只需要掌握輪廓……」她舉起一隻筆刷抓出比例，注意力放在甕和繪畫線條上，我的身體並非觀察的焦點。我逐漸開始放鬆，她描述她和喬佛瑞的生活，他們半年住在托斯卡尼、半年住在紐約，她說：「妳知道，我愛紐約，但那裡有太多刺激，無法創作藝術。所以我們一年有六個月的時間住在這裡。除了這棟房子很美，主要也是為了讓頭腦放空，清除那些過度的刺激。在這裡呆上一個月左右，我才能重新開始創作——所以我到現在才請妳過來。」確實，自從我們第一次見面，到現在過了超過一個月。

她接著說：「我是在城市長大的孩子，我沒辦法一直待在這裡，但身為藝術家，城市令我枯竭。在托斯卡尼，光線、風景、藝術都那麼神奇，我又重新注滿能量，我可以放慢腳步。這裡慵懶的生活步調，我發現很能激發創造力。」她第一次注視我的雙眼。「妳應該也有同感吧？這裡對妳的寫作有幫助嗎？」

我已經好一陣子沒有造訪內心平靜的空間，在那裡我可以散步、欣賞藝術、寫作，但現在我看出她說得沒錯。來到這裡一個月之後，我在倫敦的壓力彷彿完全消失了，佛羅倫斯慢慢滲透進來，用藝術浸潤我燒乾的頭腦。慵懶的步調讓我平靜下來，使我的思緒能夠擴張，文字泉湧而出。迪諾他那個人，和他每次出現時令我心跳加速的興奮，讓我失去了平靜。我總是覺得他會失約，總是覺得他很危險——這樣的感受擾亂了我的內心。寧靜與刺激間的微妙平衡讓我能夠寫作，現在全亂了。貝琪是第一個以藝術家身分和我交談的人，我喜歡這樣反思自己。我想得太入神了，甚至忘記我沒穿衣服。貝琪站在大甕的後面，眼神超脫，她顯然進入了自己的世界，祥和的沉默降臨。

沒有花太多時間，一小時換了三個姿勢，貝琪用粗筆刷將我的身體畫在三個甕上。她叫我過去，我看著甕，從輪廓隱約可以看出豐滿的乳房、肚臍及圓潤的臀部，最頂端則是一把蓬鬆的頭髮。雖然沒有細節，但看得出是我，真的很美。我轉身忍不住激動擁抱她，她也擁抱我。我們看著對方，無言微笑。我想表達的意思，她像我一樣清楚。接著我尷尬地笑了，因為我驚覺自己依然赤裸著。

她開朗地說：「來吧，吃午餐之前先去游泳！今天早上的工作很成功。」我穿上比基尼，不再感到丟臉，他們在岩架上造了一座無邊際泳池，我們泡在裡面，俯瞰山谷，溢出的水流向地平線。游完泳之後，我幫貝琪將午餐端出來，菜色有一盤盤冷的烤蔬菜、沙拉、大塊麵包、橄欖油，還有一道是香濃的莫札瑞拉起士切片，加上番茄與大片羅勒葉。她將非常甜的西瓜切片，形狀有如半月，然後準備咖啡。她開車送我去村子的廣場，出發前塞了一百歐元給我。「喬佛瑞通常給他的模特兒這麼多，希望不會太少。」

「貝琪，不用啦！」我急忙說。「我不是模特兒，妳不必給我錢。」

但她堅持要我收下。「妳給了我一天的時間，讓我將妳的身體變成我的作品，我當然要付錢。妳的時間很寶貴，妳知道的。」

我在公車上打瞌睡，手中緊握著手機。今天很愉快，為貝琪當模特兒輕鬆又愜意，我很少對自己的身體感到如此自在。這一天有如金黃燦爛的插曲，黑暗的日子緊接著到來。

迪諾始終沒有打電話給我，那天晚上沒有、那個週末沒有，後來也沒有。我再也沒有接到他的半點消息。就這樣，迪諾去了西班牙後，從此消失在我的人生中。就算他在我面前化做一縷煙霧消散，我也不會覺得這麼神祕、這麼驚訝。

第一個週末彷彿是我人生最長的兩天。從貝琪家回來之後，剩下的時間，我一直咬著指甲，在公寓裡來回踱步。我不知道如何自處，他的沉默令我忐忑不安。星期一，路易哥的店一開門後，我立刻去找他。

「路易哥，他會不會出了什麼事？」我心急如焚。「他的班機在兩個小時前就抵達了，他應該已經在佛羅倫斯了，但我打給他，他的手機依然關機。」

路易哥沉著地看著我。「美人，他很快就會打給妳了！」他信心滿滿地說。「妳也知道他有多粗心，說不定把手機忘在哪裡——」

「對，不過有一次我打過去，鈴聲響了幾下就斷了，所以我覺得他很可能把手機忘在什麼地方，最後沒電了。但後來我再打，鈴聲只是一直響、一直響，所以不可能是他掉在比薩的某個地方，萬一……」

我聽著自己激動地說個不停，但我無法停止。迪諾一定是生病或死掉了，否則他連續四天不聯絡，我想不出其他原因了。自從三個月前第一次見面的那天，我們總是經常打電話、傳簡訊，從不曾斷訊這麼久，這種狀況毫無道理。

那個星期無比緩慢地過去，迪諾仍沒有隻字片語，我開始領悟到，他再也不會聯絡我了。我們第一次接吻滿三個月、我們第一次約會滿三個月、我們第一次（也是唯一的一次）一起過夜滿三個月，這些紀念日來了又走，他依然音訊全無，沒有打電話、沒有傳訊息，也沒有發簡訊。更慘的是，七月來了，佛羅倫斯變得悶熱潮濕。每次一走出家門，夾帶濃重潮濕的熱浪便撲面而來。白天最熱的時候，街上沒有半個人，我不得不停止散步，因為有天我回家的時候中暑了，我嘔吐整個下午，躺在冰涼的浴室地板上，手中依然緊握著手機。我傳了一則可悲的簡訊給迪諾：

我生病了。救命。

他一定會忍不住來找我，他總是那麼殷勤體貼。我下定決心，只要他打來，我絕不會追究他消失的事，我會原諒他，我會盡力讓一切恢復原狀，但他毫無回應。

家裡比街上好不了多少，酷熱沉重地籠罩著。我在櫥櫃裡找到一個小電扇，但完全無助於消暑。我沒有冷氣，瑞弗洛和路易哥的店也沒有。但其布列歐咖啡館有，我卻無法走到市區另一頭。我模仿佛羅倫斯人，關上百葉窗阻隔陽光，但昏暗滯悶令我更加抑鬱。

那個星期五晚上，我去路易哥的店。他開放露天座位，在遮雨棚下擺了幾張桌子。我們坐在那裡搧風，他慢慢抽菸，我啃著最後一片指甲，其他早已被啃到肉了。我已經煩了路易哥整個星期，但我現在依然沒有其他話題，不過他仍耐心聆聽。「即使有什麼事情導致他必須在西班牙多停留，現在也該回來了，他為什麼不打電話給我、也不接我的電話？一定出事了。他的Skype也關閉了。」我依然無法相信他之所以消失，是因為不想再見到我。以前他也會突然搞消失，但從來不會這麼久，而且所有可能的通訊方式都行不通了。我嚴肅地說：「路易哥，他會不會死掉了？」

「他沒死，美人，別這樣。」路易哥回答。「如果他死了妳會知道，會有人通知妳。」

「會嗎？」我質疑。「誰會通知我？我又不認識他的朋友或家人……」

「妳見過很多他的朋友，不是嗎？」路易哥說得沒錯，我們去尼洛吃飯的時候，確實有很多朋友加入，但我除了他們的名字之外一無所知。我沒有任何一個人的電話號碼，我沒去過他家、沒見過他的家人。事實上，我甚至不知道他住在哪裡，我之前怎麼完全沒察覺？

儘管在貝琪家的時候，我對自己承諾要重拾寫作規律，然而，整個星期我過熱的頭腦只想著這一件事。我驚覺，迪諾對待我的方式有如婚外情對象。他總是來我家，不然就是傍晚帶我去城外，他未曾透露任何關於自己的事情。此刻看清現實的我，感覺像是被火車撞到。對我而言，我們的感情無論有多浪漫、親密，其實根本沒有太多實質的部分。我想像過很多關於我們的事，現在全部融化消失，我為我們編造的未來徹底刪除，我受到很大的震撼。

但是，他一直表現得好像毫無隱瞞。他用我的電腦收發郵件，不但儲存了密碼，而且沒有登出。於是乎，有一天晚上，我太渴望和他聯絡，心中陷入半瘋狂狀態，我不顧一切，決定看他的電子郵件。如此一來，我至少可以確認他有沒有收信——證明他還活著。我打開他的網路瀏覽器，點選進入他的信箱，我擔心這樣算不算侵犯他的隱私，但很快就推開疑慮，至少能做點什麼，讓我終於冷靜下來。

我寄的郵件開啟過了，他有上網，我立刻鬆了一口氣。我迅速瀏覽他的寄件夾，發現他前一天還寫過郵件。內容很短、很匆促，他上網的時間可能才十分鐘。儘管如此，他還是沒有寫信給我。

知道他平安的放心感受，很快就被憤怒的情緒取代——他沒死，怎麼可以不聯絡我？幾天前，我們還在一起，親密地相愛，我是他的愛。現在他卻不肯接我的電話，Skype也隱藏，完全不理會我。就這樣，才短短一天，他已經將我徹底從生命中抹去。現在我才明白，雖然我將他視為人生的重心，但其實我在他的人生中無足輕重。

我像海星一樣躺在雙人床上，一絲不掛。窗戶開著，電扇放在我前方搖搖晃晃的桌子上。我全身冒出一層鹹鹹的汗水，iPod重複播放著《夏季》那首歌。現在我已經把歌詞全背起來了，我跟著唱，淚水默默滑落臉龐。每個字彷彿都是為我而寫：「夏季帶給每朵花兒芬芳，夏季創造我們的戀情，卻又讓我們心痛而死……」

夏季確實快殺死我了，這個理應充滿歡樂的季節，讓我全身無力、動彈不得，什麼都沒辦法做，只能躺在床上哭泣，我從不知道原來我可以流這麼多汗。

我除了哭，就是在生氣。第一次入侵他的信箱之後，接下來幾天我的憤怒越燒越旺，比正午的烈日更毒辣。我像著了魔一樣，一次又一次駭進他的信箱。我徵召琪佳幫忙翻譯內容，但無論我們如何細看他的郵件，研究朋友寄給他西班牙的婚禮照片（迪諾穿日間西裝的樣子很帥，迪諾在鬥牛場耍笨，迪諾站在一排穿西裝的高大男子中間），無論我如何在他臉上尋覓能透露他內心的線索，我們始終沒找到證據。

熱氣終日蒸騰，就連我住在頂樓也逃不過，到了下午兩、三點的時候，我必須關掉電腦以免過熱，自己則泡在一缸冷水中。現在我明白了，為何每到週末大家都會逃離市區，去海邊吹風，但我沒有選擇。週末和迪諾在船上嬉戲已變成遙遠的夢幻，不過他的郵件與附件的照片告訴我，他忙著四處玩樂：一個週末去西西里（穿著亞麻服飾，在暮色沙灘上跳舞），薩丁尼亞釣魚之旅（和大魚搏鬥的照片），聖特羅佩的時髦派對（走上私人飛機的階梯），在高檔海灘度假村與知名女政治家一同漫步；他被狗仔隊拍到，和她一起走在深及大腿的海浪中，他戴著太陽眼鏡，新蓄的唇髭點綴上唇，我差點認不出他。

我的週末空空蕩蕩，我迷失了方向。以前他每天至少會打五通電話給我，他總是在來找我的路上，讓我整天圍著他轉。現在我被甩了，不得不面對無聊的正常生活，我沒有規律習慣可以依循，沒有事情能讓我停止想他。我很想激勵自己坐在電腦前努力寫作，但實在辦不到。想到要下樓走到街道上，我就覺得害怕。我們之前大肆曬恩愛，現在的我無法面對鄰居，不想看到他們的好奇與關懷。傍晚時分我才偷溜出去，爬上山丘，看著衣冠楚楚的夫妻準備回家，優雅地走進他們的別墅，感覺我被鎖在時尚的居家生活外。這座城市曾經敞開懷抱迎接我，現在卻感覺疏離冷漠，遵守著一套我無法理解的規則。

我想要媽媽。有一天我蜷在L型沙發上，瘋狂地這麼想。我哭著打電話給她，她的反應實在太出乎意料，我不由得從沙發上跳起來開始打掃。媽媽說要來看我，其實她暗示的是要來接我回去。我立刻展開行動。

我父母雖然總是支持我，但我不肯像個伊朗乖女孩那樣，住在家裡直到結婚，他們受到太大的打擊，至今無法恢復。大學畢業後，我就搬去和朋友一起住，儘管父母接受我堅持要求獨立的英式作風，但他們很少來我的公寓看我，永遠都是我回家看他們。

現在，我媽說要來照顧我，實在讓我過於驚訝，於是我冒著酷熱去市場，將冰箱塞滿大量夏季蔬果——深紅色的聖馬札諾番茄、連著喇叭狀花朵的櫛瓜、香甜的李子，以及染紅我手指的紫紅桑椹。

幾天後，她來到我家，從行李箱中拿出一包包巴斯馬蒂香米、刺蘗果乾，一罐罐用氣泡紙小心包好的伊朗醃菜，及一瓶瓶波斯番紅花與薑黃。儘管我一再抗議地說義大利也有食物，她還是帶著她最拿手的療癒工具來救我——她的拿手好菜。

我媽媽的廚房一直是我的天堂，在無趣的英國食物沙漠中，宛如一片伊朗綠洲。那裡充滿香草與香料的氣味，總是在進行各種烹飪動作：切巴西利、清潔芫荽、將深橘色的番紅花細絲磨成鮮豔粉末，爐子上咕嚕咕嚕地煮著米飯。然而，儘管她熱愛烹飪，也精於擺盤裝飾——米飯灑上切碎的開心果與橙皮，手工優格灑上乾玫瑰花瓣——她卻無法傳承手藝。我媽媽天生是個完美主義者，後天的訓練更讓她成為落落大方的女主人，她無法忍受亂切的番茄、切錯方向的生菜，而我笨拙又沒耐心，所以常常和她起衝突。很久以前我就已放棄烹飪，但從不曾忘記媽媽的美食滋味，那豐盛的美味承載著伊朗的回憶與我的童年。

我們的第一站先去市場，現在我已經研究出在酷熱中穿過市區的方法了。我靠著馬路兩旁的建築走，遇到打開的地下室窗戶就停下來，讓吹出來的涼風為腳踝降溫。我帶著媽媽去市場，教她走路時要靠近建築，走在寬屋頂的陰影下，我們像兩隻害羞的小老鼠，躲躲藏藏穿過市區。

我媽很愛市場，以買菜老手的姿態逛遍每個攤子。我們剛到倫敦的時候，無趣的一九七〇年代將近尾聲，超市沒什麼好買，選擇有限的英國水果令她喪氣。一開始，她非常依賴哈洛德百貨的美食街，在那個年代，這是伊朗流亡人士的固定模式——有問題去哈洛德就對了——但她終於找到波多貝羅市場和教堂街市場，在那裡購買我們在伊朗習以為常的大把香草、大堆蔬果。此刻我帶她去安東尼奧的攤子，他執起她的手深深一鞠躬，腰彎得非常低，我很擔心他會跌倒。他們像老朋友一樣做起買賣，我媽指著她想要的蔬菜，倘若安東尼奧拿起來的東西不合她的心意，她就立刻拒絕。安東尼奧對我總是一派權威架勢，但對我媽卻非常順從尊重，在等級更高的大師面前，他不敢造次。儘管語言不通，他們卻相談甚歡，我敢說他們以無法解釋的溝通方法聊到一半，甚至還嘲笑我買東西的習慣。

回到家，她立刻開始忙碌。不久之後，爐子上的鍋子已經開始滾沸，番茄壓成泥，她以熟練的手法用番紅花染黃白米，香味隨蒸氣飄散。等到我們坐下享用美味的波斯療癒大餐，我才終於對她吐露心事，說出與迪諾交往的過程，以及他消失的事。

要不是實在太絕望，我絕不會說出口。儘管我們母女很親，但我依然是個典型的移民小孩，將英國的生活留給自己，包括性行為與無數的現代社會問題，只讓父母看到我理想化的一面。儘管那份「了不起的工作」讓我痛苦多年，但我從不曾真正讓他們知道有多嚴重，即使因為壓力造成的外在變化清楚可見，我也依然報喜不報憂。

然而，現在被迪諾拋棄後讓我跌入谷底，我無法對媽媽隱瞞，我也不想隱瞞。我的淚水滴在熱騰騰的米飯和燉茄子上。當我全部說完之後，媽媽伸手握住我的手。「寶貝，妳知道妳為什麼哭嗎？」她溫柔地問。「其實不是因為那個男人，而是因為幻想破滅。妳知道，這更難釋懷，現實——」她嘆息，「——唉，真正的愛本來就該混亂、難受，又充滿挑戰。儘管如此，還是比幻想好多了，有一天妳會懂。」

◇◇◇

送我媽坐上開往機場的火車之後，我跟隨安多奈拉走過市區。我哭著向媽媽道別，我們緊緊擁抱。雖然這趟旅程很短暫，但有滿滿的安慰與親情。我們每天去市場，驚喜地發現到處都在賣酸櫻桃，我們買了一整箱坐計程車回家，花了一個小時仔細清洗，然後不厭其煩地一一去籽，媽媽教我做小時候我最愛的酸櫻桃果醬。她留下一點濃稠的深色糖漿，幫我做了「Sharbat」，那是伊朗傳統的水果糖漿，加上一點水和很多冰塊以消暑，其他的放進冰箱讓我慢慢吃。因為馬雷瑪產的牛奶實在太香濃，她教我怎麼自己做優格，用棉紗布將質地變得醇厚酸香。她煮了很多番茄基底的波斯燉菜，塞滿我的冷凍庫，將她帶來的巴斯馬蒂香米放進我的櫥櫃，全部完工之後，她打道回府，留給我故鄉的滋味作為安慰。

安多奈拉要去弄頭髮，我跟著一起去髮廊，踏入一群女性互相鬥嘴的喧鬧世界。她介紹我認識髮廊老闆瑪麗亞，她年紀比我們大，髮型狂野，端來咖啡之後和我們一起坐下，另一位設計師來幫安多奈拉染髮，話題轉向男人與愛情——無論在世界的任何地方，女人聚在一起總是免不了聊這些事。透過安多奈拉的翻譯，我說明迪諾最近人間蒸發的事。沒想到，瑪麗亞和其他髮型師完全不感到驚訝，只是睿智地點頭。

一位模樣端莊的女士坐在大型吹風機的罩子下面，她說：「我也遇到過這種事……」

「我也是。」另一位在座位上的年輕小姐說，她的頭髮正包在鋁箔紙裡。「男人全都是混蛋！」

安多奈拉轉頭看我：「看吧，美人，大家都同病相憐。」

瑪麗亞一手捧著我的臉頰，慈愛地說：「我們都遇到過渣男，千萬不要以為是妳的問題，妳這麼漂亮。」

我確實以為是我的問題。我總覺得迪諾會搞消失，是因為我不夠好、不夠美。「我覺得好醜。」我哭喊，瑪麗亞與安多奈拉互使眼色。

瑪麗亞說：「聽著，美女，我有個好主意，」她溫柔地摸摸我的頭。「妳的頭髮很美，妳有沒有考慮過剪短？」

「寶貝，把那個渣男和頭髮一起剪掉吧。」安多奈拉敦促。

我猶豫不決。我的頭髮多年來一直維持這樣的長度，然而在這樣的高溫下，滿頭鬈髮變成沉重的負擔，在不成眠的夜晚躺在床上時，感覺快被頭髮給悶死了。於是我看著瑪麗亞，點頭同意。有何不可？我想，揮別長髮，也揮別那個混蛋。

瑪麗亞去準備剪刀，助理先幫我洗頭，整間髮廊的人七嘴八舌提出想法，但瑪麗亞自有主張。我在安多奈拉旁邊坐下，瑪麗亞的剪刀在我頭上飛舞，修修剪剪的，大量黑色鬈髮就落在地上。

「感覺好像黑綿羊在剃毛，親愛的。」安多奈拉大笑著。我焦慮地看看瑪麗亞，她拍拍我的肩膀要我安心。「別擔心。」她說，「會很美的。我在想——妳知道珍娜・露露布麗姬妲嗎……？」

我微笑，瑪麗亞完工之後，我笑得更開心了，她放下吹風機，轉動椅子讓我面對整個髮廊。所有女人齊聲歡呼，紛紛說著「真神奇，太美了！」瑪麗亞將我轉回來面對鏡子，我驚訝得目瞪口呆。她將我變成一九五〇年代的女明星，一頭造型嫵媚的鬈髮，彷彿美國老牌演員愛娃・嘉德納（Ava Gardner）。

「快看啊。」安多奈拉得意地說。「妳像伊朗版的蘇菲亞・羅蘭，美極了！」

「偉大的蘇菲亞・羅蘭說過：『Ogni donna puo figurare al meglio se sta bene dentro la proprio pelle,』」坐在大型吹風機下的女士背誦。「『Non c'entrano I vestiti ed il trucco, ma come si brilla.』」

安多奈拉翻譯：「只要對自己感到滿意，所有女人都能展現出最美的一面，重點並非衣著與化妝，而是自身的光彩……」

「至理名言啊！」其他女性齊聲說。

我擁抱瑪麗亞。她說：「聽著，忘記那個渣男，聽我的勸。Impara a piacere ate stessa.」我一臉茫然看著她。

「那是拉丁文。」安多奈拉說。「是羅馬時代哲學家賽內加（Seneca）說的，意思差不多是『學習享受自我』，和蘇菲亞・羅蘭說的那句話意思差不多。」

「享受自我？」我問。她們猛點頭。我擁抱髮廊裡的每個人，回家的路上，我停下腳步一、兩次，欣賞商店櫥窗上自己的倒影，享受我自己。

那天晚上，我去波波里花園和貝琪見面。我買了兩張露天歌劇演出的門票，原本打算和迪諾一起去。我改為邀請貝琪，我到達的時候，看見她拿著防蚊液和毯子在等我。我自豪地展示新髮型，她像義大利人一樣熱烈地讚美。「妳知道妳的樣子像誰嗎？妳知道珍娜・露露布麗姬姐嗎？」我大笑。

我們坐下，在裸露的腳踝上擦防蚊液，我告訴貝琪迪諾搞消失的事。她暫時停止塗抹的動作，露出孩子氣的笑容看著我。「噢，一點也不奇怪。」她說。「義大利男人一直都是這樣，五十年前我也遇過同樣的事，一樣是在佛羅倫斯。」

「那個人，會不會是迪諾的爸爸？」我說，我們狂笑不止。

我們述說自己的愛情故事，因為實在太相似而笑個不停，感覺完全不像相距半個世紀。她在陣陣大笑中對我說：「親愛的，妳要知道，被義大利混蛋傷透心也是一種學習，不要因此就覺得義大利不好。妳看，五十年後，我依然在這裡。就算失去了那個負心的迪諾，佛羅倫斯依然可以為妳帶來很多好事。」

Sour Cherry Jam

酸櫻桃果醬

一罐

三杯酸櫻桃
一杯白砂糖

將櫻桃洗淨去籽切半，撒上糖之後靜置至少兩個小時，時間越久越好，最好能夠過夜。

倒進深鍋用中大火煮沸，持續攪拌。十分鐘後，倒出部分糖漿，放進冰箱保存，以水和大量冰塊稀釋後即成為非常消暑的冷飲。繼續煮櫻桃，小心不要煮過頭，可從紅色的深淺判斷，顏色不能太深，大約再煮五分鐘。

將果醬倒入已消毒的果醬罐中，放涼後冷藏。因為沒有放防腐劑，這種果醬只能冷藏保存二至三週，所以要盡快吃完。

天然優格

Natural Yogurt

一點九公升全脂牛奶
四茶匙天然優格

將牛奶倒進大鍋中煮沸，要一直攪拌，這樣能讓牛奶保持在沸點比較久，質地會變得更加濃厚。煮沸後立刻離火，但千萬不能燒焦。

將牛奶倒入大瓷碗，放涼至碗邊摸起來溫熱的程度，要比室溫稍熱一點。過程需要時間，所以別心急。

小心將優格拌入牛奶中，優格不能太冰。用毛巾蓋住碗，整個包起來（我先蓋了一層棉紗布，讓棉紗輕觸牛奶表面），放置在溫暖處六到八小時（放越久味道則越酸，我喜歡偏酸的優格，更像是伊朗的口味，所以我會放置過夜）。解開毛巾，優格應該已經成形了。棉紗布會吸走水分，倘若依然有水，可以用湯匙舀起（要喝掉，這對健康非常好！）放入冰箱冷藏至少兩小時後就能吃了。可以存放至少一週。

8 月

Femminilità
花 小 錢 玩 轉 時 尚

當月農作物：白桃與桑椹
城市的氣息：下水道
義大利時刻：暮色中在街頭喝葡萄酒
當月關鍵字：silenzio［沉默］

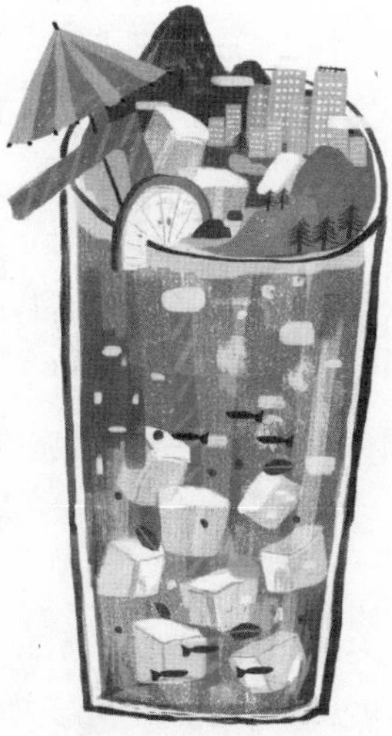

八月的第一天，在聖安布羅奇奧市場旁的小咖啡館，我和安多奈拉碰面。其布列歐沒開，附近只有這家店還在營業。天氣熱得要命，我穿著短褲和細肩帶背心、夾腳拖。我知道，自己的美好形象徹底崩壞了。安多奈拉穿著剪裁俐落的黑色夏季洋裝，搭配尖頭高跟包鞋與大紅唇膏，頭髮紮成馬尾。她的模樣很酷、很高雅，還有些前衛。她上下打量我，這是義大利人的習慣，逢人就打量一番，毫不掩飾，也毫不羞恥。我站在她的視線下，雙臂稍微張開，轉圈讓她看個夠。

「我的樣子活像一個美國觀光客，我知道。」我不等她開口，自己先說。「很抱歉，不過實在太熱了。」

「親愛的，確實沒錯。」她慢悠悠地說。「不過我愛妳，所以願意原諒妳。」

「而且我窮得要命，這麼熱，我只能穿這樣了。」

「別擔心，親愛的，星期天和我一起去跳蚤市場，我帶妳去我常光顧的古董衣鋪，趁老闆去休假之前介紹你們認識。」

星期天，我乖乖出現在跳蚤市場，義大利文叫 Mercado dei Pulci。今天也有古玩市集，臨時攤位擠到附近的馬路上。安多奈拉在廣場邊等我，戴著我見過最大的太陽眼鏡。她站在一堆高高的雜亂衣物旁，看起來隨時會倒塌。旁邊還有兩個掛衣杆，上面掛滿小禮服，離她點燃的香菸非常近，感覺很危險。她打了一個手勢要我過去，介紹站在攤子後方的男子給我認識，他的樣子很像大灰熊，名叫亞歷山卓，她說他店裡有最棒的古董衣，價錢也非常實惠。我看著亞歷山卓猛吸菸屁股，感覺他好像才剛離開派對直接來這裡。

「亞歷山卓是一位DJ！」安多奈拉一邊說，一邊翻一堆衣服。「親愛的——」她從巨大太陽眼鏡的上緣看我，一隻眼睛發紅，「——昨晚我三點離開派對的時候，他還沒走——」

他真的是剛離開派對直接過來。亞歷山卓轉頭對我微笑，嘴裡沒有半顆牙、汗水冒著酒精味，張口說出連珠砲似的托斯卡尼方言。我看著安多奈拉想請她翻譯，但她忙著扯出一件件看起來不怎樣的舊衣，她拿起來用力抖一下，立刻變成幾十年前曾經流行過的獨特單品。安多不只眼光好，簡直像配備了雷射定位雷達，即使宿醉讓她眼花，依然能從一堆破爛衣物底下挖出罕見的三宅一生精品或一九八〇年代的Moschino衣物。她非常不可思議，而且還是我的幫手。她幫我找到一堆衣服——這裡挖出一件柔軟的棉質上衣、那裡挖出一條一九八〇年代的打摺短褲。離開時我買了兩件上衣、一條短褲、一件T恤、一條長褲，全部五十歐元，我覺得非常滿意。我再也不必打扮得像個觀光客，畏畏縮縮地在市區出沒。現在，我可以穿著亞麻寬褲在廣場上昂首闊步，涼爽又有型。安多奈拉最後還不忘照顧我的腳。「妳在沙灘上嗎？」她沒好氣地說，拱起一條眉毛看著我的夾腳拖，於是我讓她拉著去看一雙香奈兒米色芭蕾平底舊鞋，尖端是黑色半月形。「親愛的，這不是舊鞋，是古董鞋。」她糾正我。「不適合在市區穿涼鞋的理由太多了。親愛的，佛羅倫斯很髒，到處都是狗大便，所以包鞋是白天最好的選擇，妳可以等到去海邊的時候再秀出漂亮的腳指甲。」

「我沒有打算要去海邊。我是英國人，我們不會去海邊度假，八月時我們都在工作。」我嘆息。

「我知道、我知道。不過無論如何，妳的漂亮涼鞋還是留著晚上穿吧，讓帥哥開車載妳的時候。」

「安多奈拉，我再也不要交男朋友了！尤其是義大利人！我再也不要被人用奧迪載來載去。從今以後，不管去哪裡我都自己走，所以這雙包鞋應該很實穿……」

後來在回家的路上，我喜孜孜地拎著戰利品，這才猛然驚覺安多奈拉以無比巧妙的手法，不著痕跡地讓我脫離平日的穿著習慣，和我分享她嚴加保密的古董衣店鋪，只花一點小錢就讓我改頭換面。在過往的生活模式，我買一雙鞋花的錢就會是今天的好幾倍。她讓我想起夏季時倫敦地鐵上髒腳穿著夾腳拖的醜陋模樣，她將優雅當成禮物送我，教我如何以自己的外貌為榮，無論我錢包多扁、心情多差。我每次看到安多奈拉，她總是擦著大紅唇膏，我決定我也該多努力了。她幫我上了寶貴的一課，讓我更加能體會「美好形象」。

◇◇◇

八月正式到來，佛羅倫斯唱起了空城計，人們已準備要迎接八月十五日的八月節日（Ferragosto），那一天也是「聖母升天節」。根據我聽過的各種說法，總之，那是夏季最重要的慶典。所有店鋪全部關門，市民逃往大海，我發現自己孤孤單單地困在市區。那幾天街道一片死寂，公寓似乎也要被吞沒了。所有人都走了，窗戶緊閉，交通噪音降低到幾乎消失，沒有電視喧嘩、沒有烹煮三餐的聲音與氣味，沒有鍋子在爐台上碰撞的聲音，也沒有午餐時爆香大蒜的滋滋聲響與濃郁香氣。我的鄰居全走光了，就連對面老太太的窗戶也緊閉——她肯定也去海邊了，中庭鴉雀無聲。

我原本擔心八月會帶來寂寞與抑鬱，但這件事並沒有發生，空蕩蕩的城市反而讓我感到安定。我的佛羅倫斯空無一人，但真正的佛羅倫斯卻到處是人，觀光客在酷熱街道上喘氣，短褲、T恤露出曬傷的肉體。就連聖安布羅奇奧市場也停止營業，於是我整天待在我的社區，外出的距離越來越短，一週三次去聖靈廣場的蔬果店採買，就在老橋過去一點的地方，不必過河。我一大早就出門，趁著還不會太熱，走路去買新鮮白桃與碩大多汁的桑椹。我將托斯卡尼果園生產的美味水果當零食吃：爆汁的黃李與黑李、透著一抹嫣紅的杏桃、大顆黑櫻桃，還有種類繁多的瓜，有力氣的時候我就抱一顆回家。

我每天都吃沙拉來消暑，其中最喜歡的是麵包丁沙拉（Panzanella），這道菜用上了托斯卡尼窮人料理的骨幹，即「乾硬麵包」。我喜歡製作這道菜的過程，而且冷藏也不會走味，反而隔天更好吃。我在平凡的三色沙拉裡添加煮熟放涼的「法若小麥」（Farro），這種古老的義大利穀物曾經是羅馬帝國的軍糧。這種穀物的正確名稱是「二粒小麥」（Emmer），法若小麥是一種帶殼小麥，這個名稱可以追溯到早期的文明時期。我在廚房的冒險或許只是人類的一小步，對我而言卻是廚藝信心的一大步。

這時大部分店鋪都已關門休假，但依然有一些當地人沒有離開，有如「在地邊緣人」。他們原本是像影子一樣的存在，但這時紛紛從背景浮出，占領八月的聖尼可羅街。

不知不覺地，我時常和老羅伯特一起拖著腳步在街上走，和迪諾之間已成為過往雲煙，所以他又開始和我說話了。教堂對面的街角住著一位法國藝術家，我每天和他討論新聞頭條，傍晚稍涼的時候，他會帶著妻子和小寶寶坐在葡萄酒吧外面，在那個時間，夕陽將一切染成玫瑰色，我們這些獨留在聖尼可羅街的人，就會一個個漂流到街上，不用多久就會聚集一群人，包括各種藝術家與閒人。我認識了多瑪索，他是畫家，米開朗基羅的大衛曾經造訪他的夢境，於是現在他除了大衛，什麼都不畫。還有美國人唐諾，他年紀很大了，白天他都躲在城門外的藝術工作室喝酒，向晚時分才會踏著醉醺醺的腳步加入我們。甚至還有一個小丑，是從拿坡里來的法蘭琪絲卡，她有著一頭火紅秀髮，以及我所聽過最響亮的聲音。

我在傍晚加入他們，一起喝杯葡萄酒，白天火辣的高溫終於降低到能夠忍受的程度。這個時段經常會吹起微風，吹拂街道兩旁番紅花與黃芥末色調的樓房，送來茉莉花與下水道的氣味，這是盛夏佛羅倫斯的獨特氣息。

氣溫逐漸降低，我離開酒吧去山丘上散步。我成為聖尼可羅居民的一員，也成為觀光客欣羨的對象——帶著筆電坐在瑞弗洛咖啡館外面的女孩，她能夠在這裡生活，在街上喝酒。我喜歡這種志同道合的感覺，一種不需要言語的情誼，各種理由讓我們不得不留在這裡，不論是貧窮、工作、承諾，或懶惰。酷熱的白天，我們各自躲在公寓、工作室及工坊中，緊閉百葉窗，隔離無情的烈日。等到太陽下山後，我們才會出門，在街頭上演我們自己的真實舞臺劇。

路易哥的店休息，貝培出城去了，而其布列歐咖啡館要休業一整個月，白天完全沒有能讓我分心的事物，我沉浸在寫作中，深沉的死寂讓我更能安靜專心。在無聲的城市裡，世界縮小成我的窗景，以及在筆電螢幕上展開的伊朗革命。

一封突如其來的電子郵件，硬生生打醒我的夏日幻夢，過去的人生找上門了。這封信來自一位前同事，她離職之後進了敵對的出版社——倫敦上班族沒有八月去海邊度假的命——她以開朗的語調說他們即將推出新雜誌，市場調查結果預期未來一定會大賣，並且提供各項基本要點與獲益預測。一看就知道她其實想要我去上班，她問我是否有興趣見面詳談。

我想去嗎？我自問。我的第一個反應是想要保護現有的創意空間，但我無法逃避現實，我一整年沒有賺到像樣的薪水，我遲早需要想辦法開源。我還不打算離開，但明明有工作機會，卻連看都不看一眼，未免太輕率。不過至少在離開之前，我還有一件值得期待的事。

我獲得一件委託的工作，要去托斯卡尼較為南方的鄉間採訪一家飯店，那裡在馬雷瑪區，距離海灘才半個小時。聽那麼多人說海邊有多美好，我決定回倫敦的路上租車去海邊體驗一下。

在高速公路上開了兩個小時，我終於來到海邊。風很大，海灘上到處是漂流木，空氣中有淡淡的水氣，我終於體驗到腳踩在沙上的感覺。我漂浮在溫暖的海水上，想著答應帶我來海邊（義大利人想像中最神奇的地點）的那些男人，但他們全都沒做到。孔雀般的貝培本來就靠不住，披薩男則太小氣，還有最大的騙子迪諾，而此時的我早已不在乎他在想什麼了。

義大利的夏季不盡人意，但此刻我在這裡，在耀眼的托斯卡尼海灘上，一大片祕密沙灘，沒有遮陽傘、沒有人做日光浴，我很高興能夠獨處，我覺得有自己就很滿足了。

那天下午結束後，我帶著滿身的鹽，心情輕鬆，開車穿過一塊塊葵花田，花朵全部抬起頭面向太陽，我橫越南托斯卡尼，尋找要去採訪的地點，那是座中世紀城堡改建的飯店。飯店花園裡種著茂盛的薰衣草與迷迭香，石牆矗立，沿著山丘建造一層層露臺，有遮蔭的葡萄藤。隨處可以聽見鳥兒歌唱。接待人員從石造城堡出來迎接，接過我的行李，帶我去房間，路過的中庭隨意擺放金屬桌和繡花頂棚。

我回到曾經熟悉的世界，高檔奢華、多采多姿。

飯店俯瞰馬雷瑪地區陡峭的丘陵地形。懸崖上有座無邊際泳池，可以欣賞山谷風景，開滿金黃色的地中海金雀花，香氣宜人，我把行李放好，這個房間感覺和我在佛羅倫斯的公寓一樣大，我跳進泳池中在夕陽下游泳，看著四周一望無際的天空變成橘色。我享受這一切，托斯卡尼的遼闊天空，下方山谷的蟲鳴鳥叫，微風送來薰衣草、金雀花與茉莉花的香氣，我好希望能帶回倫敦。

有個人說話的聲音打斷我的白日夢。我轉身看到一位矮個子男士，穿著花呢西裝，灰色鬈髮整個往後梳。他自我介紹，他是卡羅，城堡的主人，並邀請我和他們夫妻一起在露臺上享用晚餐。一個小時後，我強迫自己離開有頂棚的四柱大床，我在床上大字型趴了很久。我前往中庭，現在點起了火把，葡萄藤架下擺了餐桌，卡羅正坐在那裡等。

看到我走過去，他說：「啊，來嚐嚐這個。」他從頭頂上的葡萄串摘了一顆。「這叫做uva fragola，草莓葡萄。」他遞給我，我咬了一口，確實有一絲草莓香氣。當卡羅談天說地時，我看著他，忽然有種奇怪的感覺，他很像一個人。這時他的妻子奧蕾莉雅來了，她身材嬌小，骨架像鳥兒一樣精緻，全身散發城堡女主人的優雅氣質，穿著低調的亞麻套裝，鐵灰色的鮑伯頭，笑容可掬。她端著一個銀托盤，上面放著三個細長的香檳杯，以絕佳的英文和我寒暄。我們坐下用餐，桌上的佳餚全都來自他們的菜園、葡萄園，以及自己養的奎寧牛。

晚餐的整段時間，我依然有那種感覺，卡羅說話的方式、他講的事情、語氣的轉折——有太多地方，讓我感覺似曾相識。隨著時間慢慢過去，我絞盡腦汁回想，終於恍然大悟，是迪諾。除了外型，他們簡直一模一樣，這讓我感到非常不可思議，不論是卡羅戲劇化的語氣、古怪的發音、他的幽默感，甚至甩頭的動作。奧蕾莉雅說話時，我在心中默默思考，迪諾身上那些我覺得迷人的特質——那些我認為是他獨有的特色——其實只是佛羅倫斯男人的標準性格，我太天真了，所以沒察覺。我是個外國人，我不瞭解佛羅倫斯，也不懂當地語言，是毫無防備的獵物。

奧蕾莉雅說到一半突然停住，彷彿靈光乍現，我幾乎可以看到她頭頂亮起燈泡。

她說：「如果妳決定回佛羅倫斯，一定要見見我們的一位朋友伯納多，他是一位很厲害的攝影師，說不定你們可以合作。」她在一張紙上寫下他的電子郵件地址，接著塞給我，然後跑去找他的作品。卡羅一直像匹狼似的盯著我，她一離開，便靠過來壓低聲音說：「不過呢，和他當朋友就好，知道嗎？他有很多小孩、很多前妻，不要和他交往，他有太多複雜的問題了。」

我腦中立刻浮現一個壞壞的帥氣男子、充滿誘惑的模特兒，漫不在乎地讓他遇見的每個女人懷孕。我腦中還沒學乖的部分燃起興趣，但我立刻澆熄。

我站在牛津街的人行道邊緣。公車轟然經過，我後退讓路，躲開下車的乘客及疾行的路人。我看著四周高聳的建築、熙來攘往的人群，吸進一口廢氣，我嗆咳。令人窒息的倫敦過於霸道，而噪音、摩天大樓讓人有壓迫感，這裡看不到地平線。這裡太快、太急，讓我無法呼吸。

穿過蘇活區的小街道，我進入出版社的堂皇大廳。人們進進出出，走進電梯就消失不見，還有娃娃臉的年輕模特兒彆扭地坐在沙發上等候試鏡。我向櫃檯小姐報上姓名，她要我坐電梯上樓。上去之後，一走出電梯，一位助理前來迎接，她的秀髮光滑，鞋跟高得令人暈眩，扭腰擺臀的步伐是英國時尚達人的特色。她帶我去一間光線明亮的角落辦公室。

我的前同事熱情地打招呼，放下裝著濃稠綠色汁液的大塑膠杯，她說：「這是最新的排毒療法。」她用吸管喝光剩下的汁液。「現在甘藍正當紅，但味道很可怕。」她做個苦臉，舌尖舔去黏在牙齒上的綠色菜渣。「不過我已經減了兩磅，而且體力充沛。」看得出來，她鬆弛的皮膚上塗了厚重的化妝品，企圖要掩飾黑眼圈，漂白過的牙齒顏色太不自然。我認識她很多年了，所以這次面試的說明相當直接：出版公司要推出新雜誌，他們想知道我是否有興趣擔任編輯。「創刊編輯。」前同事激動地說。「他們打算至少經營五年，所以妳有時間證明自己的能力。」

她開始滔滔不絕地說著我改變了許多，感覺很時尚、很光鮮，她太過驚奇的態度讓我有點不舒服。終於，她滿懷期待地揚起一邊眉毛說：「這是個好機會，可以推出重量級的新品牌，這是很刺激的工作，妳想挑戰嗎？」

全新的雜誌，還有世界最知名的時尚出版公司作靠山，精采繁忙的活動與創意。我現在就能感覺到體內的腎上腺素爆發，與世界知名攝影師和作家合作的暢快，一頭栽進同時發生的所有事情裡。但這份工作會占據我的所有時間、心力，再也容不下其他東西，我望著窗外蘇活區的屋頂。保障五年，有時間證明我的能力。高薪、優渥退休計畫、有薪假期、績效獎金，及專屬停車位，我可以榮耀回歸。「大家都在問妳去哪裡了。」前同事壓低聲音悄悄說。我能找回我意氣風發的事業，在有很多樹木的地方買間公寓。我說會考慮，她信心滿滿地和我握手，彷彿我已經就職。「我會考慮。」我重複說。在電梯裡，我發現自己心中想著，不知道今晚會有哪些人聚集在聖尼可羅街吃下酒菜。

在倫敦的時候，我接下幾份自由撰稿的工作。在那一週裡，我回到類似過往生活的狀態，床邊擺著鬧鐘。我已經一整年沒有用鬧鐘了，塔樓的鐘聲是最接近鬧鐘的東西。現在鬧鐘響起我都會嚇一跳，但我設定早一小時起床，工作的途中順便去公園散步。清晨輕盈溫暖，早班公車沒什麼乘客。我在攝政公園下車，沿著運河散步，經過動物園，路邊的獸欄住著長頸鹿，大大的眼睛很漂亮，我充分享受屬於自己的時間。因為在路上遇見長頸鹿，而且在開滿美麗鮮花的大道上運動散步，抵達工作地點時，我帶著我自己在家煮好的一壺咖啡，精神飽滿、心情愉快。

無論桌上的公務堆得多高，我堅持準時上班、準時下班，中午我會去公司對面的小公園吃自己做的午餐，剩下的時間去蘇活區散步，欣賞天空與四周。遇到路人時，我會看著他們的眼睛微笑，他們也會對我微笑。在辦公室裡，我只要做好自己的工作，沒有過多的責任，我會和同事交流，關心他們工作以外的生活，而不只是共用辦公桌而已。下班後，我會和朋友見面，坐在狹窄的街道上啜飲雞尾酒，享受夏季尾聲的陽光，傍晚則漫長又溫暖。我走路回家，進入攝政公園悠閒漫步，經過櫻草花丘上的粉彩房屋。

我在義大利學到的美好形象精神，已跟著我回到家鄉生根，我發現倫敦出乎意料地美麗。從機場回家的路上，在地鐵站我艱辛地扛行李上樓梯，一位英國男士很有風度地幫我拎上去，而回程去機場的時候也一樣。這種騎士精神的表現在倫敦很罕見，就像二月的晴天一樣稀奇，我非常開心。

儘管如此，我依然等不及想回聖尼可羅的街道上。

我坐在琪佳家中光溜溜的地板上，旁邊全都是紙箱，八月的陽光漸漸消逝。我們聊天的時候，我想著佛羅倫斯，那裡已感覺像是我的家。

我看著琪佳。「我要留在那裡。這或許不是最理性的選擇，但老實說，我覺得那是我唯一理智的選擇。我要留在義大利，看看會發生什麼事。」我說。

多年來，力爭上游的信念支持我在事業上不斷前進，但此刻我卻說出完全相反的話：「反正那只是一份工作，對吧？」琪佳點頭。「以後還會有其他工作，但不能等的是我的整個人生……」

Caprese Farro Salad

法若小麥卡布里沙拉

兩人份

五又二分之一盎司法若小麥
海鹽（隨口味調整）
一大球水牛馬芝拉起士
兩個大番茄（若使用較小的番茄，以肉眼判斷所需數量）
一大把新鮮羅勒葉
巴薩米克醋或檸檬汁（隨口味調整）

將法若小麥放在碗中以大量清水沖洗。在大鍋中燒水，沸騰時放入鹽，接著加入法若小麥烹煮約三十至四十分鐘。瀝乾之後放涼，淋上橄欖油拌勻，讓小麥不會黏成一團。

將馬芝拉起士切片加入法若小麥中，番茄切丁後放入，撕碎羅勒葉放入。淋上橄欖油和巴薩米克醋或檸檬汁，依各人喜好調味後即可上桌。

麵包丁沙拉

Panzanella

兩到四人份

一條乾硬的酸種麵包
紅酒醋
一顆大洋蔥（紅白皆可）
兩顆大番茄（牛排番茄最好，但其他品種也可以，根據品種以肉眼判斷用量）
一根黃瓜
新鮮羅勒葉
優質特級初榨橄欖油
海鹽與黑胡椒（依口味調整）

將酸種麵包切片：務必小心，麵包很硬，刀子會滑開。光是製作麵包丁沙拉，我的手上就添了不少傷疤！將麵包放入可用烤箱的大盤子裡，將紅酒醋加水混合後（一湯匙醋對上一杯水）淋在麵包上（要足以覆蓋麵包還有剩餘，因為醋水會全部被麵包吸收），用量會比你想像中更多。

將洋蔥切薄片，放在碗中，淋上加紅酒醋的水。靜置一段時間，至少兩個小時。

等麵包吸收了所有醋水，剝除外層硬皮丟棄。用雙手擰乾麵包，在大碗中用手指揉捏剝碎。番茄切丁後加入麵包中，若有汁和籽跑出來，一起放進去。將黃瓜去皮、切丁放入。完全瀝乾洋蔥，也放入碗中。將大量羅勒葉撕碎放入，然後拌勻所有材料。

麵包丁沙拉不需要立刻調味，可以先冷藏。這道沙拉放冰箱不會走味，隔夜之後各種滋味反而更加融合。食用前冷藏至少兩個小時，麵包丁沙拉要冰涼上桌。淋上橄欖油與紅酒醋，依照口味灑上鹽和一點黑胡椒，以完整的羅勒葉片作為裝飾。

9 月

Stare in forma
揮別健身房

當月農作物：無花果
城市的氣息：下過雨後的清新土味
義大利時刻：在聖十字廣場看演唱會
當月關鍵字：alluvione［洪水］

九月的第一週，我回到佛羅倫斯。這裡依然是盛夏，但沉重的高溫潮濕減輕了，下水道的臭味消失，觀光團數量降低，走在路上不用一直閃躲了。八月直射的熱辣陽光改變角度，斜斜照在住家與塔樓上，染上一片金黃。氣候舒適宜人，十分美麗。

我等不及想回家，從火車站拖著行李箱出發，輪子一路發出喀喀的噪音。快走到聖尼可羅街時，克莉絲蒂出現在店門口對我打躬作揖，老珠寶匠喬塞培在煙霧瀰漫的店鋪裡對我揮手，傑克汪汪叫，我繞過街角走上我住的那條街，瑞弗洛的帕華洛帝唱了一段莫札特歌劇《唐喬凡尼》的詠歎調《我的寶貝》（*Il Mio Tesoro*）。莫妮卡在麵包店裡對著我敲敲櫥窗，我看到奎多捏著加百列的耳朵，命令他來幫我提行李。我將行李交給他，開門進去，看到喬塞培大步往上走，我露出笑容。

我躡手躡腳追上去抱住喬塞培。他沒有刮鬍子，搔得我的臉頰很癢。他笑容滿面將我放開。「我聽到有聲音，心想應該是妳回來了！」他張開懷抱說。「聖尼可羅很想念妳。」

我有很多消息要更新。進入九月之後，我最喜歡的咖啡館再次營業，人們回到瑞弗洛，神情輕鬆、皮膚黝黑，互相比較誰曬得比較好看，他們會告訴我假期中發生的故事，他們的旅行與冒險。克莉絲蒂滔滔不絕地告訴我，她去薩倫托（Salento）的朋友家玩，老珠寶匠喬塞培回故鄉卡拉拉（Carrara）的大理石山區，那裡有自己的一片托斯卡尼海岸。伊希多羅去了馬雷瑪海岸，他在卡斯蒂雍德拉佩斯卡亞（Castiglione della Pescai）有間公寓。貝培的故鄉在普利亞（Pulglia），他回去探望母親。就連永遠阮囊羞澀的路易哥也想辦法去度假，他去了維亞雷焦（Viareggio），在朋友家住了兩星期。我倚在其布列歐的吧檯旁，看著服務生輕鬆的表情，終於明白義大利夏季與八月假期的意義。每個人都變得更好、更和善、更黝黑，彷彿浸在蜂蜜裡。

我去找安多奈拉，等不及想看她和老媽媽。聖十字廣場正在大興土木，除了平常的大批觀光客之外，現在我還得閃躲工人，廣場有如一個建築工地，連吊車都有。大教堂前設置舞臺，架起一排排座位，但丁臭臉看著這一切。舞臺周圍有著複雜的燈光設備，柵欄豎立，圍起來的地方感覺像臨時露天音樂會場。

我站在安多奈拉家的窗戶下，抬頭看到她半身探出敞開的窗戶，抽著菸，揚起一條眉毛看著下面的紛亂，我問她有什麼活動。「寶貝，要辦演唱會了。」她宣布。「他們每年都會想出新花招來折磨我們。去年是羅貝托・貝尼尼[23]，我們被迫整個夏天看他謀殺《神曲》，『e mi aveva rotto I coglioni』這句話大致的意思是『我的蛋蛋都被他弄碎了』。」安多奈拉點頭說：「沒錯，我就是這麼對他說的。」

「妳對他這麼說？」我問，想起復古足球賽那天她在窗口對球員大吼的場面。

「當然嘍，他們在我家窗前搞這種鬼東西，他們難道是覺得我不會有任何意見……」

我崇拜地看著她，義大利女人很有義憤填膺的天分。我習慣為了配合別人而想盡辦法改變自己，無論他們的行為令我多惱怒，這就是伊朗式教養的詛咒。我看著安多聳肩、張手，明白我要學的還有很多。

「總之，今年呢，」安多奈拉接著說，「是喬治・麥克的演唱會，至少我們可以跳舞。親愛的，演唱會的第一天晚上我要辦派對，那天也是妳的生日，對吧？妳一定要來……」

生日當天，我踩著閃亮亮的高跟鞋，不畏眾人眼光，帶著喀喀喀的聲響穿過恩寵橋前往聖十字廣場，從忙著找座位的混亂人群中擠過去。安多奈拉按下對講機開大門，上樓之後就看到她站在家門口，端著一杯氣泡酒迎接我，然後帶我去她房間。她穿著設計師 Helmut Lang 的前衛服裝（當然是黑色的），搭配大紅色口紅，脖子上掛著多條的粗長金鍊。餐桌上放著烤得很完美的托斯卡尼一口三明治，各種口味都有，正中央有個我看過最漂亮的無花果塔，上面插著蠟燭。「親愛的，那是妳的生日蛋糕。」安多擁抱我，老媽媽正從廚房出來，端出更多的三明治，她放在桌上之後過來擁抱我。那群美男子今天火力全開，穿上超緊身T恤，他們擁抱、親吻我，紛紛祝我生日快樂。

外面的觀眾歡聲沸騰，我們到了另一個房間，把盤子端到窗邊看，舞臺上燈光閃爍，聚光燈掃過觀眾。我從沒看過佛羅倫斯這麼美的樣子——夜空有如藍絲絨，建築立面被燈光染上粉紅色與藍色，聖母百花大教堂的穹頂突出於眾多建築之上，四周的窗戶全都有人影被燈光照亮。

---

23 義大利導演與演員，自導自演的《美麗人生》為他贏得奧斯卡最佳男演員獎。二〇〇六至二〇〇七年，他一人演出的《大講但丁》（*Tutto Dante*）在義大利巡迴演出極為成功，將《神曲》內容結合時事及個人經歷。

管弦樂團開始演奏，而燈光在觀眾席來回旋轉，乾冰炸開時，喬治・麥克現身，後方雄偉的聖十字大教堂讓他顯得渺小。他的聲音響徹四周的公寓，我們全都開始跳舞，跟著一起唱。氣泡酒漸漸減少，安多評論的音量漸漸增高——全部對著窗外。終於，在兩首歌中間，安多雙手圈著嘴大喊：「噢——麥克。」一連續幾首歌的時間裡，這是她最愛喊的一句。可是這次剛好落在全場安靜的瞬間，她的聲音傳遍整個廣場，在四周的牆壁間迴盪。觀眾的笑聲如漣漪傳開，幾百個人轉頭看向我們這邊，就連舞臺上的喬治・麥克也笑了。我們聽到一下竊笑，他也跟著轉向我們窗戶，臉頰冒出酒窩，他對上安多的視線，她送他一個飛吻。

此時正盛產無花果，黏答答的果實數量繁多。有一天，我沿著倫加諾路散步，踩到人行道上滿是香甜黏液的落果，我咒罵一聲，抬頭看到樹上結實纍纍的無花果在頭頂搖曳，隨時可能遭到成熟果實轟炸。我伸手摘下一顆，剝成兩半，大咬一口粉紅果肉，用牙齒將果皮刮乾淨。非常多汁，像糖蜜一樣甜。那天下午，我提著草編籃回來，偷偷摸摸採下我所摸得到的果實，裝滿一整籃。

回到家中廚房，我將水槽裝滿水，小心把無花果放進去。果實很熟很軟，而且顯然數量太多了，假使我全部吃光，接下來幾天都得蹲在馬桶上起不來了。於是，我打電話給安多奈拉，請她幫我問老媽媽該怎麼辦，老媽媽說：「還用說嗎？——當然要做成果醬啦。」

沒錯，果醬，當然嘍。老媽媽說要幫忙，於是十分鐘後，我在她家廚房，以烤箱來消毒罐子，安多奈拉正坐在陽臺上（只有太陽下山之後她才會坐在那裡，她非常怕曬黑），盡一切可能避免被陽光直接照到，簡直像吸血鬼一樣，在夏天陽光最烈的時候，她都會帶一把小陽傘，以免潔白肌膚接觸到陽光。她總是說：「妳看，我一條皺紋也沒有，親愛的。義大利女人到我這個年紀，沒有幾個皮膚還能這麼光滑——怎麼說來著——像嬰兒屁股一樣。」

她說得沒錯。除了穿著風格之外，在這個國家還有另一個指標可以分辨女人的年紀，就是皮膚鬆弛的程度。整個八月每逢週末，她們都會去海邊曬太陽，導致她們容易有皺紋。不過，義大利人雖然崇拜太陽，但他們並不會像我們英國人一樣，只要看到一絲陽光露臉，就利用午休時間跑去公園或任何一塊綠地上，脫了衣服做日光浴。除了在海灘或泳池旁，義大利人不會隨意做日光浴。我問安多為什麼，她說：「寶貝，還會有什麼原因？當然是因為美好形象呀。在市區脫掉衣服讓太陽烤身上的肉，這種行為太粗俗了。」

「在海灘上塗了油，讓太陽煎就沒問題？」我之前跑去海邊的那次，看到很多少女互相擦上厚厚一層助曬油。

「時間和場合，寶貝，一切都是時間和場合。」

我走進廚房，老媽媽已將所有材料整齊排好，我的無花果已放在洗碗槽中一個碗中泡水，還有一包糖、幾顆切半的檸檬。我有些意外，發現幾個裝有香料的小碟子，有迷迭香、肉桂粉、小豆蔻、一小塊剝皮的薑，及一把丁香。

「這些全都要用？」我驚訝地問。老媽媽嗤笑一聲，滔滔不絕說了一堆佛羅倫斯方言，我只聽懂了「無花果」和「種類」。我以眼神向坐在旁邊陽臺上的安多奈拉求救，她連眼睛都沒張開，告訴我老媽媽覺得多做兩、三種口味，這應該很有趣，看我最喜歡哪一種：有原味、香草、香料。老媽媽給我一把刀，要我將無花果去皮。她拿出三個鍋放在爐台上，開始煮無花果肉和糖與其他材料。除了剝皮，我只有一個工作：站在爐子前攪拌每個鍋子，老媽媽去看電視，安多奈拉進來陪我。終於老媽媽來嚐嚐三種果醬，宣布可以裝罐了。我也全都嚐過了：原味有滿滿的無花果香，香草版的迷迭香清新有助於解膩，香料口味則是層次豐富、辛香刺激。我全都喜歡，開開心心帶回家，那天晚餐就吃綿羊起士配三種無花果醬。

一個寧靜的週日午後，我陪老羅伯特過橋去內利路的一家店。我們走著走著，頭頂厚重的雲層突然降下大雨，那種佛羅倫斯特有的暴雨，讓人懷疑是否會有停的時候。我們躲進一家店，他們將披薩切成小方塊出售，我想反正得等雨停，不如吃幾片好了。

但雨沒有停，我們站在門口，老羅伯特沉默不語地望著大雨，顯然有心事。我問他是否還好，他欲言又止地說，每逢這種下暴雨的時候，他就會想起一九六六年的水災，當時整個佛羅倫斯都泡在水裡。

老羅伯特告訴我當年水災的經過，連續幾天大雨之後，阿諾河潰堤，油膩的污泥沖進整個市區，挾帶瓦礫，甚至還有鄉間飄來的家畜，街道與民宅全部遭殃，就連博物館和廣場也災情慘重。那年羅伯特三十歲，孩子還很小，就住在聖尼可羅街上現今住的那棟房子裡，距離河流只有一條街的距離。

暴雨過後，我們走回阿諾河對岸。我瞇眼觀察水位暴漲的河流，平常感覺那麼無害。我想像大水造成的災害，那是這座城市最嚴重的一次天災。佛羅倫斯的古老建築結構紮實、固若金湯——穩固、和諧、有秩序——這座城市感覺所向無敵、不可褻瀆。然而，它卻必須看阿諾河的臉色，許多這世上最美的藝術品距離河岸才短短幾碼。

我開始發現到處都有紀念洪水的銘板，古建築上、博物館裡，上面寫著：一九六六年十一月四日阿諾河洪水淹到此處。於是我每天的散步行程變成一項任務，尋找洪水留下的痕跡，我想像當時的清理工作有多浩大，堅毅的人們拿起掃帚、抹布，將油膩污泥從他們的城市清除。國際人士湧入佛羅倫司協助拯救藝術品，刷洗博物館的牆壁，捐贈衣物給損失慘重的災民。

有一次散步時，我特別造訪拉丁尼餐廳，那是水災之後第一家開門營業的店，老闆的親戚從聖吉米尼亞諾（Gimignano）附近的鄉村趕來幫忙，帶來橄欖油、葡萄酒、整條生火腿、幾噸的麵包，他們先清理廚房，以便為佛羅倫斯人供餐。水災紀念日雖然在十一月初，但我在城裡散步蒐集當時留下的遺跡，算是我對這座城市最近一次天災的小小紀念，這樣的散步讓我永遠不必再去健身房。

Fig and ricotta tart

無花果瑞可達起士塔

一個中型塔

派皮（我買現成的）
十五又四分之三盎司新鮮瑞可達起士
三顆蛋
四分之一杯紅糖（或本地產蜂蜜）
一茶匙橙皮
肉桂粉
八到十顆新鮮無花果（從長邊切半，摘除蒂頭）
開心果（上桌時灑上，隨喜好選擇）

在烤盤上鋪上烤盤紙，將派皮放在上面，用叉子戳幾個洞。預熱烤箱至華氏三七五度或攝氏二百度。

製作餡料，將瑞可達起士與兩顆蛋拌勻，然後加入紅糖或蜂蜜、橙皮，及一小撮肉桂粉。

將攪拌好的瑞可達起士倒進派皮，完全鋪平，只留下要摺邊的空間。將無花果鋪在上面，再刷上蛋液，放入烤箱烤到派皮金黃（大約二十分鐘，用刮刀抬起來查看底部是否已確定烤出漂亮的棕黃色）。放涼之後即可上桌，也可以灑上一些開心果。

無花果醬

Fig jam

兩大罐

兩磅新鮮無花果
十八盎司砂糖
一顆檸檬擠汁、磨皮
一支迷迭香或喜好的香料（參考二七六頁文中「老媽媽」建議的種類）

清洗無花果，切去蒂頭，仔細剝除外皮。在大鍋中將果肉、砂糖、檸檬汁，及少許檸檬皮屑混合（可依個人喜好加入迷迭香或香料），以中小火煮滾，不時攪拌。

轉成小火，讓果醬微滾，蓋上鍋蓋，至少煮一小時，偶爾攪拌一下。取下鍋蓋繼續滾，持續攪拌直到質地變濃稠。

將果醬罐消毒後倒進果醬，取出迷迭香或香料。因為沒有加防腐劑，這種果醬只能冷藏存放三至四週，放太久會壞掉。

10月

Sprezzatura
面對人生，要故作淡定

當月農作物：牛肝菌
城市的氣息：葡萄
義大利時刻：把車停在廣場中央
當月關鍵字：Maremma maiala!［馬雷瑪的豬］

十月是光影交織的月分，中世紀城牆上印著扁柏樹的影子，通往聖米尼亞托的街道上，午後陽光浸潤兩旁的傘松。氣溫像舒適的英國夏季，但市場裡已經滿是秋季豐盛蔬果。安東尼奧的攤子堆滿橘色的南瓜，還有米色、深綠的夏南瓜，長成我沒看過的形狀。因為種類實在太多了，從長斑點的葫蘆瓜到亮黃色星形的瓜，就連安東尼奧也不知道所有瓜的名字。

除了南瓜，還有一箱箱不同種類的蕈菇。牛肝菌的寬柄顏色像樹皮，撐起棕色的菌傘；還有一米白色小香杏蘑的樣子像洋菇，根據安東尼奧的說法，它在文藝復興時期非常熱門；還有一種色彩極為鮮豔、平滑的橘紅橢圓形菌傘，低垂蓋住金黃菌柄。這是橙蓋鵝膏菌，安東尼奧比手畫腳地解釋一番，我猜這是他目前最喜歡的一種，這種菇的別名叫「凱薩菇」，因為羅馬帝國視為珍饈。他裝了滿滿一紙袋的香杏蘑和橙蓋鵝膏菌——牛肝菌的價格遠超過我的財力，他告訴我用一點油和大蒜炒，再加上一種名為「風輪草」的香草——也稱為塔花。安東尼奧教我，這放在烤麵包片上就能做成普切塔。

葡萄也隨處可見，表示葡萄園開始採收了。大部分都是黑、紅色的葡萄，味道非常甜。有一次，伊希多羅給了我一些葡萄佛卡夏麵包，從此那就成為我心目中吃葡萄最好的方法，那是一種傳統的扁麵包，上面點綴著黑紅葡萄。

有一天快中午的時候，我坐在其布列歐外面吃這種麵包，忽然我的手機響了，是我沒看過的號碼。

話筒傳來很粗的聲音，是義大利人，口音很重，聽得出來他正在抽菸。「妳好，卡敏。」那個男人說。「我是伯納多，卡羅和奧蕾莉雅的朋友……」

是那個「複雜」的伯納多！之前，我在倫敦的時候曾收到他的電子郵件，他用很糟糕的英文告訴我，他去外地拍攝了，等我們雙方都回到佛羅倫斯，他很想和我見一面。我匆忙給了一個十月初的日期和我的電話號碼，然後就將這件事拋到腦後。

不過，伯納多顯然沒有忘記，並在我說的那個日期打電話來。他提議一起吃午餐，告訴我他人在佛羅倫斯的市中心。我答應了，囫圇吃完香甜的葡萄麵包。我打破了義大利人進食的規矩，在午餐前吃了甜食。我竟然在這麼接近午餐的時間吃這種東西，我頑強地堅持許久，貝培才勉強允許，我們差點吵起來。義大利人堅決相信他們的飲食習慣非常有道理，以致於一有機會就忍不住強加在外國人身上——例如，我。對他們而言，這是在服務世人，是一種人道善行。我有很多好老師，但我依然會大膽地違反規矩。

我原本打定主意，不要再跟任何義大利男人有所牽扯，然而能去沒嘗試過的餐廳吃飯，誘惑實在太大。在這裡，接受午餐邀約永遠是件好事。

「那麼，半小時後在金豬噴泉見？」他問。

我繞過轉角，走向新市場（Mercato Nuovo），看到一個男人站在約定地點等待，我猶豫了一下，他和我想像中的樣子完全不同。這個伯納多比想像中矮，肩膀很寬，一頭棕色的鬈髮，臉上皺紋很多，大大的羅馬鼻子很顯眼，修剪過的落腮鬍夾雜銀絲。他穿著薄花呢外套配牛仔褲，腳上的工作靴滿是泥巴；他取下含在口中的香菸，手上有很多擦傷和割傷。他輕輕蹙眉，深陷思緒中，似乎有心事。

他還沒看見我，一瞬間，我在想是否應該轉身回家，但我振作起來，選擇走過去打招呼。

他問我有沒有摸過金豬的鼻子，大批觀光客在我們眼前排隊等著摸，我搖頭。伯納多解釋，「摸了會帶來好運。既然妳在這裡作客，一定要摸一下。」我們加入隊伍，但隊伍的行進很慢，我們有一搭、沒一搭地聊著。老實說，氣氛相當尷尬。伯納多艱辛地尋找英文詞彙，似乎非常不自在。終於輪到我們了，他拿出幾枚硬幣投進池水中，我小心翼翼地摸摸豬鼻子，成千上萬旅客將這個豬鼻子摸得閃閃發亮，那麼多人摸過一定有一大堆細菌，處女座的龜毛潔癖讓我很不想把手放上去。「好了。」他指著水中的硬幣，「妳永遠會回到佛羅倫斯。」他的笑容如此耀眼，整張臉都變得不一樣了。

他握住我的手肘，帶我繞過街角去他停車的地方。他走路時明顯跛腳，但速度依然非常快，我得小跑步才能趕上。到了車子旁，他先打開前座門讓我上車，然後才繞去駕駛座那邊。

我們駕車穿越佛羅倫斯，伯納多解釋跛腳的原因，他曾經發生意外，一條腿嚴重骨折，坐輪椅好幾年。「妳看。」他指著車窗上一塊護貝的粉紅四方形。「我有這個，殘障停車證。有了這個，我可以把車開去任何地方。」彷彿為了證明他所言不虛，他急轉彎開上聖靈廣場，直奔中央，把車停在噴泉旁。「你確定真的可以停這裡？」我質疑地看著亂停的車，但伯納多只是跛著腳快速走開。

聖靈廣場在我這邊的河岸，就在老橋過去一點的地方。這個廣場很寬敞，有許多樹木，旁邊是布魯內萊斯基建造的聖靈教堂。立面很樸素，除了頂端一個完美的卷曲花飾，沒有其他裝飾。教堂的寬臺階上坐著形形色色的人，有在喝酒的美國青少年、輪流抽大麻的義大利青少年，帶著消瘦小狗的癮君子，及吃著切片披薩的觀光客。廣場旁有幾家酒吧與餐廳、一棟文藝復興時期建築改建的旅館，占據廣場一側的涼廊。聖靈廣場的氣氛悠閒，很有波希米亞風，我非常喜歡這裡，經常坐在金合歡樹下的石頭長凳上看居民遛狗。

伯納多帶我穿過廣場，角落有一家不起眼的餐廳。我拿著菜單，從上緣偷看他。他綁著領巾，高高抬起頭，透過眼鏡看菜單，顯眼的羅馬大鼻子，他的臉讓我想起在烏菲茲美術館中看過的一幅肖像。我尋覓腦中的繪畫，當他轉頭對服務生說話的側臉，讓我恍然大悟了。就是於烏菲茲美術館中，十五世紀的畫家皮耶羅・德拉・法蘭切斯卡（Piero della Francesca）所繪製的〈烏爾比諾公爵夫婦肖像〉。他很像畫裡的公爵，有厚重的眼瞼、鷹勾鼻，及高傲的姿勢。公爵本人，簡直就坐在我的餐桌對面。

我的烏爾比諾公爵看著我，服務生回來了。他點了一盤炸牛肝菌一起吃，但其他菜色都讓我自己決定。這和迪諾帶我出去吃飯的風格很不一樣，但還不只這一點而已。伯納多不會殷勤地討好，他相當嚴肅。他講的英文結結巴巴、似是而非，將義大利文詞彙直接用英文發音說出來。他對我描述他的攝影工作，給我看他為一家佛羅倫斯時裝公司拍攝的目錄。他簡短說起三個孩子，是他兩任的前妻所生，第一任前妻生的兒子已經十幾歲了，和他住在一起，而第二任前妻和兩個小女兒住在佛羅倫斯的郊區。他也說了很多狗的事情，我已經猜到他一定有養狗，因為他的外套上有很多白色的短毛。除了三個孩子，伯納多還養了二十隻狗，全都是他親自培育的——這是他人生的熱愛，他從十四歲就開始育犬。我客氣點頭，盡可能解讀他的英語。經過迪諾的傷害，我已明白自己看人的眼光不太好。

在倫敦的時候，每次認識新對象，從見面握手的瞬間開始，我就幾乎下意識地開始蒐集資料，不論是說話的方式、選擇的詞彙，及話題中提及的內容。但在佛羅倫斯，我無法從這些角度判斷一個人，因此便更加警惕。

然而，他的攝影作品非常傑出，之前工作時，我看過不少的一流作品，而他完全不遜色。他以獨到的方式掌握光線，細膩的感性讓我想起烏菲茲美術館中彷彿會發光的畫作。我看得出來，他是一位真正的藝術家，我很想進一步認識他。因此，儘管我們的午餐沒什麼火花，當他邀請我下週五去看歌劇，我還是欣然接受了。

我熱愛歌劇。約定當天，我穿上迪奧的古董小洋裝，是羊毛的皺紗材質，領口很保守的經典圓裙，這是安多奈拉硬塞給我的，她說：「寶貝，每個女生都需要黑色小禮服，沒有人比克里斯汀做得更好。」她的語氣彷彿和他是好朋友。當然，歌劇也是佛羅倫斯人發明的，現存最古老歌劇曾在一六〇〇年的佛羅倫斯彼提宮演出，慶祝法國國王亨利四世迎娶瑪麗亞．德．麥地奇。市立歌劇院有兩個私人包廂，其中一個就是伯納多的家族所擁有。為了彰顯這次奢華的約會，我取下掛在牆上的閃亮繫帶高跟涼鞋。下樓後，我小心找平坦的地方過馬路，伯納多在車上等我。他跳下車幫我開門，我向來喜歡有禮貌的人。我父母是很傳統的伊朗人，嚴格遵守拘謹好禮的文化，每當男性友人打著兩性平等的大旗，在我面前砰一聲關上車門，我總是會感到沮喪。

今晚伯納多比較放鬆，彆扭的感覺消失了。快到劇院時，我們找不到停車位，即使伯納多有殘障停車證也沒用。最後他咒罵一聲，接著說：「我來擠出個位子。」他將車子斜斜插進半個停車格，一半開上人行道，這是義大利人特有的方法，其他人學不來。

我之前來過市立歌劇院，那時候我和迪諾剛開始交往，來這裡約會。他帶我來聽音樂會，我們坐在現代化劇院的正廳前座區，我的手藏在他外套下，偷摸他的大腿，我只記得這些事，其他則毫無印象。伯納多帶我前往私人包廂，就位在一條長廊的盡頭。他用小鑰匙開門，讓我先進去，裡面擺著酒紅色絲絨長沙發，看臺前有兩張單人沙發，另外還有零星的幾張椅子，及掛外套的衣櫃。我將外套交給伯納多之後坐下，看著下面的場景。包廂看臺位在樂團上方、舞臺側邊。這裡的視野完全不同，俯瞰樂池，整個劇場盡收眼底，可以看到觀眾在正廳和圓弧區找座位。有些人抬頭看我，我的座位彷彿漂浮在舞臺上方。

伯納多坐在我旁邊的另一張單人沙發上，音樂揚起，將我們包圍，然而第一幕開演時，他移動到後面，坐在長沙發上。第一幕的高潮時刻來臨，《波希米亞人》的男女主角魯道夫和咪咪合唱《溫柔的女孩》，純淨的歌聲唱出甜美浪漫的旋律，演員近在眼前，我非常興奮，轉頭看伯納多。他整個人癱坐在長沙發角落，腿上蓋著毯子，睡得很熟。

中場休息時，伯納多醒來。「小時候，大人每星期都會帶我來一次。」他告訴我。「我總是會睡著，因為——」他捧著雙手沿著大腿往下揮動，彷彿要搬開重物——「很無聊！現在變成全自動的事了——只要來這裡，我就會睡著，屢試不爽！」

果然沒錯，就像帕夫洛夫實驗中被制約的狗一樣，我們回到包廂，音樂一開始演奏，他又回到長沙發坐下，不到幾分鐘就又睡得不省人事。

第二天晚上，我告訴路易哥。「完全沒有壓力，其實非常輕鬆。歌劇美極了，坐在舞臺上方很震撼……而且我不必裝模作樣討他喜歡，這樣更愉快了！這個男的——我不確定喜不喜歡他，所以其實很理想！」

「啊，la sprrezzatura！」路易哥睿智地點頭。

「哈？」我呆呆看著他。

「這個嘛，美人。」他給自己斟上一杯啤酒，將一盤下酒菜推到我面前。「呃，la sprezzatura 就是裝作不在乎的樣子……怎麼說來著？」

「淡定？」我猜測。

「就是這個意思，沒錯！」他給我一個讚賞的眼神。「好，十六世紀的時候有人寫了一本書，書名叫禮儀什麼來著的……」我嗤笑，路易哥繼續說下去。「好吧，我不記得細節，妳可以自己上網查。重點是，書裡提出完美紳士這個概念，必須要，呃……」

「淡定？」我再次猜測。

「沒錯！」他說。「懂了嗎？其實很明顯。」

「我需要進一步瞭解。」我說，他嘆息。

「好吧，總之，在文藝復興時期，妳知道托斯卡尼的貴族非常粗野吧？」我點頭。「這個人寫了這本書，說貴族應該展現自制力，這樣才能從陌生人變朋友。」看到我蹙眉，他接著說下去。「例如握手，那也是 sprezzatura 的一部分。人們藉著這種方式證明對方手中沒有武器，以謹慎的方式展開友誼。」

「你的意思是說，他在展現這種 sprezzatura 嗎？」我問。

「重點是，la sprezzatura 是結交新朋友的一種好方法。」他神祕兮兮地說。「妳自己也該多少用一下。」說完之後，他回到酒吧後面，招呼一群剛進門的客人。

我進一步調查。路易哥說的那位作家，名叫巴爾達薩雷・卡斯蒂利奧內（Baldassare Castiglione），他在一五二八年寫了一本《廷臣論》（*The Book of the Courtier*）。「La sprezzatura」是一種行為準則，鼓勵紳士在宮廷中展現自制。後來，這套準則廣泛被世人接受，成為紳士風度的基準，他想以這種方式約束行為粗野的佛羅倫斯貴族，他們太習慣一言不合就在對方身上刺個洞。

這位伯納多顯然貫徹執行 sprezzatura，除了持續約我出去之外，他沒有表現出任何對我有意思的跡象。因為他的兒子亞歷山卓和他住在一起，所以我們大多利用他上學的時間見面。

就這樣過了兩週，我們上午見面喝咖啡、看展覽，讓我有機會練習 la sprezzatura，克制衝動、保持距離。其實這並不難，因為他不像迪諾那樣，對我產生瘋狂的吸引力，但慢慢地、冷靜地，見面次數越多，我越來越喜歡他的陪伴，他也變得越來越放鬆、越來越幽默，我漸漸看出在他粗獷的外表之下，內心其實很紳士。

一天晚上，我們再次去市立劇院，這次奇蹟發生了，他沒有睡著。回家時我和他坐在車上聊天，一開始只是隨意談天，最後竟不知不覺聊了大半個晚上。他把相當奇特的人生經歷講得好像一個大笑話——他小時候在奇揚地城堡的生活、骨折的考驗，及兩次失敗的婚姻——他將所有曲折離奇的經歷輕鬆帶過，我發現自己笑個不停，我好久沒有笑得如此開懷了。他讓我開心了一整夜，直到破曉時分他才不得不離開，因為再過幾個小時他就得起床送亞歷山卓去上學。

◇◇◇

每次經過但丁像，他手中的石雕書本都會讓我想起，他偉大的文學作品讓托斯卡尼方言成為義大利官方語言。在那之前，義大利各地使用各自的方言，以拉丁文作為官方語言。

佛羅倫斯方言確實豐富，而伯納多的言詞多采多姿，經常摻雜托斯卡尼粗話，許多根本讓人難以理解。我第一次聽他罵「maremma maiala」時，非常困惑。「你是說『馬雷瑪的豬』嗎？」我問他，他大笑。迪諾教我愛人的話，而伯納多教我罵人的話。在 maremma maiala 之後，緊接著是 porca troia（伯納多翻譯為「豬婊子」）、porca puttana（根據我的理解，也是一樣的意思）、porca miseria（是「像豬一樣悲慘」）。我問他，是否有不牽涉到豬的粗話（我開玩笑地說，「你知道的，我是穆斯林。」），他教我 che palle，直譯的意思是「什麼卵蛋」，這是個所有狀況都能用的神奇粗話，可以用來表達無聊（搭配青少年風格的白眼），也可以真的拿來罵人。

伯納多來我家，我的冰箱空空如也。稍早他帶我去看攝影展，我穿著高跟靴子走來走去，發出喀喀的聲響，我們之間有種曖昧的感覺。他送我回家，告訴我亞歷山卓和媽媽出去了，所以他今天晚上有空，於是我邀請他來我家。他到的時候，我正在和琪佳透過 Skype 聊天，我沒有關閉視訊，因為我想讓她見見他——我需要她的建議。

伯納多走進廚房，看到琪佳的臉出現在餐桌上的電腦螢幕裡，他的反應和浮誇水電工奎多一模一樣，驚奇又開心。接著，就像奎多一樣，他坐下開始和她高速地聊天——義大利人的固定模式，對人好奇、喜歡交際，並能言善道。很快他們就有說有笑，我在家裡尋找可以當晚餐的東西。

伯納多看到我在煩惱，於是站起來走到我的冰箱前。「我可以開嗎？」他問，我點頭，他打開發現冰箱裡空無一物。我沒有上市場，我向他道歉。

「不用擔心。」他說完之後動手忙碌起來，將義大利麵鍋裝水。十五分鐘後，我們坐下，琪佳依然在電腦螢幕上，熱騰騰的香蒜辣椒橄欖油義大利麵上桌，琪佳告訴我這是羅馬的經典料理，「世界上最棒的速食！」

這道義大利麵雖然簡單，但香滑美味。真不敢相信，我之前竟然沒有認識到這麼方便的菜色，只要有任何義大利廚房必備的基本材料就能做，就連我家也有，我要把這道菜學起來。我去準備咖啡的時候，琪佳已經下線了，只剩下我和伯納多獨處。

突然間，我知道伯納多要吻我。過去幾個星期，我想過幾次，說不定我們只會當朋友，但今晚我充分察覺他是個血氣方剛的義大利男子。

然而，和有這麼多包袱的人交往，我不確定是否明智，於是我暗中閃躲。每次有機會靠近，我就故意走開。我在家裡忙來忙去，他像一隻困惑的小狗跟著我。最後，我決定至少試試他的吻功，於是和他一起坐在沙發上。

他的吻太厲害——纏綿慵懶、深刻奢華。我喜歡。晚上剩下的時間我不停地吻他，直到他必須回家。每次他的手移動到我身上，我就引導他回到嘴唇，他沒有堅持。熱吻幾個小時——從青春期以來，我從來沒有吻過這麼久——我的嘴唇抽痛。太多吻了，而且是非常高超的吻——至少這點很清楚，但不清楚的是我對他的感覺。

我再次打給琪佳。「我沒想到妳今晚會再打給我。」她說。

「有那麼明顯嗎？」我問。

她大笑。「噢，沒錯，你們之間的化學作用很激烈……」

「真的？」

她再次大笑。「怎麼回事？我以為他會留下來過夜……」

「唉，沒有，他不能，因為兒子的關係。我們接吻了，不過沒有更進一步。」

「怎麼會？」琪佳似乎很驚訝。

「我不想更進一步。」我聳肩。「我實在不確定。」

她說：「親愛的，我覺得妳只是不肯面對現實。妳跟我說，他並不迷人、妳對他沒感覺。但他很棒，其實相當帥，感覺像文藝復興時期畫作裡的人！你們之間很有火花，我真的很欣賞他，他感覺很成熟。妳知道，他剛才提到離婚的事怎麼說嗎？」我搖頭。「他說——有時候人不得不把蛋蛋放在桌上……」

「那是什麼意思？」我吶喊。義大利人三句話不離蛋蛋，我實在無法理解。似乎對義大利男人而言，任何狀況都可以提到蛋蛋——甚至可以摸，絕不會有失禮之虞，琪佳大笑。

「呃。」她搔搔腦袋。「意思大概是指，他有勇氣面對過去的錯誤。講到那兩段婚姻，他說他必須接受自己的失敗，反省之後，再一次將蛋蛋放在桌上，以便……」

「夠了。」我說。「唉，妳看吧！他是有勇氣的人，但我是不敢冒險的人，我們沒有相似的地方。他把人生搞得一團亂，而我，妳也知道……」

「喜歡一切整齊乾淨，真是標準的處女座。」她大笑地說。

琪佳太瞭解我了，明白我的完美主義。她知道我開車出門之前，會小心將礦泉水從大瓶子倒進小瓶子以便路上喝。她知道，我如果沒有付清帳單，晚上會睡不著。我從來沒有一次遲交房租，電子郵件也絕不能在信箱中放超過一天不回覆。她也知道，我最喜歡的家務是洗碗，我還有一雙專用的橡膠手套。

她知道我所有的怪癖，但她依然愛我，所以我什麼都可以告訴她。

「琪佳，我只是不確定這是不是我想要的。妳知道，我是貓——」

「波斯貓。」她搶著說。

「而他是狗！我看不出來要怎樣才行得通。所以我只接吻，沒有更進一步。老天，我的嘴唇好痛，我很多年沒有吻那麼久了——」

「吻功不錯吧？」她問。

「老實說，棒呆了，否則我早就趕他回家了——」

「親愛的。」她沒有等我說完。「我知道妳害怕。經過迪諾的鳥事，難免會這樣，我也會害怕，遇過迪諾那種渣男的人不只妳一個，妳知道的。我不認為他是那種人——我感覺得出來，他是真心的，而且妳終究得試著和新對象交往……」

兩天後，一個格外美麗的星期六上午，我在伯納多的車上，將顧忌拋在風中。我接受他的邀請，去他鄉間的家吃午餐，他開車來佛羅倫斯接我。他沒有告訴我太多，只說亞歷山卓這個週末會去他媽媽家，而我也沒問我該怎麼回來。

我們沿著河流前進，河水切穿寬廣的谷地，河岸上不時會出現農園，佛羅倫斯市場裡的蔬果都來自這裡。丘陵矗立在山谷周圍，陽光照亮原野、橄欖園。我們駕車經過「蓬塔謝韋」（Pontassieve），村名來自於一條橫跨阿諾河的橋，興建於十六世紀，謝韋河（the River Sieve）在此匯入阿諾河。伯納多告訴我，過了這裡就進入謝韋河谷，至今依然是相當隱密的地區。

我們沿著河開往魯菲納，這個鎮感覺很繁榮，伯納多笑嘻嘻地說，他喜歡這裡，因為沒有中世紀城牆、文藝復興時期堡壘、塔樓，及古老教堂。「這裡有工廠，沒有山上的城堡。」他笑著說。伯納多小時候住在佛羅倫斯南方不遠處的佩薩河谷，那裡有許多富麗堂皇的別墅、尖塔高聳的城堡、高雅優美的鄉村——風景如畫的托斯卡尼郊區，也就是迪諾帶我去過的地方——伯納多喜歡這一帶的樸拙、野性，森林茂密的丘陵拔高進入亞平寧山，他喜歡這裡沒有虛假。

我們離開魯菲納，經過另一個小聚落。車子開上一條小路，旁邊的路標寫著 Monte

Giove，即「朱彼特山」。道路經過一條鐵道下的圓拱，路非常窄，車子經過時我忍不住吸氣，然後我們從一條矮矮的小橋過了謝韋河。蜻蜓輕輕落在水面，河水非常清澈，就連河床上的岩石也清晰可見，河岸上滿是山毛櫸和橡樹，到處都聽得到鳥兒歌唱。過河之後，路變得更窄、更陡，彎彎曲曲、迂迂迴迴的。我感覺好像離開了塵世，進入魔法天地，這裡有茂密森林、高聳山丘、迷霧深谷。道路往上延伸，和奇楊地完全不一樣。感覺像廣大的地區，或許是有狼群出沒的那種高聳深山，擠進一個小空間，所有東西只好往上堆積變成陡峭丘陵與山脊，炫目的陽光灑落。越是往山上去，感覺越不真實，道路兩邊長滿各種樹木，如栗樹、地中海橡樹、山毛櫸，斜斜投射的陽光從後方照亮。

過了大約五分鐘，我們爬到夠高的地方，可以看到水光瀲灩的河流蜿蜒流過碧綠山谷。在這裡，我們駛離道路，進入一片在斜坡上的寬廣葡萄園。我們離開柏油路，開上寬敞的泥土路，穿過葡萄園進入濃密森林。車子爬到朱彼特山的山腰，現在我們要進入其中一個山谷的腹地。我們的左手邊有片位在陡坡上的葡萄園，右手邊還有一片延伸到山坡下，入口處放著幾個紅色郵箱。

「歡迎光臨科洛紐雷（Colgnole）。」伯納多的眼神像在跳舞。「這裡是貴族莊園的狩獵保留區。」他指著左邊的山丘，我看到那裡有座黃色牆壁的大別墅，石造尖塔突出於葡萄園的上方。「那是莊園，這裡的森林到處都是動物，還有葡萄園和橄欖園，就這樣。」

我們緩緩沿著小徑行駛，進入一片混雜的森林。樹木間長著茂盛的矮樹叢和野花，一片在坡地上的雜樹林裡開滿黃色向日葵，花朵面向太陽。在燦爛豔陽下，所有東西都明媚耀眼。

伯納多打開車窗，他大聲地吸氣。「感受一下，空氣多乾淨？」他總是會把「空氣」說成「工氣」。「這裡沒有污染，只有山上的『工氣』，懂嗎？」

一定是因為空氣好，所以才會彷彿一切都發著光，我瞇起眼睛想著。我可以看到河流後方的地平線上，亞平寧山呈現紫色，山巒層疊，高聳入雲。

小徑直直往前，左手邊的山坡陡峭向上，右手邊的葡萄園以誇張的角度往下斜，伯納多放慢車速。「那裡。」他指著山丘下。「那就是我家。」

我們下方座落著一棟石造大房子，端坐在從河谷升起的山丘頂端。房屋後方、山谷側邊，山坡往上延伸，有些地方呈現階梯狀，長滿茂密樹林，偶爾出現一棟藏在緩坡上的房子。伯納多的家位在四周山坡的頂端，長長的四方形，灰色石牆、紅瓦屋頂。我看到正面有幾處柵欄，裡面有許多小狗邁著短腿跑來跑去。因為房子蓋在山丘頂端，所以感覺那些小狗像是漂浮在半空中。高大的金合歡樹枝葉延伸到屋頂上，黃色葉片在微風中舞動。整體相當驚人。

我轉頭看伯納多，我說：「哇，好大。」

「沒——有——啦。」他大笑。「不算大，妳該看看我小時候住的城堡。這只是個簡單的鄉間住宅，是我和第一任前妻很久以前買下來的，當時也只是一個空殼而已。所有東西都是我們建造的，狗舍、外面的柵欄，那些都是我們弄的。」我端詳他剛毅的側臉，襯著這樣的背景，脖子上繫著圍巾，頭高高抬起，陽光從後方照亮濃密鬈髮。我從來沒有看過他如此輕鬆、如此安然的模樣。

他沿著小徑繼續前進，繞過一個大彎，壓過落葉，開上另一條更崎嶇、狹窄的小徑，兩旁樹木夾道，一邊有片濃密樹林。伯納多指著一塊空地，那裡有許多蜂箱排排站。小徑另一邊是一座葡萄園，我們開到一道高高的木閘門前，伯納多跳下車開門，將車子開進去，然後又跳下車去關門。車子行駛在車道上，發出壓過碎石的聲音，兩旁都有大型柵欄圍起的空間，許多狗跑來跑去興奮吠叫。我們下車的時候，一隻白狗從大門衝過來。那是隻母狗，樣子像小豬，跑步的樣子像是長了豬蹄，一路發出齁齁的聲音。一看到伯納多，牠立刻跳起來，彷彿腳上裝了彈簧，狂喜地不停繞著小圈奔跑，甚至像小馬一樣騰跳。牠的長鼻子朝向天空，發出只能以歌唱形容的聲音——有旋律的嚎叫，歡迎主人回家的可愛歌曲。最後牠將結實的小身體撲向伯納多，他抱住牠，親吻牠的長鼻子。

「這是可卡（Cocca）。」他介紹我們認識，白狗搖搖擺擺地跑來我這裡，猛搖尾巴。我拍拍牠強壯的頸子、摸摸牠柔軟的鼻嘴，牠是迷你英國牛頭㹴，是伯納多的寵物。

「這些都是我的狗，全都是我培育的。」他指著圍欄說。「但可卡是我的最愛，牠和我們一起住在家裡，是我們的家人。」

「唉，好吧。希望她喜歡我。」我說。

「噢，可卡是小天使。」他保證，牠用濕潤鼻頭抵我的腿。「牠對誰都好，所以我叫牠可卡，因為她就是個coccolona。」

「那是什麼意思？」我問。

「噢，等一下妳就知道了！」

我看著白狗和伯納多在前院走動，同樣有著奇特的腳步和大大的鼻子，這對主人和寵物實在太像，我忍不住笑了出來。

科洛紐雷有個長形的前院，四周放著許多大型陶製花盆。房屋外面有幾個比較小的圍欄，過了前院，沿著石造樓梯走下兩旁有柵欄的山坡，那裡有一大片草地和樹木，再過去有很高的狗狗圍欄，緊鄰房屋前面的葡萄園。房屋後方有更多寬敞的狗狗圍欄，外面有個栗樹園，再過去則是谷地，斜斜往河流的方向下降，以及我們從魯菲納過來的那條路。

這裡十分愜意。金合歡樹提供遮蔭，微風吹動葉片發出窸窣聲響。大門外左手邊放著一張長桌和長凳，沿著牆邊種植一排天竹葵，零星開著花。

「來吧，我帶妳去樓上看看。」

我們走進堂皇的門廳，雙倍挑高的天花板有著托斯卡尼傳統風格梁柱。左邊有扇關上的大木門，他指著右邊的另一扇門說：「那裡是犬舍，我晚點再帶妳去看。」

我們正前方有一道石造樓梯，通往一扇紅色的門。可卡跑在我們前面，站在門口，直直抬起右腿，伯納多打開門，牠立刻衝進去。帶我上樓之前，伯納多在進門處停駐片刻。「就是這裡。」他指著那道石造樓梯，「我摔斷腿的地方。」一時間他彷彿陷入回憶，喃喃說：「妳想像不到流了多少血。」

我望著漆成紅色的門。他跟著我的視線看過去。「唉，是啊——」他聳肩，「或許我把門漆成紅色，確實是種象徵，對吧？」

上樓之後才發現，雖然從外面看來是棟大房子，其實是一層公寓。樓梯頂端有一道寬敞的走廊，開著幾扇門，但除了浴室之外，其他房間都需要不同程度的整修，堆滿他過去人生不想要的瓦礫。一條走廊往左邊通過一道拱門，掛著非常厚的遮光簾。我們穿過去，走廊繼續延伸到房屋盡頭。左右兩邊都有紅磚鑲邊的寬拱門，分別通往起居室和廚房。起居室在左邊，挑高紅磚斜屋頂，以厚重木粱支撐。右邊有道矮牆分隔走廊與廚房，廚房的牆上裝著木製櫥櫃，所有檯面都是大理石，典型的托斯卡尼老派廚房，一個大型木製排煙罩占據整個角落，鍋子、廚具、馬克杯都掛在下面。

起居室以巨大的壁爐為中心，有兩張深紅色沙發和一張矮茶几，轉角桌上擺著電視，伯納多的辦公桌靠牆放置，他的電腦在那裡，搭配一張藍色辦公椅。伯納多去生火，我和可卡坐在沙發上，牠立刻窩到我身邊，一點、一點往我腿上爬，因為牠的動作太微小，我還沒搞清楚怎麼回事，牠已經躺在我的腿上，以相當可觀的體重沉沉壓住我。

「啊——」伯納多看著我大笑。「——看吧，她是 coccolona。」

「撒嬌鬼！」我驚呼。

我坐在沙發上，被可卡的體重壓住動彈不得，我看著伯納多準備咖啡。在這個屬於他的天地裡，伯納多顯得更自信，性感程度激升，讓我更加期待他的吻了。於是乎，當他走到沙發前，給我纏綿、慵懶、無比高超的吻，雙手在我身上遊走時，我沒有阻止他。

第二天早上，伯納多還在睡。他週間的生活很辛苦，每天五點半就要起床送亞歷山卓去搭火車上學，出於同情，我沒有叫醒他。我溜下床，穿上他的睡袍，在廚房找到咖啡壺和咖啡粉。可卡在沙發上睡得很熟，但牠整個埋在一堆抱枕下面看不見，是因為響亮的打呼聲才知道牠在那裡。

咖啡慢慢濾煮，我望著外面的葡萄園，回想昨天的經過，真是充滿驚喜的一天。伯納多烹煮美味的餐點，午餐是牛肝菌手工寬麵，晚餐則是明火烤佛羅倫斯牛排，搭配一道叫「peperonata」的甜椒配菜，酸酸甜甜的滋味絕佳，以及現採野菜沙拉。還有「景觀廁所」，浴室的小窗有整棟房子最棒的視野，亞平寧山脈、河谷、階梯式丘陵盡收眼底。熱情又搞笑的可卡經常來討抱抱，但最棒的是伯納多本人，他抱我上床，一整天不讓我離開。

「複雜的伯納多」竟然是極品情人，深情款款、不慌不忙的，讓我們在床上的親密時刻變成奢華享受，他其實非常出人意料。他比較慢熱，但認識越久越可愛，做愛的空檔，我們一起歡笑，分享超越兩種語言的胡鬧幽默。

咖啡壺開始冒出咖啡，我加熱一些牛奶，端著咖啡去外面喝。一走出去，一大群麻雀振翅從碎石車道上飛起。牠們的歌聲響徹雲霄，斑尾林鴿咕咕叫，雉雞呱呱叫，某處則有一隻在報曉的公雞，也能看到前院裡四處都是翩翩飛舞的蝴蝶。這裡的氣溫比佛羅倫斯低幾度，但清新的空氣令我肺部舒展。

我坐在長桌旁的凳子上喝咖啡，感受周圍的一切事物：狗狗們，風吹過樹梢的窸窣聲響，偶爾一片葉子落下，層層疊疊的鳥叫聲，耀眼明亮的陽光，及深淺不一的綠色交錯摻雜。我站起來張開雙臂做個深呼吸，我望著遠方的葡萄園，就在那裡，在山丘的頂端，正有一個男人拿槍直直指著我。

我急忙蹲低，咖啡灑出來，我匆忙回到屋內。我衝上樓跑進廚房，伯納多正在倒咖啡。我跑到窗前往外張望——那個人還在那裡。我指給伯納多看，他不以為意地聳肩。「是獵人。」他解釋。

「可是你看，他的槍口正對我們。」我吶喊。

「現在是狩獵季節，不過不用擔心，我們還沒被殺死。」

槍聲響起，狗群狂吠，寧靜平和的氣氛瞬間瓦解。伯納多打開廚房窗戶，踩在窗臺上，身體探出窗外。

「喔———」他高聲呼喊，我沒聽過任何人發出那麼大的音量。狗群立刻安靜下來，只剩幾隻散兵餘勇還在叫。「喔——還不安靜？」他斥喝，再也沒有狗叫聲，終於恢復平靜。我對自己嗤笑，原來狗王伯納多是這個狗狗王國的統治者。

我們端著咖啡回床上，賴在那裡，直到該回家的時間才下床。我和可卡吻別，牠用鼻子頂我，耳朵往後貼在頭上，舉起右爪放在我伸出的手上，宛如一位高尚貴婦。我很開心，「我們是好朋友了呢。」我說。

我們下山，穿過樹林，在最後一抹午後的陽光中開車下山坡。車子走在蜿蜒道路上，我打開車窗，看著神奇的森林丘陵。即使我們不對話也很自在，氣氛溫柔而夢幻。

我們沿著道路開往河流，我讓雙眼沉浸在綠意中，秋季色彩剛開始出現，葡萄藤已染上些許的紅。新鮮空氣溫和地接觸肌膚，微風輕撫我的臉頰，我們過河並開過鐵橋下方，右轉開上通往佛羅倫斯的大路。我打起精神，揮別屬於伯納多的奇幻世界，準備回歸現實生活。

Pasta con aglio, olio, e peperoncino

蒜辣橄欖油義大利麵

兩人份

四到五瓣大蒜
二至三根乾紅辣椒（或紅辣椒片）
海鹽（依口味調整）
五又二分之一盎司至七盎司義大利直麵
優質特級初榨橄欖油
一小把巴西利（切碎）
黑胡椒（依口味調整）

將大蒜剝皮後大致切碎，切除辣椒蒂頭後從長邊切對半再切片（或使用乾辣椒片）。

將義大利麵鍋裝水加熱，煮沸後再加鹽，接著放入義大利麵烹煮。煮麵的同時，將大蒜與辣椒片放入深炒鍋，倒一些橄欖油，以中大火炒到大蒜變半透明，大約兩、三分鐘即可。加入巴西利後熄火。

義大利麵煮到將熟而未熟，麵芯仍有點硬的程度，將煮麵水留下兩杯後瀝乾，把麵放進炒好的辣椒大蒜中，接著倒入一杯煮麵水。放回火上拌炒，另一杯煮麵水則逐次加入。

義大利麵和大蒜、辣椒一起炒好之後（約三到四分鐘），以鹽和黑胡椒調味即可上桌。

牛肝菌寬麵

Tagliatelle ai funghi porchini

兩人份

- 九盎司新鮮牛肝菌
- 一又四分之一盎司奶油
- 一瓣大蒜
- 優質特級初榨橄欖油
- 海鹽（依口味調整）
- 五又二分之一盎司至七盎司寬麵
- 一把巴西利或風輪草

仔細清潔牛肝菌。用布擦拭菌傘，傘底若有泥土則刮除，切除菇柄底端硬硬的部分。盡可能不要用水洗，因為牛肝菌會吸水。如果非洗不可，那就迅速沖一下冷水後立即擦乾。將牛肝菌從長邊切片。將奶油放入深炒鍋中，以小火融化。將大蒜剝皮後以刀面拍扁。將牛肝菌與大蒜放入奶油中，仔細翻炒並讓每塊牛肝菌都沾上奶油。倒入稍多的一些橄欖油，以小火慢煮。

同時，在義大利麵鍋中裝水煮沸、加鹽。放入寬麵，在麵完全煮透之前（生麵比乾麵快熟，所以要注意別煮過頭了）撈出，放入牛肝菌中，加入一杯煮麵水拌炒，灑上切碎的巴西利（如果有風輪草更好）。取出大蒜，立即上桌（可以將另一杯熱煮麵水放在餐桌上，如果麵條變得太乾，就可以加一點）。

佛羅倫斯牛排

Bisteca Fiorentina

一人份

一塊丁骨牛排
優質特級初榨橄欖油
半顆檸檬
海鹽與黑胡椒（依口味調整）

這道菜的重點在於要用所能找到最頂級的丁骨牛排。最理想的狀況，佛羅倫斯牛排應該以明火燒烤，但用鑄鐵鍋煎也可以。將鑄鐵鍋在爐火上加熱到冒煙，放入牛排，兩面煎到焦黃。在理想狀態下，佛羅倫斯牛排上桌時應該只有一分熟。從鍋中取出牛排上桌，淋上一些橄欖油、檸檬汁、海鹽、黑胡椒。

伯納多的酸甜彩椒

Bernardo's peperonata

三到四人份

約六到十個青、黃、紅椒
三杯醋（任何一種醋都可以）
三至四湯匙糖（依口味調整）

小心將彩椒切開去籽，切除裡面的白筋。將每個彩椒切成四塊，放置在大型深烤盤上，倒入醋，淹沒彩椒之後，還要有相當的深度。

加入糖——比例是關鍵，所以一開始先加三到四湯匙，然後再調整。彩椒可以放進烤箱以中高溫烤，但伯納多會直接將烤盤放在爐火上以中小火加熱，讓液體微滾，經常翻動以免燒焦。要有耐性，可能需要超過一個小時，直到彩椒幾乎焦糖化。這時就可以上桌了。這道菜很耐存放，隔夜會更美味，冰涼後也很好吃。

11 月

Amore
找到真愛

當月農作物：白松露與綠橄欖油
城市的氣息：烤栗子
義大利時刻：鄉村慶典
當月關鍵字：tranquillità [寧靜]

「路易哥，不誇張，他看著我的時候真的會舔嘴唇，每一次都會，顯然是下意識的，超性感的……」

靠在吧檯上的路易哥聽我滔滔不絕。「那麼，他是真命天子囉？」

我搖頭。「老天爺，當然不是！」我激動否認。「我們只是玩玩而已。他太複雜了，不能認真交往。」我下定決心了。

「好吧。」路易哥盡可能擺出認真的表情。「不過妳見過他兒子了，不是嗎？」

「對啦。」我承認。「上個週末，他送我回家之前，我們先去他兒子的朋友家接他。」

我描述給路易哥聽，我們開車穿越穆傑羅（Mugello），另一個風光明媚的托斯卡尼鄉間，與科洛紐雷接壤。「那是麥地奇家族的發祥地，你知道吧？」我炫耀我剛學會的新知識。「真的很美。」

「他兒子怎樣？」路易哥將我拉回正題。

「嗯，其實很可愛。」我說。我們去到一棟占地廣大的鄉間住宅，主人帶我們去廚房，那裡有一塊很大的明火燒烤區，我們坐著和其他家長喝咖啡，孩子們進來了。伯納多的兒子很清瘦，金髮碧眼，遺傳自他瑞典籍的母親。他的臉型像爸爸，長鼻子，前額的頭髮捲捲的。他和我握手，然後和那群朋友站在一起，偷偷地打量我。其中一個朋友的父親用英文和我聊天，他已經離婚了，他告訴我，他也住在聖尼可羅。他從口袋拿出一張名片給我，上面有他的電話號碼。「既然我們是街坊，應該找時間一起喝一杯。」

這時，伯納多則靠了過來，一手摟住我的腰。我說：「路易哥，那個男的想把我！就當著伯納多和一群孩子的面！我不知道該說什麼。」

「美人，妳現在還不習慣義大利男人的作風嗎？」

「他們送我回佛羅倫斯，我請他們進去喝茶。他兒子雖然才十五歲，但感覺很成熟，大概是因為單親家庭的孩子比較早熟吧？」我告訴路易哥。

「沒錯，這是真的。」他確認。「那麼，相處上還順利嗎？那孩子應該很喜歡妳吧？妳是從倫敦來的，而且又很懂流行音樂……」

確實很順利，我們坐在廚房餐桌旁喝茶聊天，氣氛輕鬆、甜蜜。亞歷山卓去洗手間時，伯納多看我的眼神如此感性，當他準備開口時，我急忙搶先說話，擔心他會說出我不想聽的話。亞歷山卓回到廚房，那一瞬間過去了，但儘管我一再堅持只是和伯納多玩玩而已，然而，看著這孤單跛腳的男人和他耀眼金髮的兒子一起站在我家門口，我心中深深悸動，關上門之後，我落下一滴淚。

當時我想的是，他們需要我，但我沒有告訴路易哥這件事。我甚至不想對自己承認，那天晚上我的心清楚對我說：「如果妳想要的話，這裡就有個現成的家庭。雖然不完美，雖然不是妳打造的，但依然屬於妳。」我不肯聽。

我想要嗎？我推開這個問題，堅持只想著伯納多帶來的樂趣，想著他一流的床上功夫，還有他每次看著我都會舔嘴唇的樣子。

◇◇◇

我們出城的路上去了一家大型超市。我很久沒有來過這麼大的超市了，我茫然在貨架間遊蕩，像被催眠一樣，生鮮區蔬果的種類令人目不暇給。我學會要先戴上透明塑膠手套才能摸蔬果，也學會如何秤重、標價，這些都是伯納多的兒子教我的，他偶爾會不見，然後他爸爸經過時又突然像貓一樣跳出來，父子倆上演功夫對決，在走道間追來追去，閃躲其他客人，我跟在後面大笑。

科洛紐雷的生活很寧靜，伯納多下廚，亞歷山卓幫忙，不時爆發忍者大對決。沒多久我也被捲入，一邊布置餐桌，一邊側踢或手刀。吃完晚餐後，亞歷山卓回房間做功課，我們和可卡窩在壁爐前。有時候我們會烤栗子，有時候會放音樂——伯納多給我聽他最喜歡的義大利歌曲——但通常只是靜靜地依偎，只有柴火燃燒的霹啪聲響與可卡的打呼聲。爐火旁很舒服，可卡發出各種好笑的怪聲音，伯納多的懷抱令人沉醉，眼看我就要永遠陷在這種愜意中無法自拔了。外面非常寂靜，我喜歡樓下睡著那麼多狗狗——如此生意盎然、如此心滿意足。我感到發自內心的平靜，而在伯納多的床上，更有美妙的喜悅與親密能點亮黑夜。

有時候，我第二天也會留下來，不做什麼，單純和伯納多在床上胡鬧。我站在窗前看太陽從天空低處下沉，落在山丘頂端，照耀雲朵，映出繽紛的色彩，從鮮豔亮橘到最後的細膩粉紅，暮光讓整個前院籠罩在溫柔的淺紫色之中。我半身探出廚房窗外，欣賞色彩變換，伯納多抓住我的腹部說：「妳可別掉下去，我們才剛找到妳……」

晚上開車去伯納多家，車燈照亮路邊的動物：棲息在柵欄上的一隻貓頭鷹；在雜樹叢亂竄、長長尖刺散開的豪豬；跑過小徑，有跳躍長腿、白色尾巴的一隻野兔。有一次，我們還看到野豬媽媽帶著一群背上有條紋的寶寶走進樹林。

白天時，葡萄園非常熱鬧，雉雞啼叫，懶散地拍著翅膀企圖起飛；松雞在在小徑上亂跑，鷓鴣搖搖晃晃到處走，兔子在圍欄前跑來跑去，氣得狗狗快要發狂。斑尾林鴿在屋椽上咕咕叫，茶隼與紅頭鷲在天空盤旋，氣候比較溫和的時候，蝴蝶會在花園翩翩飛舞。廚房裡的蜂蜜來自樹林裡的蜂箱，新鮮搾出的「綠色」新橄欖油來自莊園的橄欖樹。

我第一次來的時候，伯納多給我一罐蜂蜜和一瓶綠色橄欖油帶回家。這兩樣食材都令我大為興奮，因為我知道這瓶香醇的油，就來自房屋附近能看到的樹，滋味微苦而清新，顏色幾乎綠得發亮，蜂蜜則採集自外面的花朵與樹木。

科洛紐雷不只美麗，而且潔淨無污染，在這裡吸進的每口空氣都如此清爽甜美。在我過往的人生，一定只會花大錢來這種地方進行「森林排毒」。此外，夜裡發出燃燒聲響的壁爐火堆，還有最有趣、怪異、貼心的狗狗陪伴，每次要回佛羅倫斯時都讓我依依不捨。

然而，我強迫自己離開。當伯納多要我留在科洛紐雷和他一起過夜，我盡可能地經常拒絕——因為他兒子的關係，所以週間他不可能留在我家。亞歷山卓似乎也很希望我過去，我們變成三位一體，但我決心要保持平衡，不能失去寫作的規律。和迪諾在一起的經驗讓我明白，規律有多麼容易打亂。即使與伯納多相處的時光變得越來越令人依戀，但我要謹記這一點。我得抓住屬於我的現實，拒絕失心瘋，善盡身為成年人的職責。

◇◇◇

我的整間公寓，包括廚房、冰箱，以及裡面的所有食物，全都染上松露的氣味。上個週末，我們參加聖米尼亞托村的鄉村慶典，這裡是托斯卡尼的知名松露產地。中央廣場的大棚子下擺了幾張長桌，供應裝在塑膠盤子裡的松露寬麵。紮實的分量相當奢華，香氣逼人。所有人不分男女老少都在埋頭吃麵，只要在入口繳交十歐元就能吃到飽。我沒想到，只花這麼一點錢就能享用世上最昂貴的食材，而且只有寥寥幾個商人在大棚子底下賣松露。我原本以為慶典是為了銷售松露而舉行，但事實證明我錯了。這是真正的慶祝活動，讓所有年齡層的人聚在一起，至少享用一頓有松露的美食，這真是一種松露民主。

我在慶典上買了一小顆松露，表面凹凸不平，樣子像有毒物的怪物，表面覆蓋一層乾泥土，我用廚房紙巾包好之後裝進玻璃罐。我依照指示，一天換兩次紙巾，擦掉罐子裡凝結的水氣，這就是保持新鮮的關鍵，另外則是千萬不能洗掉泥土。每天早上我用手剝下一小塊，用我們買的專用切片器切好之後灑在煎蛋上。

我說給路易哥聽，他宣稱那是「國王的早餐」，一聽到白松露這個詞他就忍不住舔嘴唇。我發現，我的所有義大利朋友都有這種下意識的反應——就連喬塞培也走出工作室，鼻子嗅聞空氣，來敲我家的門，說他好像聞到白松露的氣味，問我是不是真的有。

我道歉地說：「只有一小塊而已，不過我的天，味道好重。」但他搖頭，又說：「不用道歉。非常棒，妳知道嗎？聽說白松露有催情效果。」我點頭，詢問他的想法。

他略微思索。「我不確定有沒有催情功效，不過白松露確實有種特別的感染力，妳有注意到嗎？」

我當然注意到了。在我小心保存松露的這三天裡——賣松露的人警告過，放越久，風味則流失越快——我察覺光是氣味就讓我不由自主流口水。我可以感覺到松露的氣味穿過鼻孔、進入鼻竇，充滿頭部，讓我幾乎暈陶陶的。在慶典上賣松露給我的人說，出去找松露的時候，要小心拉著狗，不然牠們會把松露全吃光，傳統的方式是牽豬出去找，因為松露的香氣很像母豬發情的氣味。

松露吃光之後過了幾天，我依然聞得到公寓裡的味道，所有和松露一起放在冰箱的東西都有松露的滋味，彷彿泡在松露裡——奶油、起士，就連牛奶也有。即使這些東西都吃光了，依然到處隱約聞到香氣，彷彿松露已滲透至我的鼻子裡。

◇◇◇

伯納多讓人感覺很熟悉，他的溫暖、他感情流露的天性。他經常抱著亞歷山卓的頭，在少年臉上印下響亮的親吻，不管他兒子怎麼抗議都沒用。他對可卡也是這樣，牠會熱情地舔他，爪子放在他胸前，給他的狗狗擁抱。他讓我想起在伊朗的叔伯，那些喧鬧、逗趣、感性的男人，看到晚輩經過一定會抓過去狂吻一回。伯納多也是這樣，只要情緒一來，他就會同樣用響亮的親吻表達愛意。

我喜歡他真情流露的性格。然而，和我在一起的時候，他比較收斂。唯有我們獨處的時候，我對他的感情毫無疑慮，但他對親朋友好友都會大方示愛，對我卻不會，甚至不會用「我的愛」稱呼我。我告訴他和迪諾的那段故事，他問我，迪諾是否曾說過愛我。我說他雖然沒有確切說出這句話，但我感覺得到暗示，尤其他總是以「我的愛」稱呼我，而且語氣很深情。

「這樣很不好。」他蹙眉說。「『我的愛』這個稱呼不能隨便亂用。只有我真心愛的人，我才會稱呼他們『我的愛』，妳明白嗎？」

他是言行一致的人。他稱呼兒子「我的愛」，他稱呼可卡「我的愛」，甚至當他讓其他狗狗進來屋內享受關愛時，也會稱呼牠們「我的愛」，但他從不曾那樣稱呼我。即使在激情最炙熱的時候也一樣。我只有一點點失望，我認為這是代表我越來越成熟了。

◇◇◇

一個星期六上午，伯納多帶我去距離十五分鐘車程的一個村子，方向相反，往東。這條路沿著謝韋河前進，這條河發源自托斯卡尼及艾米利亞段的亞平寧山脈，而迪科馬諾（Dicomano）就是山區的入口。迪科馬諾就位在托斯卡尼三個最漂亮也最隱密的地區中間

——穆傑羅、卡森蒂諾、謝韋河谷，才一轉彎就令我大開眼界。一條石橋跨越河面，兩岸的房屋漆成磚紅色或鎘黃色，而陽臺上掛著一盆盆的天竹葵。山丘聳立，街道上人來人往。今天剛好有市集，我們走到村子中央的廣場，那裡擠滿了攤販，廣場右邊的道路兩側有長長的高雅雙層涼廊。

我們逛遍每個攤子，伯納多買了蔬菜和水果，精挑細選的態度不輸聖安布羅奇奧市場裡強悍的婆婆媽媽——因為他獨自扶養孩子，所以管理起家務，井井有條、鉅細靡遺。我覺得這樣的他極為迷人，每次看到他整理、拿出吸塵器、擦桌子，或摺兒子的衣服（雖然摺得相當醜，而且堆太高感覺會垮下來），總是讓我覺得膝蓋有點發軟。

逛完蔬果的攤位後，他帶我到廣場另一頭，一輛廂型車前面擺了一張桌子，高高堆起一輪輪起士。「是綿羊起士。」他說，這種起士在托斯卡尼非常受歡迎，做好之後很快就能吃，也可以放到熟成變硬。桌子後面的兩個男人正大喊著伯納多的名字，他們聚在一起聊天。我沒辦法全部聽懂，但就我理解的部分推測，他們應該在聊政治，貝魯斯柯尼最近在政壇竄起。他們聊天的時候，其中叫卡洛的那個人（我之所以知道，是因為他們穿著圍裙，而胸口右上角繡著他們的名字）拿出一輪起士切了一片，給我們一人一小塊嚐嚐，有包著梨子的綿羊起士，還有一種包著紅辣椒，另一種熟成多年，最棒的一種裡面有小塊松露，每一種都很美味。貝培（起士攤上的另一個男人）則給我一小塊香濃的新鮮瑞可達起士，我慢慢享用，發出長長嘆息表示美味。

回家之後，伯納多將一些瑞可達起士放在盤子上，淋上外面蜂箱採收的蜜，用湯匙盛了一些送進我口中，這感覺有如天國的糧食，我愉悅地閉上眼睛。有群山、涼廊，美味的起士，迪科馬諾一樣也不缺。

回到佛羅倫斯，我幫忙照顧可卡，因為伯納多要去畜犬協會開會。月光淒清的夜晚，我帶牠去德米多夫廣場散步，想帶牠去給路易哥看看。但是可卡頑固地拉著我往橋走去，這時剛好伯納多打電話來。

「狀況如何？」他問。

「還可以。」我說，「只是牠一直想拉我過橋。牠力氣好大！」

「啊，不奇怪。」他笑著說。「牠想去人多的地方展示自己。妳要堅定，用力拉牽繩也沒關係，不用擔心，妳看牠脖子的肌肉有多強壯。」他將「肌肉」說成「肌漏」。

他說得沒錯。可卡以前是選美犬，而且還得過世界冠軍，我們一進入市區，牠的腳步立刻變得特別輕盈，步伐格外靈巧。伯納多從少年時期就開始育犬，這是他和父親共同的嗜好，那時他們創立了自己的犬舍，他十五歲就取得義大利畜犬協會的證照。科洛紐雷一樓有個房間，裡面堆滿三十年來他贏得的獎盃。這項嗜好影響了他的一生——他之所以會認識亞歷山卓的媽媽，就是因為去瑞典參觀她家的犬舍。他們結婚十年，不只一起打造了科洛紐雷的寬敞犬舍，還培育了好幾代冠軍選美犬。

我掛斷伯納多打來的電話，用力拉扯可卡的牽繩。牠不甘願地轉身離開橋，跟著我去路易哥的店。我想找他聊聊我對伯納多的感情，順便把我在魯菲納一家糕餅店買的栗子糕（castagnoccio）給他，那是一種扁扁的糕點，原料是栗子粉，加入松子和迷迭香，因為現在栗子正當季，到處都在賣。

「唉呦。」路易哥嚷嚷，從吧檯後面出來摸可卡。「這是誰呀？」可卡跳起來舔他的臉，發出齁齁的聲音不停嗅聞表示開心，他大笑。「這是豬還是狗？」

可卡跑去每個客人身邊，聞聞他們的腿，猛搖尾巴，像皇太后出巡那樣揮舞爪子。

路易哥問伯納多去哪裡了。

「他去犬會了。」我說。他剛剛傳簡訊給我，說會比預期中晚一點，因為要應付太多「官鳥」狗屁，我笑著拿給路易哥看。「把官僚寫成『官鳥』，他真是太妙了，對吧？」我最愛伯納多頑強堅持要用英文，無論他是否知道正確的寫法。他的簡訊比口語更有創意，總是讓我笑個不停，他一句話能寫錯好幾個字，而且用法往往顛三倒四。

「佛羅倫斯人好愛同類相聚。」我對路易哥說出觀察心得。「伯納多有狗會，迪諾有網球俱樂部——」

「我有同志夜店！」路易哥搶著說。

我向路易哥傾訴，我擔心自己對伯納多一下子就放太多感情。我告訴他，太多男人只是過客，根本來不及讓我把雙人沙發床打開，但伯納多不一樣，他讓我沒機會把床再收起來。一有機會，他就會留下來過夜，不只如此，他有時候還把狗和兒子也帶來。他將活力帶進我的人生——包括隨之而來的騷動與混亂。

「美人，妳在擔心什麼？」路易哥問。

「唉，之前他開車要離開的時候，我發現自己努力想記住他的車牌號碼……」

路易哥靠在吧檯上，鼓勵我說下去。「所以呢？」他問。

「嗯，我正在想，我應該要記住他的車牌號碼，萬一他一去不回，至少我還能認出他的車子……」

曾有好幾個月的時間，每當我在路上看到黑色奧迪，我都會瞇起眼睛仔細看，想著迪諾會不會在車上。

路易哥走出吧檯繞到我這邊，握住我的雙手。「美人，妳知道，迪諾是個渣男，但我覺得伯納多不是。」

「可是，路易哥，我要怎麼確定？」我激動地問。「我和他相處得太愜意了，你知道嗎？我們會坐在沙發上手牽手，凝視對方的雙眼。他家那麼舒服，我想永遠留下來。這樣不對！」我的聲音變得太尖銳，幾乎超出人類的聽力範圍，可卡瘋狂地搖尾巴。

「不要驚慌！」路易哥強忍笑容。「也就是說，妳和他在一起很自在！妳喜歡他——甚至可能愛他——」

我猛搖頭。「不，路易哥！我不愛他，他太複雜了——這只是玩玩而已！告訴我，我該怎麼做？我完全是靠著裝淡定，才能走到現在這一步——我要怎麼保護自己？」

路易哥嗤笑。「美人，沒有什麼好做的。妳就繼續寫書，和妳的男人在一起。這兩件事並非不能相容。放下吧，不要抵抗，享受這個男人和他舒服的家，還有那一大群狗狗。」

「萬一我對那個家、那群狗，以及那個孩子產生感情後又被甩了，我又會孤孤單單……」

路易哥捏捏我的手。「萬一，他不會甩掉妳呢？」他說。「萬一，是妳決定甩掉他呢？這些都無所謂，美人。我難道沒有教妳義大利人怎麼愛？我們愛談戀愛，但愛了又失去也並不可恥。記住，戀愛都只是『故事』——有高低起伏，無論多長或多短，我們都要全心投入這個故事。」

我怔怔看著他。

「懂了吧，美人，這些都不重要。假使故事結束了，妳就來找我混，等下一個故事展開。不過。」他調皮地說，「我覺得妳怕的不是或許會結束，而是或許不會結束……」

松露細扁麵

Tagliolini with truffles

兩人份

海鹽（依口味調整）
五又二分之一盎司到七盎司新鮮細扁麵
四湯匙奶油
一顆大型白松露（削成極薄片）
新鮮帕馬森起士（磨粉，依口味調整）

在義大利麵鍋中裝水，以大火煮沸，接著加入鹽及細扁麵。在義大利麵尚未完全熟透時（記住，新鮮義大利麵比較快熟），瀝乾並將煮麵水留下備用。

將奶油放入深炒鍋中融化，加入細扁麵與一杯煮麵水。放進松露與帕馬森起士，全部拌炒一分鐘，必要時可以再加煮麵水，離火之後立刻上桌。

King's Breakfast: fried egg with white truffle

國王的早餐：白松露煎蛋

一人份

一顆放山雞蛋
一小塊奶油
半顆小松露
海鹽（依口味調整）

在大鍋中以奶油煎蛋，煎到蛋白焦脆，而蛋黃半熟的程度。以松露專用的削片器將白松露削成極薄的薄片，灑在蛋黃上，接著灑上少許海鹽調味即可享用。

12月

Stare insieme
永遠幸福的祕訣

當月農作物：恐龍羽衣甘藍
城市的氣息：山丘上的雪
義大利時刻：在托斯卡尼鄉間歡慶聖誕節
當月關鍵字：amore [我的愛]

十二月來臨，天氣終於夠冷了。從十一月初，佛羅倫斯的人們就開始穿上誇張的冬裝作秀，但現在才真正派上保暖的用場。兜帽上鑲著毛皮的羽絨厚大衣、羊皮內襯的靴子、手套，還有包得密密實實的厚圍巾，一絲冷風也吹不進去。佛羅倫斯人非常怕感冒——就連盛夏的時候都莫名地擔心，當氣候逐漸變冷，這樣的恐懼更是倍數般成長。看到我總是不知死活地衣著單薄，老羅伯特早在九月就送給我一條圍巾，儘管我認為那時還是夏天。十月時，因為我不肯穿厚大衣，他差點急死。有一次我只是咳嗽兩聲，他竟堅持帶我去看他的醫生，診所就在浮誇水電工奎多的店附近。

現在我穿著冬季的厚大衣、裹著他送的圍巾，老羅伯特終於對我的衣著感到滿意了，但他依然不忘叮嚀我要把圍巾包緊一點，以免狡猾的寒風從空隙鑽入。

每天早上都會結霜，整個社區蒙上一層冷冽的潔白。偶爾會下一場陣雨，水滴裝點光禿禿的樹枝，在陽光照耀下熠熠生輝。紅色與棕色落葉殘存的葉脈圖案會印在人行道上，宛如秋季讓位給冬季後留下的一絲鬼影。

市立劇院推出充實的節目表，常有各種音樂會與歌劇演出，我和伯納多經常造訪，我會靠在看台上心醉神迷，伯納多則在後方時睡時醒。有一次，伯納多臨時無法赴約，於是將包廂鑰匙交給我。我邀請安多奈拉，她精挑細選了兩個最高大、俊俏的美男子當她的左右護法，他們的打扮非常誇張，斗蓬、硬領全都出動了，一位戴著高禮帽，另一位則拿著裝飾精美的手杖配單片眼鏡。

坐下之後，我告訴安多奈拉伯納多突然取消的原因。「他女兒生病了，孩子的媽媽嚇壞了，於是他去看是否需要送孩子去醫院。」我解釋的語氣聽來十分通情達理，但我心中的感覺並非如此。我怎麼能介意呢？孩子最重要了。然而，他的兩個女兒和她們的媽媽有如我生活中的無形陰影，每次她們的存在都直接影響到我，我不只感到驚訝，心裡還會有點喪氣。

樂團在包廂下方就位，安多奈拉問我對他女兒的印象如何。

「我沒有見過她們。」我壓低聲音說，此時指揮舉起指揮棒。安多揚起眉毛質疑，我急忙回答：「她們年紀太小，他想保護她們。我不介意，因為我自己也不確定是否準備好見其他孩子了。老實說，儘管他宣稱和女兒的媽一切風平浪靜，但我總覺得並非如此。」

每當第二任前妻打電話給他，伯納多都會去別的房間接，他會關上房門、壓低聲音。他告訴我，週末她帶孩子去科洛紐雷時，經常會待上一整天，有時吃完晚餐還不走，我不只一次懷疑這表示著她在那裡過夜。

「妳認為他們還沒斷乾淨嗎？」安多用氣音問，下方的舞臺上，托絲卡唱起詠歎調。

我曾經當面問過伯納多，他保證對她已沒有感覺了，很久以前就不再愛她。女兒去找他的那些週末，他會在深夜或清晨打電話給我，語氣親暱，顯然他自己獨自一人在床上，我沒理由懷疑他。「不，但我有種感覺他們斷得不太乾淨。他曾和我說過，女兒的媽很想找回完整的家庭，但對他而言，那已經都過去了。」

舞臺上，屬於托絲卡的悲劇命運已展開，安多跟著哼唱，兩個美男子秀氣地哭泣。我告訴安多，最近當我獨處時，總會颳起「疑慮之風」。這種大風讓我質疑自己的判斷力，經歷過迪諾帶來的痛苦之後，我不知是否能真正信任伯納多。這種風帶來淒冷的徬徨、困惑的氣息，及猜忌的顫抖。每次女兒去拜訪他的那些週末，這種風更加強烈，我覺得自己像見不得人的小三，禁止進入科洛紐雷，只能躲在佛羅倫斯，在他心中家人比我更重要。

伯納多坦白告訴兒子我們的關係——他已經十五歲了，伯納多認為他夠大了，而且基本上他別無選擇。他是全職單親爸爸，照顧孩子的日常工作是他的職責。從一開始我就明白，和他交往等於在某種程度上收養了他兒子，我接受這個事實，我們相處很融洽。

然而，他的兩個女兒又是另外一回事了。他稱呼她們「兩個丫頭」，她們和媽媽一起住在奇揚地。女兒去找他的那些週末，只有她們睡著之後他才有空。有一次他和我說過，他認為不該讓她們認識他的新女友，除非他認為這段關係能夠持久。「我已經帶給她們太多困擾了，明白嗎？」他告訴我。「我傷她們夠深了……」

他欲言又止。通常他對自己的人生都很坦然，但一提到第二段婚姻，他總是只告訴我簡單的事實，而且變得面無表情。他和第二任前妻已分開三年了，但我的直覺告訴我，這段婚姻仍是他深刻而隱密的傷痛。儘管我天性愛追根究底，卻沒有多問，這不關我的事，那是只屬於他個人的憂傷。我感覺到這段過去深埋在他心中，但我不去觸碰。

「我不想對她們說謊。」他解釋。「我認為她們感覺得出來，即使她們無法理解……她們還太小，這種年紀的孩子很容易胡思亂想，在腦中編故事，我不想讓她們更加混亂……」

我懂他的意思，儘管我會覺得不舒服，但仍尊重他想保護女兒的心意，他不能接受自己傷害到她們，尤其是他自己更不可以。

然而，每隔一週的週末，我就必須和內心的不安全感搏鬥，擔心他會忍不住誘惑而重組那個家庭。總是在這種時候，疑慮之風就會颳起，讓我懷疑一切。

一個細雨綿綿的星期六早晨，我發現了聖母領報廣場。「聖母領報廣場孤兒院」（Ospedale degli Innocenti）占據了廣場一側，布魯內萊斯基設計的涼廊藏起正門。柱子上方、圓拱之間，裝飾著德拉・羅比亞[24]設計的上釉陶土環形花飾，每個主題都是襁褓中的嬰兒，手臂張開，彷彿正要躺下，鮮明的藍色底搭配白釉，每個嬰兒的姿態、表情都不一樣。涼廊左邊有個裝上鐵條的窗戶，四周的牆壁畫著濕壁畫。

窗戶下方有一塊銘文，寫著：「四百年的時間裡，這裡曾經有個轉盤作為收容無辜嬰孩的入口，作為讓人免於悲慘與羞恥的祕密庇護所，慈善永遠不會將這些人拒於門外。」這是以前人們棄置嬰兒的地方，母親可能在生產時過世，也可能是貴族行使初夜權所留下的孩子。窗口尺寸限制了棄嬰的大小，這也就是嬰兒進入孤兒院的方法，由父母或產婆帶來放置在窗口，藉此保護棄嬰之人的隱私。

聖母領報廣場孤兒院建造於十五世紀，一直作為收容孤兒的機構，最早的根基是一四一九年一位普拉托商人的捐款，後來由佛羅倫斯的絲織品工會管理，工會雇用布魯內萊斯基設計比例最完美的文藝復興時期建築典範。聖母領報廣場孤兒院是全世界第一所專門收容嬰兒的機構，之前收容所分散於佛羅倫斯及各處郊區，醫院建立後開始集中管理。兒童入院登記之後便交給奶媽餵養，受教育，最後成為學徒或僕役重新融入社會。至今仍有許多佛羅倫斯人姓「Innocenti」，這代表他們的祖先曾經在這所機構展開人生。至今，孤兒院仍為佛羅倫斯的許多兒童提供社福照顧。

我一直在想孩子的事。伯納多是三個孩子的爸，這個事實我無法忽視。再過幾週就是聖誕節了，身為兩度離婚的父親，他的節慶安排讓我聽了都頭大。在這之前，他家人的存在讓我覺得很方便，他們主宰我們能有多少時間相處，讓我能夠擁有我需要的時間與空間，維護我的生活規律。我寫作幾個小時，上市場、去散步、和朋友保持聯繫，並外出探險尋找像這樣的廣場。到目前為止，這樣的安排很順利。我成功寫完三個章節，潤飾整理好之後，就連

24 Andrea della Robbia（1435-1525），義大利文藝復興時期雕塑家，專精於陶瓷雕塑。

同寫作計畫一同寄給經紀人。她昨天才回覆我，語氣相當興奮，告訴我有兩家出版公司表示有興趣。

「等新年來到，合約一定能談成。這不是最棒的新年展望嗎？」她在信中寫道。

我衝去路易哥的店報告好消息，他開了一瓶氣泡酒，我們一起跳了一整晚的舞。當我收到好消息時，伯納多已經去兩個女兒家了，所以我還沒有告訴他。現在我很開心，但我需要時間思考。出版合約即將簽訂，我也決定繼續留在佛羅倫斯，我心中的疑慮卻越來越深。

由於男女要分離，我先走入修院。兩邊各有涼廊圍繞的中庭，陶土花盆種著檸檬樹。我發現修院的安排是依照伊斯蘭模式，一進醫院就會看到比較大的男修院，造型狹長的女修院則藏在建築深處——為了讓婦女兒童不受外界窺視，一如伊朗的老式建築；男修院設置在迎接世人的位置。文藝復興時期，布魯內萊斯基設計的建築反映了我熟悉的伊朗風格，運用同樣的拱頂、高柱涼廊，並以內外中庭分隔男女。

我在女修院的廊沿下稍站片刻。細雨靜靜落在無人的狹長中庭。我可以想像保母走過中庭，抱著遺棄在窗口的孩子。在醫院的博物館裡，我沉醉於幾幅波提切利早期金光閃閃的畫作，研究多明尼克·基蘭達奧（Dominico Ghirlandaio）的傑作《三王來朝》，以及路卡·

德拉・羅比亞（Luca della Robbia）的《聖母子像》，藍底白釉陶的搭配非常奪目。然而，最吸引我的卻是一個玻璃展示櫃，裡面放著棄嬰身上的紀念品。這些全都來自於醫院剛開始營運的那些年，文藝復興時期庶民生活的殘跡非常有意思，像是小小的皮革書籤，一個塞了棉花、針腳很粗的布製愛心，一枚破損的硬幣，這些都是嬰兒家中所能擠出的小東西，作為護身符，也作為身分證明，有朝一日母親終將能來認領孩子時，可作為相認的憑據。

這些物品令我感到神奇，述說著希望與心碎、羞恥與貧困，以及最艱難的犧牲。儘管物品本身價值微薄，但這些小東西對遺棄孩子的媽媽而言是如此珍貴。幾百年前，她們將這些老舊的寶物放在寶寶身邊，希望孩子能有更好的人生，希望奇蹟發生，讓她們的處境改善，能夠回來認領孩子，憑著以碎布縫成的一顆心，用髒髒的緞帶繫在孩子的脖子上。我彷彿回到五百年前，我為那些女性哭泣，為了她們失去孩子的痛，為了那些小東西所蘊含的愛。

我回到女修院，坐在女性空間深深的寂靜中，讓我的情緒沉澱。那些我平常迴避的問題悄悄浮上心頭，我是否想要一個家？我的生育時間是否不多了？我是否想要自己的寶寶？我腦中響起媽媽的聲音：「妳什麼時候才要穩定下來，結婚成家？妳已經三十七歲了，很快就來不及了。」

生育時鐘的滴答聲響，我從來未曾聽見我的鐘聲，也不曾察覺時間在流逝。顯然，所有人都有這種時鐘，但我的在哪裡？二十多歲的時候，我都在玩樂，每當有人問我有沒有小孩，我總會狂笑，驚愕地說：「我嗎？」我感到不可思議，竟然有人誤以為我是大人。即使我的時鐘真的在滴答響，我也聽不見，因為重低音舞曲太喧鬧，而我就站在喇叭旁邊。

三十多歲時，我開始聽見滴答的聲響了。不是我的，而是朋友們的，我的好姐妹們紛紛懷孕、成家，而寶寶一個接一個來報到。寶寶們非常神奇、非常有趣，而且香香的。我愛所有寶寶，也收了不少乾兒子、乾女兒，但我依然不太嚮往生養孩子。

我的一個密友形容，她想要寶寶的渴望有如海嘯，某一天突然將她吞噬，令她無法呼吸。另一個朋友（我們這群人之中第一個當媽的）逼我承諾，假使我到了四十歲依然孤家寡人，她可以幫我挑選捐精人，親自操作烤火雞時用來淋油的大滴管，來幫我人工受精。她似乎認為這個提議非常正常，但我覺得噁心至極，最後悄悄地斷了聯繫。

我只聽到一種滴答聲，就是急速逼近的截稿期限，過完一山又一山。眼看四十大關近在眼前，我覺得很奇怪，我不但沒有聽到滴答聲，沒有感覺吞噬的海嘯，就連一絲盼望也沒有。既沒有滴，也沒有答。我並不討厭寶寶，而且是個稱職的乾媽，對孩子們也很好。但每次他們來我家玩完，終於被爸媽接走的時候，我總會感謝老天還好能將他們還回去，任何頭腦正常的人都會有這種感覺。我很慶幸不必過那種混亂災難的生活，每天一開口就是「不行」，我一點也不覺得遺憾。那個提議要用火雞滴油管幫我受孕的朋友，她曾說，像我這樣沒孩子的人只有空虛的生活，但我覺得一個人的生活安靜又舒服。

更何況，我沒有男人，這個細節非常重要，因為我從來沒有考慮過要獨自生養孩子。我非常清楚，我不想當單親媽媽。

此外，我強烈渴望寫作，這才是吞噬我的海嘯。現在我三十七歲了，應該急著找男人、生孩子的年歲，我卻忙著要生出一本書。這不是一般的書，這本書述說我的過去與我的家族，我的祖國伊朗以及失根的悲傷，我有機會說出家族的故事，療癒革命後被迫離開伊朗展開流亡人生的傷痛。

於是，我坐在女修院，試著回答這個問題。我想要寶寶嗎？現在我遇到喜歡的男人，心中任何地方是否藏著想要自己成家的渴望？

伯納多又是怎麼想的？從一開始，他就說得很清楚——不要結婚、不要更多孩子。我尊重他的決定。此外，我原本認定不必煩惱這個問題，因為我打算一年結束之後就回英國，重拾和以前差不多的生活，只是更有格調一點。

然而，和伯納多深入交往之後，我發現他有許多出乎意料的魅力，他善良、溫柔，而我還不願意失去他。現在，很可能有出版社願意幫我出版書籍，或許這能證明我在佛羅倫斯的生活雖然愜意悠哉又自得其樂，但並非全然在耍廢。

現在，我只想繼續寫作，繼續挖掘革命與流亡的歷史創痛，將這一切暴露在文藝復興的光明下，在輝煌美麗中煙消雲散，我在不經意間將自己流放其中。我媽很想抱孫，雖然讓她失望了也會讓我很難過，但我本身完全沒有生兒育女的念頭。

我想到伯納多儉樸的鄉下裝扮，傷痕累累的雙手。他在美學上與光鮮亮麗的迪諾完全相反，然而他才是真材實料，是迪諾拚命要假裝的那種人——真正的佛羅倫斯貴族，住在鄉間的石造大房子裡，養著一大群狗，窗外有葡萄園，森林裡有野豬。他母親甚至住在城堡裡，自己生產橄欖油與葡萄酒。科洛紐雷充滿生命、情愛、豐饒——有那麼多的孩子，那麼多的狗兒，總是在懷孕、生產，也隨時有狗寶寶。那我呢？如果我留下，將成為那裡唯一沒有生育的雌性。

雨停了。我步行走過廣場，因為擠滿這些想法而隱隱頭痛。我坐在長凳上，順著斐迪南一世雕像的視線看過去，落在傳說中的那扇窗戶上，喬塞培曾和我說過那個故事。那扇窗位在雕像對面那棟建築的二樓，一位文藝復興時期的新嫁娘曾經滿懷相思坐在那裡等候出征的丈夫，從此那扇窗再也沒有關上過。他沒有回來，而她在那扇窗中日漸消瘦。她過世之後，人們想盡辦法都無法關上那扇窗。喬塞培也告訴我，順著斐迪南一世雕像的視線看過去，剛好會看到那扇窗，或許這是雕刻家留下的暗示，那位年輕淑女其實是斐迪南一世的祕密情人。

佛羅倫斯人最愛故事、緋聞，及陰謀。我不耐煩地搖搖頭，甩開這些思緒，大步走回家，準備沉浸在寫作中。

到了聖尼可羅街，我看到喬塞培，隨口問了句「你好嗎？」他搔搔下巴，沉吟許久。「今天早上我發現了，」喬塞培緩緩說，「我好像從來沒有如此充實地感受自我……」

充實地感受自我。後來，我抱著筆電，坐在沙發上思考這句話。在倫敦的時候，我幾乎無法體認自己，更別說要瞭解自己了。我總是匆匆忙忙地趕時間，爆滿的行程、緊繃的壓力讓自己變成一個陌生人，我甚至不願意看鏡子裡的自己。現在，我每天一起床就去浴室，刻意專注走向洗手臺上方的鏡子。我看著自己，有光澤亮麗的黑色鬈髮、柔潤飽滿的橄欖色肌膚、明亮有神的淺棕色眼睛，及曲線玲瓏的身體，苗條又有女人味。最驚人的改變在於……

現在我對自己露出溫暖的笑容，像對朋友一樣。

在佛羅倫斯，我徹底地排毒。以前在倫敦的時候，我好愛花大錢參加華而不實的排毒療程——那些方法沒有為我減輕半公斤、抹去一顆痘，更沒有帶來片刻的心靈平靜。來到碳水化合物與義式冰淇淋無所不在的義大利，我才真正體驗到排毒的功效。這裡的生活清除了過度刺激的反應，解除了壓力，以前我因為過度使用腎上腺素，到了幾乎油盡燈枯的程度。我學會控制預算，不再寅吃卯糧，靠著退職金與擔任旅遊記者的小筆收入來維持生活，在佛羅倫斯過著溫和的小日子，這樣的生活靜靜地、悄悄地發揮作用，讓我的身體平靜下來，身體恢復健康之後，我的頭腦與靈魂也得到療癒。我不再隨身攜帶裝滿維他命和營養補充品的藥盒，我現在只是每天喝橄欖油，身體狀況卻是前所未有地好。此刻我坐在沙發上，什麼也不做，只是充實地感受自我……

我在家，等伯納多。餐桌已經布置好了，擺上最漂亮的陶器，也鋪上最乾淨的桌巾。我去老羅伯特的花園採了幾枝枇杷花插在花瓶裡，整個廚房洋溢著香氣。回鍋湯在爐子上滾，一隻雞在烤箱裡。這個週末原本是屬於我們的，但他昨晚打電話來，說今天要帶兩個ㄚ頭去買聖誕節要用的東西，我們約定好，等他買完東西後再來我家晚餐。

時間一分一秒過去，一分鐘變成一小時。我打電話給他，沒有接。我開始慌亂，關掉烤箱。一個小時又慢吞吞地過去，我再次打給他，還是沒有接。我盛了一碗湯，強迫自己喝了幾匙。又打了幾次電話、傳了幾則訊息，我氣沖沖地將整隻烤雞塞進冰箱。這幾個月的時間彷彿消失了，我又回到煩亂悶熱的夏季，想起迪諾與他反覆的習性，他經常會消失一整晚，然後深夜時再打電話來編藉口、道歉，最後就人間蒸發。原本，我以為伯納多不一樣，但現在疑慮之風對我耳語，他像迪諾一樣不可靠，很可能和前妻在床上打得火熱，過去幾個月他們一直有來往，他一邊玩弄我，一邊修復和她的關係，讓家庭破鏡重圓。

我穿上大衣，快步走去路易哥的店。他正忙著拿出酒吧要用的聖誕裝飾品，我自願幫忙。我們掛起小燈串的時候，他問我是否要和伯納多一起過聖誕節。

「你們在一起的感覺很愜意，美人。」他對我擠擠一隻眼睛。「現在妳有自己的家庭了，你們應該會一起過節吧？」他很愛取笑我撿到「二手家庭」。

「不，路易哥。」熱燙的眼淚奪眶而出。「全都結束了，我下定決心了。」

路易哥帶我去一張桌子坐下，端了一杯水給我。「美人，怎麼回事了？」他很困惑。「你們不是交往得很順利嗎？」

我告訴他事情的經過，他老調重彈，「他不敢——」我不等他說完。

「不、不，這種事不能再發生，這次由我決定。伯納多和他的那堆包袱都滾一邊去吧，我受夠了……」

我真的鐵了心，星期六一大早伯納多打電話來，我把手機關機，在床上翻個身。這次換我當那個聯絡不到的人。

我一整天不理會他的電話和訊息，我傍晚出門散步，回家時發現他在大門口等我。「感謝老天，妳平安無事。」從他的表情看得出來他鬆了一口氣。「我擔心死了。我要為昨晚的事情道歉……」

我默默帶他上樓進公寓裡，我們在廚房坐下。我想拿冰箱裡的雞扔他，但我沒有說話，靜靜等他解釋，仔細觀察他的表情，他告訴我，他在沙發上睡著了。

「妳也知道我常這樣。」他說，我確實知道。星期六晚上，他經常會在壁爐前的沙發上打盹，他週間太過操勞了。我問他女兒的事，問孩子的媽在哪裡，問他和她們出去的狀況。

「兩個丫頭在我家過夜。」他說，神情坦然，毫無欺瞞。「這樣比較輕鬆，因為她們的媽媽昨晚有約會……我們早早就吃完晚餐，我坐下後想傳訊息給妳，然後突然就到了今天早上了，我的手機沒電了。」

「她們的媽媽有約會？」

他滿臉笑容。「自從我告訴她關於妳的事，她似乎也決定要揮別過去了。」

「等一下。」我驚訝地舉起一隻手。「你曾告訴她關於我的事？」

「嗯，對。」他聳肩。「我上星期告訴她的，我希望有一天能讓妳和兩個丫頭見面，所以要先讓她做好心理準備，給她時間適應這件事，懂嗎？」

疑慮之風肆虐——現在聽起來像我媽的聲音——伯納多人生的現實面，狠狠地擊中我的雙眼之間。或許他昨晚沒有對我不忠，只是精疲力盡累垮了。這兩個月雖然很歡樂，但我終究要面對真相。他責任沉重、太過疲勞，有一群人數相當小型軍隊的家人，只要他們一開口、一打電話，他就得立刻過去，他們永遠有優先的地位，永遠會比我重要。

「原諒我，親愛的。」他誠摯地說。「我已經很久沒有交往的對象了，我不太喜歡隨便的關係，我希望妳也是這麼想。」他眨眨眼睛，而我屏住呼吸。「我決定，無論如何還是要過來一趟，邀請妳和我們一起慶祝聖誕節，妳願意嗎？」

「妳怎麼回覆呢？」路易哥大喊，他再也無法忍受我這樣吊他胃口。

我深吸一口氣。「我說，我需要時間思考，再過一、兩個星期，等我下定決心之後，再打給他。」

「意思是，等妳決定好要不要去過節嗎？」路易哥逼問。

「等我決定好，是否要和他繼續在一起。」我對他說。路易哥倒抽一口氣，沒想到狀況突然變得如此戲劇化。

感到驚訝的人，不只路易哥一個，連我自己也很驚訝。伯納多當時的表情，彷彿我給了他一記耳光。

我沒有解釋，他也沒有逼我，只是默默離開。我早早上床，卻睡得不太安穩。

第二天我醒來時以為會心情沉重，剛分手之後通常會這樣，沒想到我覺得非常平靜、完全鎮定。我準備早餐，用紅柳橙榨汁，慢慢喝茶、搭配奶油吐司，望著窗外，這時電話響了。

「妳還沒搬進城堡嗎？」克莉斯多貝輕快地說。我端著茶坐下，傾訴內心的疑慮。她仔細聆聽，只有當我告訴她出版社可能有意幫我出書時，她才高聲歡呼了一下。

「我不懂究竟有什麼問題。」她聽完之後說。「那間公寓，妳想住多久都沒問題，妳可以繼續寫書，看看妳和伯納多的發展，不是嗎？」

「可是克莉斯多貝，他有太多包袱了，我不知道……」

「親愛的，聽我說，事實上每個人都有包袱。到了這個年紀，我們會遇到的人全都有包袱，只是有些人的包袱看得見，像是伯納多，而有些人的看不見，例如迪諾。不過，其實都是一樣的。」她說。

我默默點頭，她彷彿看得見我的動作，便接著說下去。「相信我，沒有人是完美的。好吧，伯納多有一堆前妻和小孩，但他感覺是一個好男人。」我喃喃表示同意。「過去這兩個月妳很快樂，妳和那個懦夫迪諾在一起的時候只是陷入痴迷，但現在才是真正的幸福。妳慢慢想吧，不要急，不過千萬要記住，像他這樣的好男人很少見，至少他承認自己的錯誤。不要只是因為害怕會變成認真的關係，就拋棄這麼好的感情……」

我獨自坐在公寓裡，覺得家中空空蕩蕩的。我的生活空間曾經充滿生命——存在感強烈的伯納多，我們晚上睡覺時，可卡粗壯的身體壓在我的腿上，發出各式各樣的鼾聲與怪聲。

他的身體散發溫熱，另一間臥房則睡著金髮的少年。我坐在沙發上，環繞房間一圈的聖誕燈不停閃爍，我心不在焉地拿起之前做好的油醋醬沙拉。就連喬塞培也不在。我謹守生活規律，準備色彩繽紛的三餐，在城市裡四處遊走著，走在數世紀以來無數情侶踏過的石板路上，每走一步，我心中便又想著：已經過了將近一年，我接下來要怎麼做？我的人生和我的未來將會如何？

我想著我的過去，以及遺留在倫敦的那一切。出發之前，我剪下那些年為各家雜誌撰寫的文章，按照日期整齊收進塑膠文件夾裡。我將十五年的人生收進兩本檔案夾，我的所有作品完整呈現。此刻，我拿出來翻閱，這些累積的文章代表什麼？我的人生走到現在，就只有這些嗎？

因為沒有其他東西了，我沒有戀情、沒有子女，也沒有房子和貸款。我有許多其他東西，例如朋友、家人，小小的乾兒子、乾女兒，還有等著娛樂我的一整個倫敦。然而，卻欠缺親密且溫暖的部分。除了我的事業抱負之外，真的不剩多少。印象中，我只有很多孤獨。孤獨——我從不曾真正說出口。但現在回頭看，是孤獨壓垮了我。那種空虛的感覺，厭倦了做什麼都只有自己一人。

在佛羅倫斯，儘管我仍然只有自己一人，卻不會有那種將人壓垮的孤獨。放下事業抱負的感覺很自由，讓我可以專注於每天的平凡生活。在佛羅倫斯沒有他人批判的眼神，讓我有空間創作，令人安心，一個人所做的事情並非他的全部，這樣的環境讓我可以停止做事，而是學習如何單純地存在著。寫書是漫長又複雜的創作過程，我需要專注平靜，而倫敦有太多刺激。雖然，這與大家的認知相反，但佛羅倫斯緩慢的步調不但沒有讓我的感受變遲鈍，反而變得更加敏銳。

自從伯納多出現之後，生活更是變得無限豐富。那所有的生命，包括幼犬、成犬，一個少年，他需要我的程度不亞於他爸爸，還有或許有一天會見到的其他孩子。我腦中冒出媽媽的聲音：這不是妳的家庭，妳應該自己成立一個家，這個男人絕不會給妳。對，他絕不會給我家庭，他已經說得很清楚了。然而，不管這麼想是否很傻，或許這不是問題。婚姻太遙遠，至於我自己的孩子——唉，我不得不面對現實，我媽從小呈現的女性角色典範，並非我想要的。我不想讓男女關係與子女來定義我這個人，也不希望讓我的身體成為別人的領域，成為我的身分。我恍然大悟，我想要的是自由、擺脫生兒育女帶來的歸屬。我還不太清楚其中的意義，但我本能地感覺到，我想擁有自己的人生，無論幾歲、無論走到人生的哪個階段，我想要創造，但並非以繁衍的方式。我也本能地感覺到，伯納多能給我那樣的自由。

我們約好兩週後揭曉答案。我獨自靜靜地坐在米開朗基羅廣場大道旁的長凳上，聖米尼亞托教堂在我身後，我的視線飄過這座城市，曾經這麼新鮮、陌生，如今變得熟悉，總是令我讚嘆。

我想起第一次看到這片風景的時候，我和一堆觀光客一起站在廣場上看日落，看中世紀城牆裡的都市，城外有丘陵、河谷，偶爾會看到裡面有涼廊的高級別墅，地平線上長著扁柏，翠綠青草上點綴著銀綠色的橄欖樹，遠看有如啦啦隊的彩球。塔樓聳立的古老城牆外，薄霧在河谷中飄散，城牆另一頭，佛羅倫斯的紅瓦屋頂緊密聚集，眾多教堂、聖尼可羅的鐘塔、賽瑞斯多利宮（Palazzo Serristori）的橘色外牆就在我的公寓後方。銀絲般的河水流過建築間，經過幾座橋的圓拱。另一邊有舊宮的瞭望塔以及聖十字大教堂的紅磚鐘塔。而在這一切的中央，巨大雪白的聖母百花大教堂猶如端坐的巨人，碩大的紅色圓頂，大理石鐘塔。四周環繞著森林丘陵，零星點綴著別墅與燈光。

我早已不再一一尋找名勝。交織在這片風景中的，是我在這裡生活一年的回憶，朋友的家，我去探險的地方。在佛羅倫斯這一年的往事歷歷在目：在聖十字廣場後面的同志酒吧認識安多奈拉，貝培在其布列歐的門階上吻我，在佩涅雜貨店的結帳櫃檯和法蘭琪絲卡一起唱歌，在市場比手畫腳讓安東尼奧知道我想買什麼。我看到自己挽著迪諾的手從羅馬門下走過，興奮期待他的吻，我看到自己小心翼翼伸手摸金豬的鼻子，表情滿腹心事的伯納多則站在一旁凝視我。

我看到卡森蒂諾谷的丘陵深深刻在阿諾河東岸的地平線上，朦朧而優美，我微笑著。在那裡的某個地方，我想著，有一個男人（還有一個耀眼的金髮少年與一隻好笑的白狗）想要我，而我也認為他可以成為我的歸宿。

我深思伯納多的耐性，他靜靜地等我下定決心，他很勇敢地坦露自己的心——這顆心曾經受傷破碎，受到太多次的損壞、打擊，也多次受到許多人的傷害。然而，他卻再次掏出他的心捧在手裡，讓我看清所有的裂痕與缺陷。他不想等到這顆心重新變得完整、完美，他要以真實的模樣將這顆心獻給我，沒有黏上紙張以掩飾裂痕，而是全然的誠實與透明，無論是一個月或一輩子，他的心絕無保留。

一開始，我覺得他對自己太粗心、太散漫。後來隨著日子過去，我的腳步在數不清的石板上迴盪，我漸漸明白他有多勇敢。他並非毫無恐懼。他讓恐懼與恐慌並存，但不會讓這些擊敗他的心，擊敗想和我在一起的渴望。他和迪諾不一樣；迪諾編織出一場由他主導的夢幻，最後人間蒸發，作為支配地位的終極展現。他也和貝培不一樣，他是個瞭解人生的男人。和伯納多的這段感情，很可能是我第一次與真正成熟的人交往。

受到他的勇氣啟發，我決定也要勇敢。勇於冒險，儘管不知道是否能順利，不知道未來會發生什麼事。再一次，我決定跳下懸崖。雖然這道懸崖有著文藝復興的外表，但依然是懸崖。不過這次，我不是一個人跳下。這次，我身邊有人牽著我的手，和我一起跳。雖然仍舊危險，但至少不寂寞。

我領悟到，唯一的選擇就是留下。

我的電話響了，是伯納多。我們整整兩個星期沒有說話了，我的日子變得蒼白。我開始體會到，他的複雜並非是困擾，而是妝點我人生的豐富繡花，以大量的性格與能量為我平靜的日常鍍金。

我帶著微笑接聽，電話另一頭的伯納多也在微笑——我聽得出來。他告訴我他在瑞弗洛，問我在哪裡。我急著說：「等我十分鐘，我馬上到，我就在聖米尼亞托。」

我開心地走下蜿蜒道路，回到聖尼可羅街，因為滿心歡喜而蹦蹦跳跳的。我要告訴伯納多，我決定和他一起慶祝聖誕節。至於其他事情，我想先和克莉斯多貝確認過後再告訴他，還是謹慎一點比較好。

我繞過街角，停下來讓一輛車過去，想到伯納多，我露出微笑。我看著那輛車漸漸接近，放慢速度準備轉過大彎——那是一輛黑色奧迪，駕駛座的車窗開著，就在那裡，距離非常近，我只要一伸手就能碰到他，是迪諾。他死命注視前方，我知道他一定看到我了，當他離開之後，我大笑出聲。這幾個月，每當看到奧迪車，我都會努力看車窗裡的人，想著要對他說什麼，就算得對著車窗大吼大叫，也在所不惜。現在，當我不再把他放在心上，當我歡喜踏著輕快步伐想著伯納多，他終於出現了，剛好見證我的幸福。實在太完美了，我就連做夢也想不到。

平安夜的前一晚，佛羅倫斯大肆盛裝，這座城市比平時更美了。市中心掛起瀑布般的聖誕燈飾，以小燈組成的佛羅倫斯涼廊掛在建築物之間。共和廣場展示一棵巨大無比的聖誕樹，上面掛滿紅色百合，聖母百花大教堂前還有另一棵聖誕樹，教堂深處傳出聖誕頌歌。教堂一側搭起木製馬槽，一堆堆稻草間擺著陶土做的精美聖家人偶。我這邊的河岸也不輸市中心，米開朗基羅廣場豎立巨大的聖誕樹，掛滿燈泡裝飾，俯瞰整座城市，紅藍的燈光照亮聖尼可羅的鐘塔。英國教會的聖誕歌手每天晚上在奧特拉諾區走動演出，拎著假煤氣燈高唱英文聖誕歌曲，每晚都有燈光秀照亮市區的名勝古蹟。

那天晚上，我們開車前往科洛紐雷，穿過黑暗的鄉間道路，沿著河流前進，經過魯菲納，那裡也有自己的聖誕燈飾，道路兩旁展示冬季鮮花。我們沿著路繼續前進，過了河、蜿蜒上山——伯納多的山——繞過一個彎時，他猛踩煞車，灌木叢中竄出一群鹿，牠們迅速從車子前方通過，我們屏著呼吸，其中一隻轉頭直直看著我們。我說：「老天爺，聖誕老人在後面嗎？」

「看吧，卡敏。」他笑嘻嘻地說，一手按住我的膝蓋。「佛羅倫斯很美，但科洛紐雷卻很神奇。」

◇◇◇

他選了真正的樹和花環裝飾大門，就那樣放在房子的入口處。「真不敢相信，你竟然還沒有開始裝飾。」我轉頭看伯納多。

他搖頭，告訴我他不愛聖誕節。「是啦，那亞歷山卓呢？」我激動地問。他信誓旦旦地說他兒子不在乎，但我不肯相信。「我敢說，做這些事情一定會讓他很開心。」我堅持。「等著瞧吧……」

第二天早上，亞歷山卓迫不及待地答應幫我做聖誕裝飾。他帶我走進那些上鎖的房間，裡面堆滿箱子和亂七八糟的雜物，我們挖出聖誕裝飾品。接著，我們去樹林散步，尋找冬青和長春藤。我們蒐集好滿滿一把刺刺的樹葉，亞歷山卓害羞地說：「真高興妳來這裡過聖誕節。我爸也邀請了其他朋友，今年會很開心的。」我看著那個少年，在森林裡更顯耀眼，有如新鑄的金幣，我感到心疼無比，我拍拍他的背。「沒錯，我們會很開心。」我說。

下午的時間，我們將植物編成牆角的裝飾，而為了明天的大餐，伯納多也事先布置餐桌。他告訴我，平安夜的義大利文是「Vigilia di Natale」，義大利人的習俗是和親友一起守夜。他說：「小時候大人會帶我們去教堂，不過現在只要大家聚在一起迎接聖誕節就好，我們可以在壁爐前吃晚餐。」

他最好的朋友要帶著妻子一起來過節。「妳一定會喜歡加埃塔諾，他在英國唸過書，英文很流利。」他告訴我。

伯納多說，加埃塔諾是西西里沒落貴族的後代，為人非常紳士。「但是，從他的衣著絕對看不出來，他甚至比我更粗獷，親愛的。」他說。他們剛認識的時候，加埃塔諾和父母住在一起，幫忙打理父親的事業，但他非常不快樂，所以伯納多鼓勵他辭職，去做真心喜歡的工作。

「他真心喜歡的工作是什麼？」我問。

「加埃塔諾是我見過最厲害的馴鷹師。」他說。「他對鳥類很有一套，就像……」

「就像你對狗一樣？」我搶著說。

「他比我厲害多了。不過妳要做好心理準備，加埃塔諾很愛他的鳥，他的口袋經常塞滿了老鼠尾巴……而且可卡的兒子是他的寵物，牠的名字叫可可，到時候妳會見到，牠的一隻眼睛上有一塊黑色斑點。」

我們的平安夜在壁爐前度過，伯納多在火上烤牛排，我和亞歷山卓為聖誕裝飾收尾，最後在可卡粗壯的脖子繫上紅領結。吃過晚餐，伯納多拿出大富翁遊戲，我們三個吵吵鬧鬧地玩，過了午夜沒多久，我們全部回房去睡覺，互道聖誕快樂。幾個小時後，我悄悄溜下床，將我帶來的禮物放在聖誕樹下，在壁爐前掛起三隻襪子，我悄悄回床上，對自己扮演聖誕老公公的成果很滿意。

早晨到來，濃霧瀰漫。我幫大家做早餐，伯納多和亞歷山卓起床後，我指著壁爐說：「昨天晚上聖誕老人來過了。」我看著少年興奮地拿下聖誕襪。

伯納多看著兒子倒出聖誕襪裡的東西，像幼童一樣興奮，我對他說：「看吧，事實證明他喜歡聖誕節。」伯納多摟著我拉過去，注視我的雙眼。「謝謝。妳真貼心。」我融化在他懷中。

伯納多一早就開始在廚房忙碌，準備傳統義式聖誕午餐。他先將閹雞放進大鍋中，加上大量水和香味蔬菜——胡蘿蔔、芹菜、洋蔥、巴西利混合在一起——煮到沸騰。他回頭，大聲對亞歷山卓下指令，他們父子倆在廚房裡忙得團團轉，處理火腿，將他在肉鋪挑好的火雞放進烤箱。亞歷山卓負責削馬鈴薯，我負責洗菜，有抱子甘藍、胡蘿蔔、一把恐龍羽衣甘藍。另外，我們還有烤豬肉，最後一道則是義式雞湯麵餃。在爐火上煮了幾個小時之後，他判斷湯已經好了，我負責拿篩子，伯納多負責倒，他把湯渣丟掉，把湯倒進另一個鍋子裡。完工之後，接下來只要等客人抵達，他要我別擔心，客人一定會遲到。我回房間換衣服，出來的時候，發現伯納多和亞歷山卓在研究聖誕樹下的禮物。

「怎麼回事？」他質問。「不是講好不買禮物嗎？」

「今天是聖誕節耶！」我實在忍不住。「怎麼可以沒有禮物……」我最愛儀式和慶祝，聖誕節絕不能不拆禮物，我篤定相信，無論他怎麼說，他兒子依然有著童心，看到聖誕禮物絕對會很開心。

「既然如此……」伯納多說完之後進臥房，拿著一個小盒子出來，放在我手中。「聖誕快樂，親愛的。」他吻我的臉頰。我興奮地拆開包裝紙，打開盒子看到一對非常精美的耳環，細緻的鍛銀小圓柱鑲著圓形綠松石，那是我最喜歡的寶石。我開心拍手。「好漂亮喔。」我擁抱他。「你怎麼知道我喜歡？」

伯納多微笑指著亞歷山卓。「他幫我選的！」亞歷山卓也過來擁抱我，臉上掛著大大的笑容。我戴上耳環，他們一起誇張讚美。我依然因為喜悅而滿臉通紅，眼角餘光突然看見可卡從走廊過來，不過牠的一隻眼睛好像沾到東西了，我正要去查看，卻看到另一隻可卡從對面的廚房出來，兩隻狗鼻子對鼻子，彷彿在照鏡子，唯一的差別在於其中一隻的眼睛上有塊黑色斑點。

「可可！」伯納多高喊。「太好了，他們到了。」他才剛說完，一個高大男子走來，他的臉龐鬆軟圓胖，棕髮稀疏，懷裡抱著嬰兒。他瘦高苗條的妻子緊跟在後，她有一頭短髮，牽著一個學步幼兒。接下來，大家熱鬧地互相介紹，擁抱寒暄，可卡在廚房中央跳起鬥牛的舞步。牠嗅聞兒子，用後腳人立起來，轉圈圈，轉到一半跳起來，可可模仿牠的動作，然後興奮地發出齁齁的聲響，接著抬高鼻子，發出歡喜的長長歌聲，從一個人衝向另一個人，用鼻子推每個人的腿，尾巴不停狂搖。

加埃塔諾和我握手，銳利的藍眸看著我，滿臉笑容。「我已聽說許多關於妳的事了。」他的英文腔調完美。加埃塔諾很討人喜歡，完全像伯納多形容的那樣。他身材高大，個性溫和風趣，他介紹我認識他太太依蕾妮雅，告訴我她以前是他的馴鷹助手。

「啊，沒錯。」她用腔調很濃的英文說，接過他懷中的寶寶。「這兩個小傢伙出生之前——」她指著孩子，「我們是二十隻獵鳥的爸爸媽媽。」她轉身指著放在走廊盡頭的大鳥籠。

「妳看。」她翻個白眼。「他把他的新寶貝也帶來了……」加埃塔諾走向籠子，緩緩打開門，戴上一隻厚皮手套，誘導籠中的大鳥出來，鳥爪立刻抓住皮革，爬上他的手臂。

我驚呼一聲。加埃塔諾站起來，將手臂伸長，巨大的鳥棲息在上面張開翅膀，占據整個走廊的寬度。

「金鵰。」加埃塔諾說。「非把牠帶來不可，我們兩週前才帶牠回來，我不想把牠留在家。想看看示範嗎？」

「噢，當然要，拜託！」我看著傲氣的大鳥，牠停棲在手臂上，頭左右轉動，黃眼睛很冷漠。

「去吧。」伯納多說，「你們去放鳥飛一飛，我去煮麵餃……」

我跟著加埃塔諾去外面。依蕾妮雅留下來顧寶寶、幫伯納多，但亞歷山卓和學步幼兒也跟來了。加埃塔諾將老鷹放在一根桿子上，站在庭院最寬的地方做好準備。他要我們後退，然後從口袋拿出一個東西繫在細繩上。我仔細看了一下，驚覺那是隻死老鼠。

我湊到伯納多的兒子耳邊。「他的口袋裡真的裝滿死老鼠？」我做個苦臉，少年大笑。

「噢，沒錯。」他說，「這還不算什麼，等妳看到那些零碎的……」

「就連聖誕節也一樣？」我感覺既好笑又神奇，但也很噁心。

少年大笑。「加埃塔諾就是這樣……」

加埃塔諾放開大鳥，牠展開巨大的翅膀飛向天空，飛過樹林、葡萄園。清晨的霧已經散了，天氣晴朗但非常冷。老鷹破空而來，翻轉加速飛向我們，加埃塔諾揮舞繫著死老鼠的細繩，老鷹俯衝向下，追逐誘餌，從很接近我們頭頂的地方快速飛過。我感覺那雙巨大翅膀揮出的風吹在臉上，聽見翅膀震動的聲音，看到老鷹近距離飛來的雄偉模樣。加埃塔諾誘導老鷹從我們頭上飛過幾次，然後將牠收回，巨大的老鷹落在加埃塔諾舉起的手臂上，沒有半點聲響。加埃塔諾伸長手臂舉著老鷹，要伯納多的兒子去樓上拿東西，他拿著另一隻手套回來，加埃塔諾問我想不想讓鳥站在我手上。

「安全嗎？」我問。老鷹非常大，比加埃塔諾的學步幼兒還大，我本能地想躲開，那雙冷漠的眼睛與銳利勾喙令我害怕。不過加埃塔諾保證不會有危險，於是我戴上手套，他靠近，將繫在老鷹一隻爪子上的細鍊交給我。

「鬆鬆拿著，我把牠放過去。」他指示，我照他的吩咐做，大鳥拍一下巨型翅膀，從加埃塔諾的手臂上跳過來。

我伸長手臂，看著老鷹。牠身體沒有動，只是轉頭直直看著我。我們四目交會，我看到老鷹的瞬膜閃動——牠在上下打量我。我迷醉了，這是我第一次這麼接近如此野性的生物。我感覺牠在打量我，很像安多奈拉每次看到我時，會先檢查一番的動作。果然是義大利鳥啊，我想著，加埃塔諾將老鷹帶回他的手臂上。這次不可思議的體驗讓我非常開心。

我們回到樓上，餐具已經擺好了，熱騰騰的佳餚上桌。一個大湯碗裝滿雞湯麵餃，火雞放在餐桌正中央，旁邊圍繞著迷迭香烤馬鈴薯、各色蔬菜，餐桌另一頭放著另一個大盤子，烤豬肉端坐在上邊。餐具櫃上放著兩盒水果麵包。伯納多用我採的聖誕紅與冬青做成餐桌花飾，餐桌兩側都點著紅色長蠟燭，使用我之前沒見過的銀色燭臺。裝有葡萄酒的精緻水晶瓶擺在一邊，客廳裡的壁爐燃起熊熊火焰，發出燃燒聲響，此刻真的很美。

大家入座時，我說：「我從來沒看過這麼豐盛的大餐，我還以為我們英國人已經很誇張了呢！」

「這裡是義大利，妳也知道我們有多愛吃……」伯納多笑著說。

大家都坐下，寶寶坐在依蕾妮雅座位旁的寶寶餐椅上，可卡與可可在我們腳邊，老鷹棲息在廚房的矮牆上觀察四周。加埃塔諾偶爾會離席，從口袋深處撈出老鼠腳或尾巴餵牠。我靠在椅背上看著這副景象，不禁莞爾，原來這就是和伯納多一起過的尋常聖誕節。

跨年夜，伯納多再次出現在我家門口，舔著嘴唇欣賞我的義大利品牌紅色小禮服，配上閃亮高跟鞋。「妳真的好美。」他像是要用眼睛吃掉我，讓我開心地羞紅了臉。以義大利男人的標準而言，他平常相當沉默寡言，所以當他給予讚美時，意義就更加特別。

我接受安多奈拉的邀請，要去她家吃晚餐，雖然我心中飄飄然，想與他肌膚相貼，儘管我們都很想在床上盛大地迎接新年，但我們還是跳上車開往河對岸。佛羅倫斯燈火輝煌，路上行人熙來攘往，到處都聽得見笑聲，氣氛很熱鬧。

伯納多剛送兩個女兒回家，再送亞歷山卓去朋友家。從聖誕節過後的第二天，他就一直和三個子女在一起。他的模樣感覺很滿足，因為與家人相處這麼多天，他臉上的線條也變得溫柔。

他告訴我：「昨晚我看著餐桌上的人，心裡想著，我的媽呀，這麼多孩子全都是我製造的！」他綻放幸福的光彩，我感到有一絲的嫉妒。我並非嫉妒他對子女的愛，而是嫉妒我不在場。他彷彿看出我的心思，接著說：「只是少了一個妳，親愛的……」我的嫉妒瞬間消逝。我想，伯納多絕不吝嗇，我不必和其他人爭先搶奪他。他的愛非常慷慨，而他的心可以無限擴張，容納更多需要照顧的人們。

聖十字廣場又被封鎖線圍起，但這次廣場上沒有舞臺，而是在中央架設了煙火臺，旁邊堆滿沙包，還有兩輛待命的消防車。再一次，我要在安多奈拉家的窗前近距離欣賞佛羅倫斯盛事——新年煙火秀，今年要從她家前面的廣場中央發射。

安多用力打開門，一手拿著香檳和香菸。她也穿了一身紅（這是我第一次看到她穿鮮豔的顏色），剛剪的髮型很犀利。她擁抱我，我介紹她認識伯納多之後，她也給他一個擁抱，然後帶我們進去。公寓裡擠滿了人，美男子全員到齊，大多圍著老媽媽，她穿著華麗的亮片裝，坐在自助餐檯旁，桌上堆滿各種食物。我在人潮中看到路易哥，就連喬塞培也坐在角落。

「我的愛，快進來，吃點扁豆。」安多站在我身邊說，指著放在餐檯兩頭的盤子。「這是我們的傳統——」

「吃了一整年都會富足。」伯納多搶著說。

「那我得要吃下好幾盤！」我說。

我走遍整間公寓，一一擁抱我的朋友，而路易哥在我耳邊低語。「美人，有什麼新發展嗎？」我告訴他不久前我和克莉斯多貝商量的結果，以及我所做的決定。

「也就是說……」路易哥揚起一條眉毛，瞥伯納多一眼，他正在客廳另一頭和老媽媽一起放聲大笑。

「噓。」我按住他的嘴唇。「我還沒有告訴他。」

安多奈拉過來加入我們，而路易哥告訴她那個消息，她激動地抱住我。「我的愛！太好了！妳很有眼光。」她指著伯納多。「我喜歡他，不過妳最好當心點，老媽媽似乎愛上他了。」

老媽媽和伯納多再次齊聲大笑。接著，她看著路易哥說：「Allora, ti pago dopo……」

「等一下。」我大喊。「『給他錢』？你們兩個打賭了？」

「可惡。」安多咒罵一聲。「妳的義大利文進步了，我們現在沒有祕密語言了……」她再次擁抱著我。「好吧，沒錯，不過只是開玩笑而已。我說妳就是太膽小了，不過我們路易哥呢，可是一位真正的浪漫信徒。」她拍拍他的肩膀，路易哥噘嘴。

「那是因為我看過你們在一起的樣子，美人。」路易哥喝一口飲料。「好了，夠了，我們去跳舞吧！」

安多奈拉的臥室改造成一個舞池，少少的幾件家具都搬走了，床塞在牆角，堆滿了抱枕。「那是休息區。」安多指著一堆絲綢，有兩個英俊美男子半躺在那裡。起居室與臥房中間架設了混音臺，有一位擔任ＤＪ的美男子，他在那裡調整控制扭，一邊想辦法不讓耳機破壞髮型，此時臥房裡閃耀著迪斯可燈光。

「太讚了。」我對安多說，她將我推進「舞池」。我們跳舞，美男子過來拉著我們轉圈。我整個晚上轉不停，和不同的人跳舞，路易哥、安多奈拉，就連喬塞培也來了，以沒有節奏的神奇動作舞動他瘦長的四肢。伯納多和老媽媽一同加入，抱著她搖擺，他帶著她旋轉經過我身邊時，回頭對我說：「我愛上這個女人了……」

午夜將至，我們聚集在窗前，關掉所有燈。聖母百花大教堂敲響午夜鐘聲，傳遍整座城市，在廣場周圍的牆上反射迴盪，安多奈拉的賓客們熱鬧起來，大聲歡呼、上下跳躍，所有人互相擁抱。我抱住並親吻伯納多，這時煙火秀開始，咻一聲飛上去，在夜空中炸出強光，照亮整座城市、教堂的圓頂與立面，我們一起探出窗外欣賞頭頂的煙火。

「伯納多，新年快樂。」我摸摸他的鬍鬚。「你有什麼新年新願望？」

他深情地看著我。「在一起……」他說。「我的願望是和妳在一起……」他停下來，用力地吞嚥。我的心跳漏了一拍，他的不安令我心疼。現在是時候了，我要告訴他可能有出版社要為我出書，還有我和克莉斯多貝商量的新安排。我湊到他耳邊，告訴他我決定留在佛羅倫斯繼續寫作。「至少會待到書寫完，到時候再看狀況決定……」

他露出最歡喜的笑容，將我拉過去。我們接吻，煙火照亮我們的臉，然後他再次深深注視我的雙眼，他說：

「新年快樂，親愛的。」

然後——

「我的愛……」

義式雞湯麵餃

Tortellini with capon broth

四人份

兩顆洋蔥（切碎末）
兩瓣大蒜（切碎末）
三根西洋芹（切碎末）
兩根胡蘿蔔（切碎末）
優質特級初榨橄欖油
一隻閹雞
海鹽與黑胡椒（依口味調整）
十一盎司新鮮義式麵餃

製作高湯第一步是製作香炒底料，在深鍋中加橄欖油，以小火拌炒切碎的洋蔥、西洋芹、胡蘿蔔。香炒底料熟透並散發香味時，在鍋中加入水、閹雞。以海鹽、胡椒調味，小火慢燉至少兩小時，舀去表面的油或浮渣。

將閹雞從鍋中取出，白煮雞很美味，可以另外當作一道菜，但絕不能放在湯裡，過濾清除蔬菜，留下清湯。將湯倒入另一個鍋中，放入義式麵餃（我們在專門製作新鮮義大利麵的店家購買，若要自己做，我推薦瑪契拉・賀桑[25]的食譜），加熱至沸騰。加熱的時間不需要太長，所以要小心別煮過頭，幾分鐘就夠了。

將湯端上桌享用，這是義大利版本的雞湯，義大利媽媽的傳統萬應偏方！

25 瑪契拉・賀桑（Marcella Hazan, 1924-2013），為「義大利美食教母」，食譜之中的傳統義大利烹飪技術備受美國、英國餐飲界讚譽，許多廚師及美食作家認定她代表正宗的義大利美食文化。

Cavolo nero with oil and lemon

恐龍羽衣甘藍配橄欖油與檸檬

兩人份

兩把恐龍羽衣甘藍（任何品種的甘藍都可以）
海鹽、黑胡椒（依口味調整）
優質特級初榨橄欖油
半顆檸檬汁
一瓣大蒜（切碎，可省略）

將恐龍羽衣甘藍後徹底清洗、擦乾。切除莖部最粗的部分，留下葉片。將完整葉片放入加鹽的滾水中沸煮，在煮過頭變軟爛之前取出。徹底瀝乾水分，放在大盤子上，淋上大量橄欖油、檸檬汁以及足量海鹽，依口味灑上黑胡椒。

另外一種做法是將恐龍羽衣甘藍切片，與橄欖油和蒜末同炒，加一點水拌炒到熟。像前面一樣淋上橄欖油與檸檬汁。

義式培根炒扁豆

Lentils with pancetta

四人份

九盎司綠扁豆
海鹽（依口味調整）
優質特級初榨橄欖油
一又四分之三盎司義式培根（切片）
一瓣大蒜（剝皮壓碎）
一大把巴西利（切碎）

將扁豆放入加鹽的水中沸煮，煮熟但不要太軟（大約二十分鐘），瀝乾水分。在深炒鍋中加熱一些橄欖油，放入義式培根炒一、兩分鐘，接著放入扁豆、大蒜，大量巴西利。以中大火充分拌炒，讓所有扁豆都裹上油，接著上桌。若要做成素食料理，不放義式培根即可。

後記

我在倫敦一家美術館參觀貝琪的陶藝展。眾多作品之間，有三個一組的陶甕，造型修長、線條柔和，彎彎曲曲的線條與花朵漂浮圍繞一個頂著蓬鬆鬈髮的裸女。

「我的愛，那是妳的屁股！」伯納多在我身後說。我確認作品的日期，果然沒錯，二〇〇八年，是我當貝琪的模特兒那一年。我仍清楚地記得那一天，卑劣的迪諾令我絕望——那次的經驗最後帶我走向這個男人，依然在我身邊的人、我人生的伴侶，而他能夠在一百步之外認出臨摹我屁股的圖案。

為了讓伯納多進入我的人生，我必須拋棄偏見，有時儘管想說「不」，但最後還是說「好」，用我的心賭一把。有時候我覺得大家太相信童話故事，就連成年人也一樣，以致於無法理解真愛並非理想的浪漫情節，也不是好萊塢包裝好、繫上蝴蝶結的模樣。就像我媽說的，真愛與真實人生混亂、不完美、有缺陷——比我想像中的愛情美好太多了。

◇◇◇

從我認識「美好形象」這個概念後，至今已過了十年，很多事情改變了，但我依然每天喝橄欖油，仍找到機會就多多走路，盡可能抬頭挺胸（美國俄亥俄州立大學的一項研究指出，站姿越直，會感到越有自信）。我依然每一餐都專心品嚐（不滑手機、看電視），準備多道料理，即使其中一道只是一棵蘿蔔或半顆茴香。我很驚奇地發現，我曾經跟風的健康潮流與特殊飲食竟然退流行了，現在的風潮是健康淨食、身心安適。但我依然堅信保健的核心，必須要享受：要吃得健康，就必須享受所吃的食物。

我持續推廣義大利的節制——只要以對的方式攝取對的分量，自己煮的義大利麵與新鮮蔬果都對健康有益。我鼓勵大家一早喝幾匙新鮮的特級初榨橄欖油，來杯香濃的全脂牛奶卡布其諾，不過，當然不是加在一起喝啦。我相信如果不能享受飲食的過程，不可能真正擁有健康，不管喝了多少甘藍汁，甚至營養萃取物，都沒用的。就算用削成長條的蔬菜取代義大利麵，依然無法抵銷這不能吃、那不能吃所帶來的鬱悶，而壓力與長久忽視自我內在的可怕影響，世上沒有一種無麩質產品可以挽救。

幾千年來，對我們有好處的食物一直對我們有益處。大部分都簡單不費事。因此，追根究底，「美好形象」並非一種減肥飲食。重點是我們該讓什麼進入身體，又有什麼不該進入。我們該做的並非身體排毒，而是要將食物儲藏櫃排毒，丟掉所有與食材原貌相差太多的食品，以及含有太多陌生添加物的食品、裝在微波容器裡的食品、保存期限超過人類壽命的食品。為了延長保存期限，這些食品添加了以化學方式重組的氫化脂肪（反式脂肪），人體無法分解，進入血流之後會堵塞動脈，損壞血管內膜，不只會導致體重上升，更會引起心血管疾病。

所謂「全食物」是指能夠看出原型的食物。例如，曾經是馬鈴薯或新鮮雞肉，這種食物只要平衡多樣攝取，對人體不會有害。吃包裝食品配營養補充品雖然也行，但大自然的本意是要我們吃完整的魚，如鯖魚、鮭魚、沙丁魚等，而不是只服用粹取的魚油。實行美好形象的生活方式，代表不要輕忽我們的食物，每一餐都要和諧、平衡。關鍵在於多樣化，並控制分量。

當然，大部分的人並不住在菜園裡。我們吃不當季的草莓，而且生活太過忙碌，一週只能採買一次。不過，只要我們以理想作為目標，必要時就算暫時脫軌也沒關係。脫軌是正常的，最重要的是，不要受追求完美的觀念所毒害，珍惜我們與生俱來身為「人」的自己，引導自我度過此生，即使有什麼不足之處，也不要霸凌、責備，或貶低自己。

現在，小農市集的流行讓自然食物更容易取得，但不起眼的蔬果店也不差。然而，對許多人而言，要將這樣的理想融入日常生活非常困難，在線上超市網購沒什麼不好——重點在於要聰明挑選，盡量購買新鮮自然的食物。

◇◇◇

一年兩次、一次兩個月，我會回到十年前拿著退職金支票離開的大樓。現在的我依然選擇走樓梯，但並非為了躲避電梯裡的時尚達人，而是為了讓身體保持運動。在那幾個月裡，我回到編輯臺，成為雜誌出版巨輪中的一個小螺絲釘我愛死這份工作了。我學會欣賞自己的長處，不要為其他事情煩心。

上班途中，我會提前幾站下車，在公園中散步，對長頸鹿揮手打招呼，牠會對我搧搧漂亮的長睫毛。我盡可能帶自己的橄欖油、咖啡和午餐。我會將食物倒入盤子裡，淋上我放在櫥櫃裡的優質橄欖油，即使是在電腦前面吃飯，也要擺上餐墊和餐具。

每天我都會離開辦公桌到處走走，至少半個小時的時間，逛一逛，做點溫和的運動，暫時離開閃爍的螢幕。我盡量找機會站起來：長時間坐著可能導致早死，更別說會讓臀部的脂肪細胞更容易變大。所以我每十五分鐘左右就站起來兩分鐘。有事要問同事時，我就會走到對方座位旁，而不是發郵件，這樣有助於預防糖尿病與心臟疾病。

「美好形象」讓我習慣真心微笑，無論是對辦公室的同事或路上遇到的陌生人，瞬間就能產生互動，這樣的短暫交流能讓大腦釋放腦內啡。腦內啡有助於消滅可體松，刺激囤積的腹部脂肪溶解——再加上特級初榨橄欖油可以對抗危險的腹部脂肪，許多保健研究證實（例如PERIMED的研究），特級初榨橄欖油能降低許多疾病風險，包括心血管疾病、糖尿病、胰島素抗性。在西班牙哥多華的蘇菲亞王后醫院，醫學專家發現，以特級初榨橄欖油取代其他油脂，只要四週的時間，血管及腹部深層脂肪都會減少；《英國醫學期刊》與美國糖尿病學會也公布其研究結果，證實這項發現。彭博全球健康指數最近將義大利列入全球最健康國家，確實不令人意外。

我學會擁抱周圍的世界。在佛羅倫斯的時候，週日早上我大多坐在英國教堂的唱詩班席，揚走燻香的煙霧，因為我會喉嚨癢。我坐在一幅濕壁畫底下，旁邊有塊銘文，紀念英國貴族凱培爾夫婦（Keppels）和他們的女兒薇奧莉・崔夫西斯[26]，提醒世人曾有無數英國人被佛羅倫斯的美與義大利生活風格所誘惑。除了唱歌與儀式所帶來的喜悅，我也很珍惜和合唱團員相處的時光，星期日早上，練習結束之後、禮拜開始之前，我們會全體一起去喝咖啡。

唱詩班是我參與的眾多團體之一，如同表示相交及集合的文氏圖一般，這些不同團體有一個共通之處：提供情感與友誼，這是美好形象生活風格最重要的元素。

義大利人喜歡群聚，晚上的廣場上總會看一家好幾代一同外出散步，而我們的北歐／美國文化則傾向於盡可能獨自生活，兩相比較之下，或許可以理解，為何義大利的自殺率遠低於我們（根據世界衛生組織二〇一五年公布的研究結果，在義大利，每年十萬人中只有五點四個人自殺，而美國則是十萬人中有十二點六人自殺）。二〇一六年，英國開出

26 Violet Trefusis（1894-1972）英國名媛及作家，於一九六〇年獲頒義大利指揮官共和國獎獎章，表揚其文學成就及對義大利的忠誠。

六千四百七十萬張抗憂鬱藥物處方箋，比十年前成長一倍。一點也不奇怪，寂寞對免疫系統與心血管系統都有負面影響，並證實對健康的害處比抽菸更劇。

要保持健康，需要經常和好友及家人見面，拜訪老奶奶，打電話給叔伯姑姨。打電話勝過傳簡訊，在這個貼圖無所不在的時代，這種說法或許很激進，但就算無法見面，聽到親人的聲音也能帶來安慰。所以，讓我們重新開始一起做各種事，就算只是在公園走走或買菜也好。這樣或許可以救我們的命。

今天，無論我是在托斯卡尼或倫敦，我和伯納多都會一起去市場（甚至超市），我們烹煮簡單多樣的三餐，如果要在倫敦停留比較久，我們會扛幾桶五公升裝的綠色特級初榨橄欖油過去，很多義大利移民回故鄉探望後都會扛橄欖油回居住地。我的家庭再次擴大，納入孩子、小狗，甚至伯納多的兩個前妻。最重要的是，我們彼此照顧。在我父親的葬禮上，伯納多將棺木扛在肩上，幾個月後，我小心捧著他母親依然溫熱的骨灰，離開火葬場，最後一次送她回她的城堡。我們能一起度過這麼多年，許多方面都要感謝美好形象：作為繼母的考驗與磨難，在托斯卡尼鄉間定居生根，努力跨越國家、家族、夢想與人生目標的差距，我來到佛羅倫斯第一年學到的東西給我很大的幫助。最重要的是，我學會善待自己，像對至親好友一樣，以愛和關懷對待「我」這個人，就算叛逆青少年和吃醋前妻對我白眼相看也一樣。不過呢，那是另一個故事了。

◇◇◇

如何在家實踐美好形象

- 喝一湯匙優質特級初榨橄欖油，每天四次。
- 坐下來慢慢喝咖啡！只喝品質一流的咖啡，不要外帶。
- 吃品質最好的蔬果、肉類，以及所能取得的起士。
- 買非精緻小麥製作的麵包。許多對麩質過敏的人在義大利吃麵包沒有產生過敏現象。
- 在吃的當下，所吃的食物應該為你帶來喜悅。
- 無論身在何處，暫時放下一切好好吃飯，營造舒適的用餐環境，關掉所有螢幕。
- 不吃任何加熱即食餐，及有太多陌生添加物的食品，仔細讀標籤，瞭解相關資訊。

- 主動尋找可以加入的團體。雖然社群媒體看似天涯若比鄰，但千萬別上當。
- 有機會就要動：爬樓梯也好，去辦公室茶水間泡咖啡也好，賣力吸塵也是好運動。
- 找到一種喜歡的運動，納入每天的日常作息。除非上健身房真的讓妳超開心，否則不要去。
- 如果能去學跳舞更好：學習新技能會在腦中建立新路徑，釋放令人愉快的荷爾蒙。跳舞班可以提供人際關係與新的愛好，讓音樂在妳全身流動（而不是可體松），而且貼近跳舞有擁抱的感覺，科學家指出，一天一個擁抱可以讓大腦釋放催產素，讓人有愛、有同理心。
- 經常補充水，但不要喝那種有毒的塑膠瓶裝水，也不要邊走邊喝。去咖啡館坐下，花幾分鐘的時間慢慢用杯子喝水。在辦公桌上擺一壺水。
- 適量飲酒：晚餐時搭配一小杯葡萄酒，量就差不多了。研究報告指出，擁有豪宅與高薪的女性，飲酒量大於其他社會群體，而三分之二以上的人飲量超過健康限制。美好形象的前提下，我們要停止這種不健康的酒精依賴性。記住，飲酒過量會導致體重大幅增加，除了傷害內臟之外，也會令肌膚憔悴。
- 走路要有架勢，良好儀態非常重要。走路抬頭挺胸，像是要把心獻給天空那樣。

- 經常抬頭，更要經常微笑。一直低頭看智慧手機會導致過早老化，造成下顎線條提前鬆弛、臉部線條下垂，年紀輕輕就有雙下巴。
- 外出接觸自然，無論是市區的公園、街上的行道樹，或是更天然的自然環境。
- 放慢腳步！爬樓梯時不要一次兩階衝速度，實驗證實，穩穩地慢慢走反而能讓妳每個月多瘦一磅。
- 愛自己。記住，體現「美好形象」的義大利女性在身心兩方面都大方地做自己，那是與生俱來的權利。滋養並保護作為人的自己——妳只有這個自己，是上天託付給妳照顧的。
- 懂得感激，注意舉止，要有禮貌，尊敬長上。
- 培養人際關係，主動回電話、簡訊及郵件，當一個可靠的人。
- 要快樂——妳永遠有這個選擇。

Bella Figura: How to Live, Love, and Eat the Italian Way

要快樂，你永遠有這個選擇：關於美好生活的12個練習

作　　者　卡敏・穆罕默迪 Kamin Mohammadi
譯　　者　康學慧 Lucia Kang
發 行 人　林隆奮 Frank Lin
社　　長　蘇國林 Green Su

出版團隊
總 編 輯　葉怡慧 Carol Yeh
企劃編輯　陳柚均 Eugenia Chen
責任行銷　陳奕心 Yi-Hsin Chen
封面設計　木木 Lin
插　　畫　兒童島 Kidisland
版面構成　張語辰 Chang Chen

行銷統籌
業務處長　吳宗庭 Tim Wu
業務主任　蘇倍生 Benson Su
業務專員　鍾依娟 Irina Chung
業務秘書　陳曉琪 Angel Chen
　　　　　莊皓雯 Gia Chuang
行銷主任　朱韻淑 Vina Ju

發行公司　精誠資訊股份有限公司　悅知文化
　　　　　105台北市松山區復興北路99號12樓
訂購專線　(02) 2719-8811
訂購傳真　(02) 2719-7980
專屬網址　http：//www.delightpress.com.tw
悅知客服　cs@delightpress.com.tw
ISBN：978-986-510-048-3
建議售價　新台幣380元
首版一刷　2020年2月

國家圖書館出版品預行編目資料

要快樂，你永遠有這個選擇/ 卡敏・穆罕默迪(Kamin Mohammadi) 作；康學慧譯. -- 初版. -- 臺北市：精誠資訊, 2020.02
面；　公分
譯自：Bella Figura: How to Live, Love, and Eat the Italian Way
ISBN 978-986-510-048-3 (平裝)

784.18　　108020540

分類－生活風格・心理勵志

廣　告　回　信
平信、免貼郵票
台灣北區郵政管理局登記證
台北廣字第1531號

SYSTEX making it happen 精誠資訊 | dp 悅知文化 Delight Press

精誠公司悅知文化　收

105 台北市復興北路99號12樓

（請沿此虛線對折寄回）

想過好日子，不如好好過日子。

讀者回函

《要快樂，你永遠有這個選擇》

感謝您購買本書。為提供更好的服務，請撥冗回答下列問題，以做為我們日後改善的依據。
請將回函寄回台北市復興北路99號12樓（免貼郵票），悅知文化感謝您的支持與愛護！

姓名：______________ 性別：□男 □女 年齡：______歲

聯絡電話：(日)______________ (夜)______________

Email：______________

通訊地址：□□□-□□ ______________

學歷：□國中以下 □高中 □專科 □大學 □研究所 □研究所以上

職稱：□學生 □家管 □自由工作者 □一般職員 □中高階主管 □經營者 □其他______

平均每月購買幾本書：□4本以下 □4~10本 □10本~20本 □20本以上

- **您喜歡的閱讀類別？(可複選)**

□文學小說 □心靈勵志 □行銷商管 □藝術設計 □生活風格 □旅遊 □食譜 □其他______

- **請問您如何獲得閱讀資訊？(可複選)**

□悅知官網、社群、電子報 □書店文宣 □他人介紹 □團購管道

媒體：□網路 □報紙 □雜誌 □廣播 □電視 □其他______

- **請問您在何處購買本書？**

實體書店：□誠品 □金石堂 □紀伊國屋 □其他______

網路書店：□博客來 □金石堂 □誠品 □PCHome □讀冊 □其他______

- **購買本書的主要原因是？(單選)**

□工作或生活所需 □主題吸引 □親友推薦 □書封精美 □喜歡悅知 □喜歡作者 □行銷活動

□有折扣______折 □媒體推薦______

- **您覺得本書的品質及內容如何？**

內容：□很好 □普通 □待加強 原因：______

印刷：□很好 □普通 □待加強 原因：______

價格：□偏高 □普通 □偏低 原因：______

- **請問您認識悅知文化嗎？(可複選)**

□第一次接觸 □購買過悅知其他書籍 □已加入悅知網站會員www.delightpress.com.tw □有訂閱悅知電子報

- **請問您是否瀏覽過悅知文化網站？** □是 □否

- **您願意收到我們發送的電子報，以得到更多書訊及優惠嗎？** □願意 □不願意

- **請問您對本書的綜合建議：**______

- **希望我們出版什麼類型的書：**______